W0085876

PAPPY ORION RWIZIBUKA

FLIEH MEIN SOHN

WIE ICH DEM KRIEG IM KONGO ENTKAM

UND GOTT MICH FAND

SCM
Hänssler

SCM

Stiftung Christliche Medien

SCM Hänssler ist ein Imprint der SCM Verlagsgruppe, die zur Stiftung Christliche Medien gehört, einer gemeinnützigen Stiftung, die sich für die Förderung und Verbreitung christlicher Bücher, Zeitschriften, Filme und Musik einsetzt.

Dieses Buch erzählt meine Geschichte. Was ich schreibe, ist meine persönliche Perspektive und muss nicht unbedingt die Ansichten oder die Empfindungen von Dritten widerspiegeln. Einige Namen, Orte und Details wurden aus Gründen der Sicherheit und des Persönlichkeitsschutzes geändert.

© 2022 SCM Hänssler in der SCM Verlagsgruppe GmbH
Max-Eyth-Straße 41 · 71088 Holzgerlingen
Internet: www.scm-haenssler.de; E-Mail: info@scm-haenssler.de

Bildteil:
S. 5 unten, S. 7 oben und unten: © Ryan Carter Images und Pappy Orion Media
S. 8: Landkarte: © freepik

Soweit nicht anders angegeben, sind die Bibelverse folgender Ausgabe entnommen:
Neues Leben. Die Bibel, © der deutschen Ausgabe 2002 und 2006 SCM R.Brockhaus
in der SCM Verlagsgruppe GmbH, Holzgerlingen.

Weiter wurden verwendet:
Lutherbibel, revidiert 2017, © 2016 Deutsche Bibelgesellschaft, Stuttgart
Umschlaggestaltung: Stephan Schulze, Stuttgart
Titelbild u. Autorenfoto: © Ryan Carter Images und Pappy Orion Media
Satz: typoscript GmbH, Walddorfhäslach
Druck und Bindung: GGP Media GmbH, Pößneck
Gedruckt in Deutschland
ISBN 978-3-7751-6095-7
Bestell-Nr. 396.095

In liebevoller Erinnerung an
meine Mama,
meine Schwestern Tita und Diane

Für die sechs Millionen Menschen in meinem Land,
die durch die Kongokriege ihr Leben verloren haben

INHALT

PROLOG:
SCHÜSSE IN DER SCHULE

Es war ein Schultag wie jeder andere.

Wie immer saß ich auch an diesem Tag im September 1996 neben meinem Freund Mushagalusa auf der Bank in der ersten Reihe. Sie war schmal und hölzern. Unten war sie mit dem Pult verbunden, ähnlich wie bei manchen Kirchenbänken. Neben uns drängten sich vier weitere Klassenkameraden. Wir saßen so dicht nebeneinander, dass sich unsere Ellenbogen beim Schreiben in die Quere kamen. Vor mir lag meine kleine Kreidetafel, die jeder Schüler brauchte, um in die Schule zu gehen. Wenn sie vollgeschrieben war, wischten wir sie mit unseren Händen wieder sauber. Nur selten hatten wir Schulhefte, denn sie waren sehr teuer.

Direkt vor uns lief Mwalimu hin und her. Er war groß und hager und trug wie meistens ein übergroßes Hemd. Heute war es gelb, dazu hatte er kakifarbene Hosen an. Mwalimu war unser Lehrer. Das war nicht sein Name, sondern hieß Lehrer auf Swahili, die Sprache, die im Osten unseres Landes gesprochen wurde. Jeder Lehrer wurde so genannt.

»Wer weiß die Antwort?«, fragte er eindringlich und schaute in die Reihen.

Wir hatten Geschichte und Mwalimu wollte wissen, wie unser Land hieß, bevor es unter dem Präsidenten Mobutu Sese Seko den

Namen Zaire bekommen hatte. Fünfzig Augenpaare waren aufmerksam auf ihn gerichtet. Es war mucksmäuschenstill im Zimmer. Die Pulte waren eng gereiht in dem kleinen Raum und standen etwas krumm auf dem unebenen Lehmboden. Die Wände aus Holzlatten hatten Spalten, sodass bei Sonnenschein der Staub in der Luft flimmerte. Nicht heute. Der Himmel war grau gewesen, als wir morgens zur Schule gelaufen waren. Alles deutete auf Regen hin.

In der Hand hatte Mwalimu einen kurzen Stock aus Holz, mit dem er sich beim Hin- und Herlaufen langsam auf seine Handfläche klopfte. Manchmal trommelte er damit leicht auf unser Pult. Wir alle kannten diesen Stock und fürchteten ihn. Wer eine Frage falsch beantwortete oder im Unterricht mit dem Banknachbarn schwatzte, bekam ihn zu spüren.

Schon oft hatte Mwalimu mir damit auf die Hand geschlagen oder auch den Hintern versohlt. Ich wurde ziemlich oft mit dem Stock geschlagen, meistens, weil ich Unfug trieb. Ein paar Mal musste ich ihn sogar selbst anfertigen. Dann wurde ich in den Wald geschickt, um einen geeigneten Stock zu finden. Am besten taugten dafür Eukalyptusbäume, denn ihr Holz war etwas elastisch. Es gab obendrein Punkte für den schönsten Stock. Deshalb entfernte ich die Rinde mit einem Messer, um sie danach mit einem Muster wieder um den Stock zu wickeln. Über einer Streichholzflamme färbte sich das Rindenmuster schwarz und schaffte einen Kontrast zu dem frisch geschnitzten Stock.

Mwalimu war streng wie alle anderen Lehrer. Wir Schüler hatten großen Respekt und oft richtiggehend Angst vor ihm. Manche wagten nicht einmal, ihn zu fragen, ob sie auf die Toilette gehen dürften. So kam es immer wieder vor, dass ein Schüler mit nassen Hosen an seinem Platz saß, bis es Zeit war, nach Hause zu gehen. Lehrer waren Autoritätspersonen, mit denen nicht zu spaßen war. Man gehorchte ihnen und widersprach nicht.

Trotzdem reizten wir Kinder es gerne aus. Einmal trieb ich es etwas zu weit, als ich während des Unterrichts mit Streichhölzern spielte. Mwalimu war gerade dabei, etwas an die Wandtafel zu schreiben, und stand mit dem Rücken zu uns. Ich klemmte Schachtel und Streichholz jeweils zwischen Daumen und Zeigefinger und schnipste das Streichholz so weg, dass es sich in der Luft entzündete. Eins nach dem anderen fiel auf den Boden und brannte herunter. Eigentlich ungefährlich. Doch ein brennendes Hölzchen landete genau auf Mwalimus Hemd. Der Stoff fing schnell Feuer und eine Flamme schlug empor. Ich erschrak ungeheuerlich.

Mwalimu rannte aus dem Zimmer, zog im Innenhof sein Hemd aus, warf es auf den Boden und stampfte mit seinen Schuhen auf dem Feuer herum, bis es gelöscht war. Verletzt wurde er zum Glück nicht. Aus Angst vor der Strafe rannte ich davon. Natürlich wurde ich umgehend zurück zur Schule und direkt ins Zimmer des Direktors gerufen. Auch mein Vater musste vorstellig werden. Dank ihm wurde ich nicht sofort aus der Schule geworfen, kam aber ins sogenannte *Schwarze Buch*. Dort einmal eingetragen, würde mich keine andere Schule in der Umgebung jemals mehr aufnehmen. Als Strafe musste ich drei Tage auf der Schulfarm arbeiten und natürlich folgte zu Hause die nächste Rüge, die sich gewaschen hatte.

Nun hob Mushagalusa auf die Frage unseres Lehrers hin die Hand.

»Kongo«, gab er Mwalimu zur Antwort.

Ich schaute meinen Freund von der Seite an. Seine blau-weiße Schuluniform war tadellos gebügelt. So war es die Vorschrift der Schule, genau wie das Antreten jeden Morgen vor Schulbeginn und nach jeder Pause. Dann stellten sich alle Schüler in Reih und Glied auf dem Schulhof auf und wurden ihren Klassen zugeordnet, sodass am Ende jeder im richtigen Zimmer landete. Morgens sangen wir unsere Landeshymne *La Zaïroise* auf Französisch, eine weitere Landessprache, die jedes Kind in der Schule lernte.

Zaïrois dans la paix retrouvée,
Peuple uni, nous sommes Zaïrois;
En avant fier et plein de dignité
Peuple grand, peuple libre à jamais.
(Zairer, im wiedergefundenen Frieden,
Ein einiges Volk, wir sind Zairer;
Lasst uns vorwärtsschreiten, stolz und in Würde
Ein großes Volk, ein Volk für immer frei.)

Mushagalusa war mein bester Freund. Jeden Morgen liefen wir gemeinsam zur Schule. Das Haus seiner Familie befand sich ganz in der Nähe von unserem, nur einige Felder lagen dazwischen. Pünktlich frühmorgens um sechs stand er jeweils vor der Tür und pfiff mich heraus. Die Sonne war gerade am Aufgehen, wenn wir loszogen. Unser Schulweg dauerte fast eine Stunde zu Fuß. Er führte vorbei an Feldern, durch eine riesige Teeplantage, einen Eukalyptuswald und über einen Markt, der so früh noch geschlossen hatte. Auch wenn wir auf dem Schulweg manchmal trödelten, rasten wir durch die Teeplantage, bis uns die Puste wegblieb. Uns wurden Furcht einflößende Schauermärchen von wilden Tieren und bösen Menschen erzählt, die sich auf den schmalen Wegen zwischen den parallel aneinandergereihten dichten Teebüschen versteckten. Das Durchqueren wurde zur täglichen Mutprobe. Doch bis jetzt waren wir immer heil in der Schule angekommen.

»Das ist korrekt«, meinte Mwalimu nun zufrieden.

Der Stock blieb unten. Mein Freund hatte die richtige Antwort auf die Frage des Lehrers gegeben.

Plötzlich krachte es unheimlich laut. Ich zuckte am ganzen Leib zusammen.

Jetzt kommt ein Gewitter, dachte ich. Es passierte oft, dass ein Platzregen aufs Wellblechdach fiel und für fürchterlichen Lärm sorgte. Aber irgendwie klang es dieses Mal anders.

Mwalimu ging sofort zur Tür und schrie auf einmal laut los: »Kinder, das sind Schüsse! Lauft, so schnell ihr könnt, nach Hause!«

Ich erstarrte vor Angst. Dann brach Panik aus. Alle sprangen von ihren Bänken auf, ließen alles stehen und liegen und rannten zur Tür. Auf dem Schulhof war ein riesiger Tumult ausgebrochen. Lehrer und Kinder rannten schreiend und kreischend durcheinander Richtung Wald. Zwischen ihnen einige Männer mit Maschinengewehren und Munition um die Schultern. Sie schossen wild um sich.

Meine Angst wandelte sich in pure Panik, Furcht und Schrecken. Um zum Wald und irgendwie in Sicherheit zu kommen, mussten wir zuerst quer über den Schulhof und das große Fußballfeld der Schule. Es gab nichts, womit wir uns hätten schützen können. Mushagalusa rannte dicht neben mir. Ich sah Angst und Verzweiflung in seinen Augen. Die Schüsse waren bedrohlich nahe. Von einer Sekunde auf die andere stürzte mein Freund zu Boden. Ich blieb sofort stehen und sah einen dunklen Fleck an seinem Rücken. Es war Blut und wurde immer mehr.

»Weiter, weiter!«, schrie Mwalimu, packte mich grob am Arm und riss mich mit sich. Dann schlug er mir mit einer Hand auf den Rücken und trieb mich weiter voran. Obwohl ich mich eigentlich zu Mushagalusa umdrehen und nach ihm schauen wollte, stolperte ich blindlings weiter. Irgendwann kamen wir zum Wald. Hier zerstreuten sich alle.

Ich rannte, so weit ich konnte, bis meine Beine versagten und ich kraftlos hinter einem Baum zu Boden sank. Völlig außer Atem japste ich nach Luft, war aber unverletzt. Mein Herz pochte laut. Es fühlte sich an, als würde es gleich aus der Brust springen. In meinem Kopf drehten sich die Gedanken wie wild. Wer waren die Männer, die geschossen hatten, und warum? Was war mit Mushagalusa? War er tot? Es war mir fast unmöglich, einen klaren Gedanken zu fassen. Mir wurde schlecht. Ich hatte meinen Freund allein gelassen. Hatte mich nicht um ihn gekümmert. Ihm nicht geholfen. Ich fühlte mich erbärmlich.

In dem Moment wusste ich nicht, dass das der Anfang vom Ende meiner Kindheit war. Ich war erst zehn Jahre alt und hatte keine Ahnung, was in den folgenden Jahren noch alles auf mich und meine Familie zukommen sollte. Die Idylle und einer der für mich schönsten Orte der Welt wurde an diesem Tag grausam zerstört. Es war vorbei mit dem geregelten Leben. Die Rebellen waren auch in unser Dorf eingefallen. Krieg und das pure Chaos waren ausgebrochen.

1
FRIEDLICHE JAHRE

Chiherano war alles, was ich kannte. Der Ort, den ich mein Zuhause nannte. Ein kleines Dorf im Osten von Zaire, unweit der Grenze zu den Nachbarländern Ruanda und Burundi. Im Zentrum und Herzen Afrikas.

Inmitten schönster, paradiesischer Natur und umgeben von dichten Wäldern und Nationalparks, liegt es auch heute noch am Rande des zweitgrößten Regenwalds der Erde. Von den vielen Bergen und Hügeln, die mein Heimatdorf umgeben, blickt man auf unendliche Weiten großer und prächtiger tropischer Bäume. Eine praktisch unberührte Schöpfung und atemberaubende Natur. Besonders in der Regenzeit mischt sich das knallige Grün der üppig bewachsenen Hügel mit der rötlichen Farbe des fruchtbaren Bodens. Eine kontrastreiche Farbpalette, die den Himmel in einem noch tieferen Blau erscheinen lässt. Bevor viele der Wälder gerodet wurden, konnte man in der stockfinsteren Nacht die Laute der Antilopen und Wildschweine hören. Wenn der Mond hell leuchtet, wird die Landschaft in ein silbernes Licht getaucht und man vernimmt die typischen Geräusche der Wälder noch viel intensiver. Tagsüber werden sie vom Zwitschern und Singen der vielen Vögel übertönt.

Eine große Familie

Es war eine ruhige Kindheit, die ich mit meiner Familie Ende der Achtziger- und Anfang der Neunzigerjahre in Chiherano verbrachte. Ich liebte die Weite und Freiheit, die die Natur uns Kindern zum Spielen bot. Trampelpfade zwischen Bäumen, Feldern und Plantagen, die die Dorfbewohner bestellten, trennten die etwa hundert Häuser. Es waren vertraute Wege, denn man kannte einander und lebte miteinander.

Kein Tag verging, ohne dass nicht jemand bei uns zu Besuch vorbeikam oder wir befreundeten Familien einen Besuch abstatteten. Meine Familie war bekannt im Dorf – und zudem groß! Nach meinen zwei älteren Schwestern kam ich als erster Sohn auf die Welt. Soweit ich mich zurückerinnern kann, war meine Mama gefühlt ständig schwanger mit einem meiner jüngeren Geschwister. Insgesamt hatte ich sechs leibliche Schwestern und drei Brüder: Meine beiden ältesten Schwestern Tita und Iranga und nach mir dann Bijoux, Dejoie, Bigomokero, von allen nur Big genannt, Mista, Sandrine, Raissa und später die kleine Rosalie.

Mit uns lebten aber noch weitere Kinder: Ombeni, Carine, Akuzibwe und Gemima. Sie alle wurden von meinen Eltern bei uns aufgenommen und adoptiert, weil sie entweder verwaist waren oder ihre Eltern sich nicht um sie kümmern konnten. Zwischen uns Kindern wurde kein Unterschied gemacht. Alle adoptierten Kinder waren wie meine leiblichen Geschwister. Spielkameraden hatte ich auf jeden Fall immer und langweilig wurde es bei uns zu Hause nicht.

Im Dorf kannte mich jeder als *Pappy*. Mein ganzer Name ist allerdings Pappy Orion Boyinkebe Rwizibuka. Pappy, weil meine Mutter schon immer ihren ersten Sohn so nennen wollte. Das war und ist bis heute mein Rufname. Als Kind einer gläubigen Familie bekam man bei uns außerdem immer einen biblischen Namen. Meiner ist Orion, wie die Sternenkonstellation, die an verschiedenen Stellen der Bibel genannt wird. Zudem durfte ein Name in meiner Stammessprache Mashi nicht fehlen, darum Boyinkebe, was so viel bedeutet wie *der den Stuhl erben wird*. Der Tradition nach sollte ich als erstgeborener Sohn einmal das Erbe der Familie weiterführen. Boyinkebe wurde ich aber nur in der Schule genannt. Rwizibuka ist mein Familienname.

Bekannt waren die Rwizibukas, weil mein Vater ein direkter Enkel des Stammeskönigs N'Databai von Ngweshe war. Ngweshe war eins der Königreiche des Bashi-Stammes, der einer der größten Stämme in unserer Provinz und in mehrere Königreiche unterteilt war. Traditionell kamen meinem Vater als Teil dieser adligen Familie gewisse Pflichten und Verantwortungen zu. Er war Teil des Ältestenkomitees des Dorfes, das gerufen wurde, wenn es Konflikte zwischen Dorfbewohnern gab. Automatisch war er auch eingebunden in administrative Aufgaben in unserem Bezirk und arbeitete deshalb für die Regierung von Präsident Mobutu. Er verwaltete die Steuern und stellte offizielle Dokumente aus. Manchmal, wenn ich ihn in seinem Büro besuchte, erlaubte Papa mir sogar, den offiziellen Stempel auf die Geburtsurkunden, Ausweise und Besitzurkunden für Grundstücke zu drücken. Durch seine Arbeit war mein Papa tagsüber die meiste Zeit unterwegs. Er war respektiert und die Menschen hörten ihm zu.

Papa war aber nicht nur wegen seiner Herkunft und Position angesehen, sondern auch, weil er ein guter Fußballspieler war. In der Gegend war er bekannt für seine Kopfbälle. Keiner nahm die Bälle so präzise mit dem Kopf ab wie er. Es machte mich stolz, ihm beim Spielen zuzusehen. Er spielte für den lokalen Fußballklub, der damals von dem deutschen Pharmaunternehmen Pharmakina gesponsert wurde. Die Firma unterhielt Plantagen mit Chinarindenbäumen in Chiherano und Umgebung, deren Rinde sie zum Herstellen von Malariamedikamenten nutzte. Ich kannte diese Bäume, weil wir auf unserem Grundstück selbst ein paar davon stehen hatten.

Wenn die Fußballspiele und das Training in der Nähe von Chiherano stattfanden, nahm mich mein Papa auf seinem Fahrrad mit. Dann durfte ich auf dem Gepäckträger sitzen. So radelten wir manchmal einige Kilometer auf holprigen Wegen und Trampelpfaden. Abenteuerlich war es allemal und für uns das normale Transportmittel. Danach tat mir mein Hintern ordentlich weh, aber das Fahrradfahren hatte auch seine positiven Seiten: Papa jedenfalls hatte sein Aufwärmtraining schon absolviert!

Etwas ganz Besonderes war es für mich, wenn die Spiele weiter weg stattfanden und die gesammelte Mannschaft mit einem Auto von Pharmakina zum Spiel fuhr. Nur wenn ich mich die Tage zuvor anständig benommen hatte, durfte ich mit Papa und den Spielern im Auto mitfahren. Eine besondere Ehre, weil es in Chiherano sonst kein Auto gab. Ein guter Freund von Papa war der Fahrer. Sein Spitzname war deshalb *Bwana Chauffeuri* (Herr Chauffeur). Er arbeitete für das Unternehmen. Um sich in Stimmung zu bringen, sangen Papa und seine Kameraden auf dem Weg zum Spiel aus voller Kehle Lieder, die sie selbst dichteten. Eins davon war *Bwana Chauffeuri, tu as vitessi.* Ein Lied über den hitzigen Fahrstil und das schnelle Tempo von *Bwana Chauffeuri.*

Während mein Vater und seine Mannschaft mit einem echten Lederball spielten, mussten wir Kinder aus dem Dorf uns mit selbst gemachten Bällen aus getrockneten Bananenblättern zufriedengeben. Trotzdem spielte ich gerne und mit Leidenschaft mit meinen Geschwistern und Freunden. Schließlich war Papa mein Vorbild!

Zu Hause war er allerdings ein stiller Zeitgenosse. Er genoss es, seine Familie und Kinder um sich zu haben. Daheim führte Mama das Regiment. Bekannt war sie als Mama Tita. Bei uns wird eine Mutter immer beim Namen ihres ersten Kindes genannt. Eigentlich war sie ein Stadtkind und nur wegen meinem Papa ins Dorf gezogen. Ursprünglich kam sie aus Bukavu, der nächstgrößeren Stadt und Hauptstadt unserer Provinz Süd-Kivu. Sie liegt etwa zwei Tage Fußmarsch von meinem Dorf Chiherano entfernt am südlichen Ende des schönen Kivusees direkt an der Grenze zum Nachbarland Ruanda.

Aber auch hier im Dorf hatte Mama viele Bekannte und Freunde, die uns besuchen kamen. Sie war gesellig, humorvoll, unterhielt sich gerne und lachte viel. Eine Frau der Tat, die wusste, was sie wollte, und sich darum kümmerte, dass alles mit rechten Dingen zuging. Mit uns vielen Kindern hatte Mama immer etwas zu tun. Wir hatten ein enges Verhältnis zu ihr. Sie kümmerte sich tagtäglich liebevoll um uns und hatte immer alle Hände voll zu tun. Mama stellte sicher, dass wir Kinder etwas zu essen hatten, dass wir ordentlich für die Schule angezogen waren und rechtzeitig losgingen, wenn wir mal wieder trödelten. Sie verteilte die Aufgaben im Haushalt und bestimmte, wer wann was zu tun hatte. Und das alles, obwohl sie entweder mit einem dicken Bauch schwanger war oder das kleinste Kind stillte beziehungsweise es in einem Tuch auf dem Rücken mit sich herumtrug.

Doch wir Kinder hatten auch alle großen Respekt vor ihr. Sie war es nämlich, die uns disziplinierte. Es war ihr wichtig, dass wir gute Manieren hatten. Wenn ich etwas anstellte, nicht auf das hörte, was sie anordnete, oder das Essen für meinen Vater heimlich allein aufaß, dann bekam ich ihre temperamentvolle Seite zu spüren. Nicht nur einen Klaps auf den Po, sondern durchaus eine ordentliche Tracht Prügel. Eine rabiate Erziehung war im Dorf nicht unüblich. Jedes Kind wusste, was ihm drohte, wenn es nicht spurte. Im Nachhinein war es eine gute Vorbereitung auf das, was später noch alles auf mich zukommen sollte.

Vielseitiges Landleben

Wir waren die erste Familie in unserem Dorf, die in einem Haus aus Lehmziegeln lebte. Mein Papa hatte es bauen lassen mit den Ziegeln, die er selbst herstellte und verkaufte. Neben seiner Arbeit in der Verwaltung hatten wir einen Lehmziegelverkauf und viel Landwirtschaft. Unsere Familie besaß viele Felder und Land, das von Generation zu Generation weitervererbt wurde und zum Leidwesen von uns Kindern immer viel Arbeit bedeutete.

Wir bestellten Bananen- und Kaffeeplantagen sowie Felder mit Mais, Bohnen, Süßkartoffeln und Cassava, einer Wurzelknolle. Unsere Kühe und Ziegen weideten auf den weitläufigen Feldern. Die Hühner liefen frei um unser Haus herum, das ein Wohnzimmer und vier Schlafzimmer hatte. Die Küche befand sich in einem separaten kleinen Gebäude. Platz für Verwandte, Gäste und unsere Arbeiter war in drei kleinen Häuschen neben unserem. Besonders nachts bereute ich, dass das Toilettenhäuschen hinter dem Haus war, denn im Stockdunkeln nach draußen zu müssen, war unheimlich.

Im Vergleich zu vielen anderen im Dorf ging es unserer Familie gut. Mein Vater hatte eine Arbeit und wir konnten uns selbst mit dem versorgen, was auf unseren Feldern wuchs und lebte. Meine Eltern unterstützten immer wieder andere, die Hilfe benötigten und dann für eine Weile bei uns wohnten und mitaßen. So war das Leben in der Dorfgemeinschaft. Papa war auch Anlaufstelle für kleinere Notfälle. Er hatte eine Hausapotheke in einer silbernen Metallbox. Oft kamen Nachbarn und Dorfbewohner mit Hautwunden, Fieber oder Malaria vorbei. Dann holte Papa seine Box hervor und gab ihnen sein rotes Desinfektionsmittel, Verband oder Tabletten, denn der nächste Arzt oder die nächste Klinik waren mehrere Stunden Fußweg entfernt.

In der Küche herrschte immer der meiste Betrieb. Sie war das Zentrum des Geschehens. Dort wurde das Feuer zwischen drei großen Steinen geschürt, auf die dann der Kochtopf gestellt wurde. Zu einer meiner Aufgaben im Haus gehörte es, das Feuer zu machen. Das Holz dafür musste ich regelmäßig im Wald sammeln und für genügend Vorrat sorgen. Mama kochte oft und gut und vor allem viel, sodass immer noch etwas übrig blieb, falls Besuch vorbeikam. Sie hatte das Sagen in der Küche und verteilte die Aufgaben an uns Kinder. Jeder musste mit anpacken.

Frühmorgens rührte Mama einen großen Topf *Bouillie* über dem Feuer, das war ein süßer Brei aus Wasser mit Cassavamehl und Zucker. Das musste uns erst mal genügen, denn tagsüber gab es das, was wir im Garten und auf den Feldern abstauben konnten. Entweder einen Maiskolben, Avocado oder Obst. Je nach Saison Bananen, Maracuja, Ananas, Mango, Orangen, Guaven, Pflaumen oder Papaya. Abends war die beste Zeit des Tages, denn da wurde richtig gekocht und alle versammelten sich in der Küche. Es wurde viel erzählt, gelacht und wir Kinder spielten nebenbei, wenn wir nicht gerade mithelfen mussten.

Wenn Papa früher von der Arbeit kam, rührte sogar er ab und zu in den Töpfen herum, unter Anleitung von Mama natürlich.

Ein Glückstag war es, wenn es Fleisch gab. Meistens Huhn, Ziege oder Kaninchen. Nur zu besonderen Anlässen wurde eine Kuh geschlachtet. Dazu gab es Bohnen und Reis, Süßkartoffeln oder *Lenga-Lenga*, eine Art Spinat. *Ugali* durfte bei einem typischen kongolesischen Essen natürlich nicht fehlen. Die großen Klöße aus Cassavamehl und Wasser aß man mit der Hand. Noch heute liebe ich *Ugali* und kann es jeden Tag essen.

Der Abwasch in einer Spülkette von Schüsseln nach dem Essen war Kindersache. Jedes Mal war ein anderes Kind dafür verantwortlich. Hausarbeit wurde nur manchmal zum Vergnügen. Eben dann, wenn sich auf dem Weg zum Wasserholen meine Geschwister und andere Kinder anschlossen und wir mehr herumblödelten, als zügig das zu holen, worauf Mama zu Hause wartete. Dann ging der zwanzigminütige Hinweg zur Wasserquelle, die aus einem Hügel entsprang, wesentlich schneller vorbei als der beschwerliche Weg zurück, den gelben Fünfzehn-Liter-Kanister auf dem Kopf balancierend. Es war unser Trink-, Koch- und Badewasser. Und weil bei einer großen Familie der Bedarf entsprechend groß war, mussten wir manchmal zweimal laufen. Besonders samstags, wenn sich alle für die Kirche am Tag darauf frisch machen mussten. Obwohl wir Kinder in der Regenzeit die Platzregendusche der Eimerdusche im Toilettenhäuschen vorzogen. Es war die bequemste, schnellste und vor allem spaßigste Art!

Zu den schönsten Zeiten meiner Kindheit gehörten die Abende nach dem Essen, wenn wir lange ums Feuer saßen und die Gemeinschaft miteinander genossen. Immer wieder legte jemand Holz nach. Petroleumlampen gaben einen warmen Schein ab. Elektrizität gab es nicht. Auf kleinen Hockern und Holzbänken rückten wir nahe aneinander. Dann erzählten wir uns Geschichten.

Wir Kongolesen sind ein Volk des Geschichtenerzählens. Manchmal sind es lustige Alltagserlebnisse, die als Komödien weitererzählt werden, manchmal Schauermärchen, wie beispielsweise die über den sagenumwobenen Berg Nidunga.

Durch seine herausragend runde Form war der Berg für die Einheimischen in Ngweshe fast ein Wahrzeichen. Ich konnte ihn von meinem Zimmer aus sehen und auch von der Schule hatte man einen direkten Blick auf den grünen Berg. Manchmal machten wir mit unserer Klasse einen Tagesausflug auf den Nidunga. Noch öfter wanderten wir Kinder hinauf und nahmen uns ein Picknick mit. Der Aufstieg dauerte fast einen ganzen Tag. Aber die mühsame Wanderung bis zum Gipfel lohnte sich. Von dort genoss man auf der einen Seite eine großartige Aussicht auf die Bäume und Felder der gesamten Talebene, auf der anderen Seite erstreckte sich ein weites Bergpanorama. Oben angekommen fühlten wir uns wie Helden und Eroberer und doch so klein in Anbetracht der großen Weite, auf die man blickte. Sobald es Nachmittag wurde, sputeten wir uns, um noch bei Tageslicht unten anzukommen.

»Auf Nidunga wohnen nachts böse Geister, die unartige Kinder an schlimme Orte verschleppen. Nehmt euch bloß in Acht«, erzählte uns mein Onkel eindringlich und blinzelte dabei meinem Vater verschwörerisch zu. Die Augen meiner jüngeren Brüder weiteten sich vor Schreck und die kleine Ombeni drückte sich an mich. Auch mir lief oft ein Schauer über den Rücken. Ich wusste nicht, ob ich es glauben sollte. Doch auch wenn die Geschichten manchmal zum Gruseln waren, fühlte ich mich in der Gemeinschaft ums Feuer geborgen.

Treffpunkt Kirche

Gemeinschaft wurde auch zu besonderen Anlässen gepflegt, bei denen das Dorf zusammenkam, etwa zu Hochzeiten und Geburtstagen oder wenn die katholische Kirche, zu der wir gehörten, ihren Veranstaltungsraum *salle de spectacle* öffnete. Dann gab es einen Wettbewerb zwischen den Schauspielgruppen unterschiedlicher Dörfer.

Nicht nur mein Vater war in solch einer Theatergruppe. Um die Kinder aus Chiherano zu repräsentieren, hatte ich mit meinen Freunden unsere eigene Schauspielgruppe gegründet. Wir nannten sie *Mutu Apime*, sinnbildlich in Swahili für *Keiner versucht es mit uns aufzunehmen*. Dafür schrieben wir unsere eigenen Theaterstücke und Gedichte. Die Reime und Komödien handelten vom alltäglichen Leben, von dem, was in Chiherano alles so passierte. Manchmal nahmen wir auch Dorfbewohner auf die Schippe. Die Zuschauer hatten immer großen Spaß an unseren Darbietungen und bogen sich vor Lachen.

Andere zu unterhalten machte mir Spaß. Theater gab es auch, wenn Papa zu Hause die Musik aufdrehte. Ich liebte die Musik und das Tanzen dazu. Papa hatte einen Plattenspieler und viele Schallplatten. Er saß sonntags oft stundenlang auf dem Sofa im Wohnzimmer, hörte Musik und wippte dazu mit den Füßen. Ich setzte mich dann dazu, begutachtete die Plattenhülle und durfte vorsichtig die Schallplatte umdrehen, wenn die paar Lieder auf der einen Seite durch waren. Darunter waren auch Alben von bekannten afrikanischen Musikern wie Tout Puissant OK Jazz, Wenge Muzica, Zaïko Langa, Madilu System oder Papa Noel.

Es fiel mir schwer stillzuhalten. Oft tanzten wir Kinder zur Musik und erfanden unsere eigenen Choreografien. Papa schmunzelte dann. Einmal sagte er: »Mein Junge, du hast Talent. Vielleicht sollte ich den Priester fragen, ob er eine Tanzgruppe für die Kirche haben möchte.«

Priester waren Respektspersonen, fast unantastbar. Sie bestimmten eigentlich, was getan wurde, statt dass ihnen selbst Vorschläge oder Vorschriften gemacht wurden. Als Papa den Priester aber tatsächlich fragte, war er angetan von unserer Idee.

Ab da übten wir regelmäßig unsere Darbietungen, die wir dann im Gottesdienst aufführten. Die Tanzschritte und Choreografie erfand ich als selbsterklärter Leiter der Tanzgruppe selbst. Zu besonderen Anlässen trugen wir spezielle Kleidung. Um die Hüften hatten wir eine Art Rock aus Bananenblättern gebunden, der sich beim Tanzen bewegte, und um die Knöchel trugen wir Rasseln, die wir aus flach geklopften Bier- und Limonadendeckeln selbst herstellten. Passend zum Rhythmus klirrten sie beim Stampfen auf dem Boden.

Die Kongolesen sind sehr stolz auf ihren Rumba. Der Rhythmus wurde uns somit schon als Kindern in die Wiege gelegt. Doch noch etwas wurde uns in die Wiege gelegt, nämlich der Glaube, und zwar wortwörtlich. Abends vor dem Zubettgehen lasen uns Mama, Papa oder Tita, meine älteste Schwester, immer noch aus der Kinderbibel vor.

Es war ein rotes Büchlein mit dem Bild des verlorenen Sohnes darauf. Der Vater, der seinen Sohn in den Arm nimmt. Im Hintergrund waren Palmen zu sehen. Darunter stand auf Swahili *Mungu anasimulia na watoko wake.* Das bedeutete: Gott spricht zu seinen Kindern. Das Buch hatte viele Eselsohren, einige Seiten waren schon herausgerissen und wieder eingeklebt worden, so oft war es benutzt worden.

Ich liebte das Büchlein und die Geschichten der Bibel faszinierten mich. Meine absolute Lieblingsgeschichte war die von Josef, der allein in ein fremdes Land verkauft wurde, viel Unrecht erlebte und von Gott später zum Leiter einer ganzen Nation berufen wurde. Sie begeisterte mich einfach.

Nach dem Vorlesen war immer ein anderes Kind an der Reihe, das Nachtgebet zu sprechen. Doch nicht nur abends wurde gebetet. Bereits morgens schickte uns Mama vor der Schule zum Morgengebet in die katholische Kirche, wo wir den Rosenkranz beteten. Für uns Katholiken gehörte diese Gebetskette, mit der wir unter anderem das Vaterunser beteten, ganz selbstverständlich zum Leben dazu. Zum Glück mussten wir beim Morgengebet nicht den ganzen Rosenkranz beten, denn der dauerte einige Stunden.

Weil für meine Eltern der katholische Glaube eine wichtige Rolle spielte, besuchten wir jeden Sonntag mit der ganzen Familie die Messe. Für den besonderen Tag meiner Kommunion hatte Mama extra einen Anzug für mich schneidern lassen. Ich trug den dunkelblauen Zweiteiler mit ganzem Stolz. Besondere kirchliche Anlässe waren für uns Kinder immer Höhepunkte.

Heiligabend wurde nicht nur in der Kirche, sondern anschließend mit den befreundeten Familien im Dorf mit einem großen Lagerfeuer im Wald gefeiert. Zur Feier des Tages ließ mein Vater dafür sogar ein ganzes Lamm schlachten und die Mütter kochten ein regelrechtes Festessen. Für uns Kinder gab es *Vital'O*, eine knallrote zuckersüße Limonade. Zum Gesang der Weihnachtslieder wurde auf traditionellen *Ngomas* getrommelt. Einer sang vor und der Rest setzte im Chor mehrstimmig mit ein. Dazu wurde getanzt, und das stundenlang, bis alle am nächsten Weihnachtsmorgen wieder in den Gottesdienst gingen.

Die Feierlichkeiten während *carême*, der Passions- und Fastenzeit, dauerten gleich mehrere Wochen. Jeden Freitag gab es eine Prozession, bei der die ganze Dorfgemeinde die fünfzehn Stationen des Kreuzweges Jesu nachstellte. Papa war in diese Liturgie eingebunden und las andächtig die Passionsgeschichte aus der Bibel vor.

Als ich älter wurde, war ich selbst engagiert in der Kirche und half als Ministrant dem Priester beim Dienst am Altar. Besonders stolz war ich, wenn ich bei speziellen Gottesdiensten das Weihrauchfass tragen durfte. Dann predigte meistens Xavier Bierno, der weiße Priester aus Belgien, der bei uns mit im Dorf lebte. Zusammen mit zwei einheimischen Priestern leitete er den katholischen Kirchenbezirk um Chiherano. Die Priester waren für alle große Respektspersonen. Ich hatte keine Angst vor ihnen, aber große Achtung. Ich grüßte sie höflich, bevor ich meinen Dienst antrat, doch ein weiteres Wort wechselte ich mit ihnen nie.

Was mir jedoch viel mehr Spaß machte, als still und bedächtig die Aufgaben eines Ministranten auszuführen, waren die Auftritte unserer Tanzgruppe. Die Gemeinde war immer begeistert und die Einlage eine willkommene Abwechslung im Gottesdienst, der sonst stundenlang dauerte. Wenn ich keine Aufgabe im Gottesdienst hatte, saß ich gerne hinten. Dort musste man sich nicht so benehmen wie vorne.

Die Kirche war ein Treffpunkt, der die Menschen am Sonntag zusammenbrachte. Viele liefen über eine Stunde oder noch länger, um den Gottesdienst zu besuchen. Keiner im Dorf hatte ein Auto. Wenn wir mal eins auf der Straße sahen, rannten wir hinter ihm her, solange wir konnten. Deshalb fiel es auch sofort auf, als eines Tages Fremde mit einem Auto ins Dorf kamen, um das Abendmahlsgeschirr der Kirche zu stehlen. Wie der Buschfunk eben funktionierte, informierten die Nachbarn durch Pfiffe, das Blasen von Hörnern und das Klopfen auf Trommeln die anderen Dorfbewohner. Es war unsere Form der Kommunikation, um weite Distanzen zu überbrücken. Tatsächlich wurden so die Bewohner unseres Dorfes auf die Gefahr aufmerksam. Da es nicht viele Autostraßen gab, wurde ein Baum gefällt und den Dieben der einzige Fluchtweg abgeschnitten. Sie wurden tatsächlich gestoppt, obwohl sie bewaffnet waren.

Vorfälle wie diese waren aber eine Ausnahme. Das sonst so friedliche Zusammenleben im Dorf wurde selten gestört. Leider sollte sich das aber schon bald ändern.

2

DAS CHAOS BRICHT AUS

Mein Herz klopfte schneller als sonst. Ich war müde, aber gleichzeitig innerlich aufgewühlt. Seit bald zwei Wochen hatte ich fast kein Auge mehr zugetan. Doch an Schlaf war kaum mehr zu denken. Wenn ich einnickte, könnte ich vielleicht nicht schnell genug reagieren, falls wieder Gefahr drohte. Und das tat sie jeden Moment.

Schon aus der Bibel wussten wir, dass der Dieb in der Nacht kommt und wir jederzeit wachsam sein müssen. Er kommt, um zu stehlen, zu zerstören und zu töten. Die Diebe, die uns den Schlaf raubten, waren Rebellen, die in unser Dorf und die ganze Gegend eingefallen waren.

Unsere Familie hatte noch am selben Tag ihr Haus verlassen und war nach Mwimbi geflüchtet. In Eile hatte Mama das Wichtigste in unsere zwei Koffer geschmissen und in Deckeln gewickelt. Ich flüchtete mit einem Koffer in der Hand, etwas Gepäck in einer Decke auf dem Kopf und meinem auf den Rücken gebundenen jüngsten Bruder Mista. Das kleine Dorf lag drei Stunden Fußweg von Chiherano entfernt. Wir versteckten uns hier im Haus meiner

Tante. Sie und ihr Mann lebten in Kinshasa, der Hauptstadt im Westen von Zaire, und waren nur hin und wieder hier, doch das Haus stand immer offen für Gäste und Verwandte.

Mit diesem Ort verbanden mich schöne Erinnerungen. Es war stets Anlass zur Freude, wenn meine Tante auf Heimatbesuch da gewesen war. Gemeinsam kochen, essen, zusammensitzen und einander Geschichten erzählen. Es war immer fröhlich, laut und lebendig gewesen.

Doch jetzt war alles anders. Wir sammelten uns hier, weil wir Zuflucht und Schutz suchten. Da, wo sonst genug Platz für alle war, drängten sich nun etwa fünfzig Menschen in einem Raum zusammen. Einige der Anwesenden waren mir vertraut, es waren Verwandte von uns. Doch auch mir fremde Männer, Frauen und Kinder waren hierhergeflüchtet. Wir saßen dicht aneinandergepfercht auf dem Boden zwischen den wenigen Habseligkeiten, die jeder noch schnell hatte zusammenpacken können.

Meine kleinen Geschwister und andere Kinder schliefen unter einer Decke. Ich beneidete sie darum. Wenigstens konnten sie schlafen und mussten sich nicht solche Sorgen machen wie wir Größeren.

Eine Frau mit farbigem Kopftuch starrte verwirrt ins Leere. Ihr Mann hatte seinen Arm um ihre Schultern gelegt. Jeder schien mit Angst und Unsicherheit zu kämpfen. Auch meine Mama. Ich kannte sie immer als fröhliche und zielstrebige Frau. Nun saß sie wie alle anderen tatenlos da, schaute betrübt und viel ernster drein als sonst. Meine jüngste Schwester Sandrine hing an ihrer Brust und wurde gerade gestillt.

Schmerzliche Verluste

»Denkst du an Mushagalusa?«, fragte Mama mit leiser Stimme.

»Ja, auch. Und an Tita. Und an alles, was passiert ist.« Mir blieb die Luft weg und ich musste mit den Tränen kämpfen. »Die Kugeln hätten auch mich treffen können, Mama. Dann wäre ich jetzt nicht mehr hier.«

Mama schaute mir tief in die Augen und flüsterte: »Du bist aber nicht getroffen worden, mein Sohn. Du bist hier. Und dafür sind wir Gott unendlich dankbar.«

Nach dem Kugelhagel in der Schule hatten sich die Ereignisse überschlagen. Wie wir später erfuhren, waren es radikale Hutu-Milizen der *Interahamwe* aus Ruanda, die in unser Dorf eingefallen waren und die Schüsse abgegeben hatten. Sie waren eine der gefürchtetsten Rebellengruppen in der Gegend.

Nach dem schrecklichen Völkermord in Ruanda 1994 waren über eine Million Hutus in unser Land geflohen. Sie lebten damals in riesigen Flüchtlingslagern nahe der Grenze in schlimmsten Zuständen. Tausende von Menschen zusammengepfercht auf engstem Raum. In der Regenzeit brachen die Planen ihrer Behausungen zusammen und die Flüchtlinge lebten im Matsch. Es herrschte Hungersnot in den Lagern und haufenweise brachen Epidemien und andere Krankheiten aus. Man hörte von Tausenden, die an einem Tag starben.

Unter den Flüchtlingen lebten auch die Kämpfer der *Interahamwe*. Der Bürgerkrieg in Ruanda war nicht zu Ende, er ging weiter in unserem Land. Nachdem sie Ruanda verlassen mussten, formierten die Rebellen sich neu in Zaire. Sie kamen mit allem, was sie hatten, auch ihren Waffen. Man hörte von unglaublichen Gräueltaten, die die *Interahamwe* nun an der lokalen Bevölkerung beging. Auf ihren Feldzügen oder wenn die Kämpfer hungrig wurden, überfielen sie ganze Dörfer. So wie jetzt auch Chiherano. Es kam zu Massakern, Vergewaltigungen und Folter.

Als es nach dem Überfall auf unser Dorf still geworden war und die Gefahr vorüber schien, hatte ich mich aus dem Wald herausgewagt und war nach Hause weitergerannt. Mir fiel ein Stein vom Herzen, als ich sah, dass meine Familie zu Hause versammelt war. Alle atmeten erleichtert auf, umarmten mich und waren heilfroh, als ich ankam. Ich erzählte ihnen, dass ich mich vor dem Kugelhagel hatte retten können und mich dann eine Weile im Wald versteckt hatte. Dann blickte ich in die Runde. Es waren alle da. Bis auf Tita.

Sorge und Kummer standen meiner Mama ins Gesicht geschrieben. »Tita ist verschwunden«, flüsterte sie mit Tränen in den Augen.

Meine älteste Schwester. Sie war erst fünfzehn Jahre alt. Jeder im Dorf hatte nach dem Überfall versucht, sich in Sicherheit zu bringen, auch Mama mit meinen Geschwistern. Im Chaos rannten alle in verschiedene Richtungen. Man hörte überall Schreie und Schüsse. Viele Familien wurden in der Panik auseinandergerissen. Die meisten tauchten dann aber, wie ich, schnell wieder in ihren Familien auf. Nicht so Tita. Sie war einfach weg. Verschwunden. Normalerweise sprach sich bei uns schnell herum, was geschah. Doch niemand hatte Tita gesehen oder etwas gehört.

Die Ungewissheit darüber, ob sie von den Rebellen verschleppt, vergewaltigt oder gar getötet worden war, war unerträglich. Wir mussten ohnmächtig mit der Tatsache leben, dass alles passiert sein konnte. Vielleicht war sie irgendwo allein und hilflos und vermisste uns genauso wie wir sie. Vielleicht war sie verletzt und hatte Schmerzen. Ich wollte nicht, dass meine Schwester litt. Als Älteste hatte sie sich immer gemeinsam mit Mama um uns Jüngere gekümmert. Sie fehlte. Die Erinnerung an sie schmerzte. Besonders, wenn jemand meine Mama mit »Mama Tita« ansprach, wie sie weiterhin genannt wurde.

Auch Mushagalusa hatte ich zu beklagen, meinen besten Freund. Schnell war klar gewesen, dass er die Schüsse nicht überlebt hatte, als er nach dem Überfall nicht ins Dorf zurückgekehrt war. Die Rebellen hatten ihn tödlich verletzt, als er neben mir zu Boden gestürzt war. Es sollte nicht einmal eine Beerdigung für ihn geben. Als einige Wochen später die Schule wieder öffnete, sangen wir lediglich ein paar Lieder, die sonst immer auf Beerdigungen gesungen wurden. Damit war es aber auch schon erledigt. Es war kein großes Ding. In der Schule weiterhin die Nationalhymne zu singen war für mich von da an eine Schmach. Von wegen *Zairer, im wiedergefundenen Frieden*. Passender wäre gewesen *Zairer, im wiedergefundenen Krieg*. Mushagalusa war der Einzige aus unserer Klasse, der gestorben war. Doch in unserer Schule gab es noch weitere Kinder, die erschossen worden waren oder später ihren Verletzungen erlagen.

Das alles wusste ich noch nicht, aber so viel ging mir durch den Kopf, als ich in dem Haus in Mwimbi neben meiner Mama auf der Pritsche saß. An meiner anderen Seite saß Iranga. Meine ältere Schwester und Papa waren etwas später zu uns gestoßen. Auf der Flucht waren uns in der Nähe der Teeplantage einige Dorfbewohner entgegengekommen, die vor erneutem Kugelhagel davongelaufen waren. In Panik waren viele direkt über die frisch geschnittenen Büsche der Teeplantage gerannt und hatten sich an den harten Stoppeln die Füße verletzt und blutig geschnitten. Trotz der Gefahr waren Papa und Iranga noch mal schnell nach Hause gerannt, um die kleine Hausapotheke zu holen und sich um die Verletzten zu kümmern. Iranga und er hatten die Wunden desinfiziert und die Füße mit einer Salbe, Pflastern und Verbänden behandelt, während ich mit Mama und den anderen weiter Richtung Mwimbi weitergezogen war.

Hier vertrieben wir nun die ängstliche Stille, die sich breitgemacht hatte, und fingen an zu singen und zu beten mit allen, die

Zuflucht gesucht hatten. Es lief so wie immer, einer stimmte an, die anderen sangen im Chor nach. Meine kleinen Brüder Dejoie, Big und Mista kamen zu mir. Ich drückte sie an mich. Irgendwann beteten alle wild durcheinander, wie in der Kirche. Wir flehten um Schutz und Bewahrung. Es war alles, was wir tun konnten. Ich fragte mich, wie nun alles weitergehen sollte und wann wir wieder zurück nach Hause könnten.

»Morgen gehen wir nach Chiherano und kundschaften die Lage aus, Pappy«, sagte mein Papa, als hätte er meine Gedanken lesen können.

Seine Worte lösten gemischte Gefühle in mir aus. Einerseits wollte ich mich am liebsten hier an diesem Zufluchtsort verkriechen. Andererseits spürte ich, dass ich als ältester Sohn jetzt in die Pflicht genommen wurde, meinem Papa beizustehen und mit ihm zusammen Verantwortung für die Familie zu übernehmen.

Ich nickte. »Ja, natürlich«, antwortete ich ihm.

Meine Mama blickte mich ermunternd an, ihr Lächeln war matt. Der kleine Dejoie schaute fragend zu mir herüber.

»Ich komme wieder«, beruhigte ich ihn und strich ihm über den Kopf.

Kundschafter im eigenen Dorf

Papa und ich standen frühmorgens auf und machten uns bereit für die Reise zurück ins Dorf. Mama begleitete uns nach draußen.

»Passt auf euch auf. Gott sei mit euch«, sagte sie und umarmte meinen Papa. Dann beugte sie sich über mich und gab mir einen Kuss auf die Stirn.

Wir verließen den Schutzort und wagten uns auf den Weg ins Ungewisse. Es war eine riskante Mission, auf die wir uns begaben.

Die unbeschwerten Zeiten, in denen ich mit meinem Papa losgezogen und aufs Fahrrad gestiegen war, etwa um ein Fußballspiel zu besuchen, waren vorbei. Nun waren Papa und Sohn nicht mehr mit Vorfreude im Gepäck unterwegs und ich saß nicht mehr auf dem wackligen Gepäckträger mit meinen Armen um seine Hüfte geschlungen. Nein, das hier war kein Spiel mehr. Unser Vorhaben war ein anderes und die Reise beschwerlich zu Fuß.

»Pappy, wir müssen aufpassen und vorsichtig sein«, erklärte mir Papa leise. »Unser Land ist im Krieg, mein Sohn. Wir wissen nicht, wo sich die Rebellen aufhalten und wohin sie sich zurückgezogen haben. Wir können keinem trauen, dem wir begegnen. Wir wissen nicht mehr, wer unser Freund und Feind ist. Die *Interahamwe* sind mittlerweile nicht mehr die einzigen Rebellen.«

Sein Gesicht war ernst, als er vorsichtig voranschritt. In einer Hand hatte er den einen leeren Koffer. Ich trug den anderen Koffer und folgte ihm dicht auf den Fersen. Ich fragte mich, ob er Angst hatte. Bestimmt war ihm bange, auch wenn er es sich nicht so recht anmerken ließ. Die Entscheidung, die anderen Familienmitglieder zurückzulassen, war nicht einfach, aber jemand musste Essen besorgen. In Mwimbi hatten wir seit Tagen nichts Richtiges mehr gegessen und alle hatten Hunger, besonders die kleinen Geschwister. Wir hatten uns nur von dem ernährt, was meine Mama noch schnell hatte einpacken und mitnehmen können.

Als mutiges Vorbild und Familienoberhaupt ging mein Papa voran und ich stellte mich treu an seine Seite. Was blieb mir anderes übrig? Auch wenn ich erst zehn Jahre alt war, hatte ich meine Pflichten. Irgendwie machte es mich stolz, mit meinem Papa die Lage auszukundschaften, aber andererseits fürchtete ich mich vor dem, was auf uns zukommen könnte. Doch ich musste mich meiner Angst stellen und konnte mich nicht einfach in den Armen von Mama verstecken. Nun war es wichtig, wie mein Papa für die

Familie einzustehen, was auch immer kommen mochte. Der Kampf ums Überleben hatte begonnen.

Wir hatten zwischenzeitlich vernommen, dass auch die Truppen der *Alliance des Forces Démocratiques pour la Libération du Congo* (AFDL) jetzt überall in unserer Gegend waren. Ich verstand nicht, warum wir uns plötzlich in diesem Albtraum befanden. Mein Papa versuchte es mir zu erklären.

»Die AFDL wird angeführt von einem Mann namens Laurent-Désiré Kabila. Er hat Unterstützung von der Regierung aus Ruanda, die jetzt nach dem Völkermord dort an der Macht ist. Und aus Uganda. Sie drängen vor Richtung Kinshasa, um Mobutu zu stürzen und auch die *Interahamwe* immer weiter zurückzudrängen. Deshalb kommt es immer wieder zu Kämpfen und Überfällen. Mobutu hat unser Land heruntergewirtschaftet und die Bevölkerung ausgebeutet. Viele leben in Armut. Sie wollen ihn weghaben. Mobutu schickt wiederum seine Soldaten, um sich zu verteidigen. Und dann gibt es schon seit Jahren viele Konflikte zwischen verschiedenen Volksgruppen und Stämmen, die sich untereinander bekriegen. Auch deshalb gibt es viele lokale Rebellengruppen wie die *Mai-Mai*, die ihr Land, Besitz und Familien verteidigen wollen.«

Papa hielt inne und seufzte. Dann fuhr er fort. »Die Situation ist kompliziert, mein Sohn. Es geht nicht nur darum, gegen den anderen zu kämpfen, sondern auch darum, Land zu gewinnen und zu kontrollieren, um sich Zugang zu den vielen Bodenschätzen zu verschaffen. Sie werden eingetauscht gegen Waffen und Munition und finanzieren den Krieg. Alle Beteiligten sind korrupt. Man weiß nicht mehr, wer sich mit wem für welche Zwecke verbündet hat und wer gegen wen kämpft. Wir müssen uns vor allen in Acht nehmen. Besonders du, denn alle brauchen Krieger und Unterstützung für ihren Kampf. Sie brauchen auch junge Männer wie dich. Die AFDL hat schon Tausende Teenager mobilisiert und rekrutiert.«

Er schaute mich besorgt an. Ich war verwirrt und verstand nicht alles, was Papa da erzählte. Aber es machte mir Angst. Viel Zeit zum Nachdenken blieb aber nicht. Jetzt galt es erst mal, Essen für Mama und meine Geschwister zu besorgen.

Wir waren unbewaffnet. Papa hatte lediglich seine Machete dabei, die unsere Arbeiter früher benutzt hatten, um Gras zu mähen oder Holz zu hacken. In der Eile hatte er sie zusammen mit seiner Hausapotheke von zu Hause mitgenommen. Jetzt diente sie als Werkzeug, um durchs Dickicht zu kommen. Um nicht gesehen zu werden, liefen wir durch Wälder und mussten uns den Weg selbst bahnen. So kamen wir wesentlich langsamer voran als auf den Straßen.

Nach einigen Stunden gelangten wir endlich zu der Quelle, an der wir immer nach der Schule Wasser holten. Durstig tranken wir davon. Dann liefen wir weiter, bis wir zu unserem Gelände kamen. Es war komplett ausgestorben. Auch unsere Arbeiter waren wie alle anderen schon längst geflohen. Es sah nicht danach aus, als seien die Rebellen inzwischen in unser Haus eingedrungen. Uns fiel ein Stein vom Herzen. Trotzdem war es ein komisches Gefühl, unsere Häuser so unbewohnt und unser Grundstück so verlassen zu sehen.

Wir ernteten schnell das, was die Felder gerade hergaben. So viel, wie wir eben tragen konnten. Mein Papa fing eins der Hühner, die immer noch unbesorgt umherliefen. Er hackte ihm den Kopf mit der Machete ab und gab es mir zum Federnrupfen. Dann schürten wir notdürftig ein Feuer in der Küche mit dem Holz hinter dem Haus, grillten das Huhn und kochten *Ugali*. Noch am selben Tag wollten wir wieder zu den anderen zurück nach Mwimbi und uns nicht länger als nötig zu Hause aufhalten. Wir aßen nur so viel, um uns für den Rückweg zu stärken und möglichst viel der Familie übrig zu lassen. Nachdem wir die letzten Tage fast nichts gegessen hatten, schmeckte es besonders gut.

»Das ist lecker, Papa«, schmatzte ich mit vollem Mund.

Ein müdes Lächeln huschte über sein Gesicht. Er nickte mir bejahend zu und klopfte mir auf den Rücken. Anschließend füllten wir die Koffer mit dem, was wir geerntet hatten, und den Dingen, die meine Mama uns aufgetragen hatte mitzubringen. Dann traten wir den Rückweg an.

Er war nicht das letzte Mal, dass wir diese lange Reise auf uns nahmen. Immer wenn der Vorrat aufgebraucht war, machten Papa und ich uns zurück auf den unsicheren Weg nach Hause. So konnten wir die Familie versorgen und die Sicherheitslage auskundschaften. Manchmal trafen wir auf andere Familienväter, die in derselben Mission unterwegs waren. Dann kam es vor, dass ein Nachbar mit zu uns kam und wir gemeinsam aßen und uns austauschten.

Nach ein paar Wochen schien die Lage sich etwas entspannt zu haben. So entschieden wir, uns nicht mehr länger in Mwimbi aufzuhalten, und traten als Familie den Rückweg an.

Bedrohtes Zuhause

»Wir hoffen, dass Gott uns nicht verlässt und dass von irgendwo auf der Welt ein Schimmer Hoffnung für uns auftauchen möge.«

Mein Papa saß auf unserem Sofa im Wohnzimmer und lauschte den ernsten Worten von Christophe Munzihirwa Mwene Ngabo. Der Erzbischof von Bukavu, der Stadt nahe der Grenze zu Ruanda, sprach im Radio. Es sollte zum letzten Mal gewesen sein. Sein Hilferuf stieß auf taube Ohren. Am nächsten Tag war er tot. Auf offener Straße ermordet von den Truppen aus Ruanda. Sein Tod im Oktober 1996 schockierte nicht nur mich, sondern erschütterte das ganze Dorf und die Region.

Spätestens jetzt war jedem klar, dass die Krieger vor nichts zurückschreckten, nicht einmal vor einem geistlichen Oberhaupt wie einem Erzbischof. Über das Radio hörte mein Papa jeden Tag Kriegsnachrichten und informierte sich, wo es in der Gegend zu weiteren gewaltsamen Auseinandersetzungen, Überfällen, Vergewaltigungen und ganzen Massakern kam. Nicht selten hörten wir aus der Ferne das Einschlagen einer Rakete. Der Krieg und das Chaos waren komplett ausgebrochen.

Uns wurde berichtet, dass manche Rebellen auf ihren Feldzügen Parolen schrien wie »Wir sind Taliban«. Ob sie genau wussten, was sie da sagten? Mit ihren Einschüchterungsrufen versetzten sie die Bevölkerung in noch mehr Angst und Schrecken. Manche Anführer gaben sich sogar Namen von bösen Machthabern wie Gaddafi oder von Filmcharakteren wie Rambo. Immer noch hörten wir von den katastrophalen Zuständen in den riesigen Flüchtlingslagern nahe der Grenze.

Unsere Flucht nach Mwimbi blieb nicht die einzige. Mindestens fünf weitere Male, sobald die Unruhen wieder näher rückten, verließen wir fluchtartig unser Dorf und suchten Zuflucht an einem anderen Ort. Nicht immer fanden wir ein Obdach wie in Mwimbi. Manchmal war der einzige Schutz das Dickicht der Wälder und wir verbrachten Tage im Busch als Familie. Papa und ich machten uns dann immer wieder zurück auf den Weg als Kundschafter im eigenen Dorf. Doch sicher fühlten wir uns in unserem Zuhause nicht mehr.

Das sorglose Leben, das wir gewohnt waren, war vorbei. Alles war anders. Die Schule blieb geschlossen. Wir Kinder durften uns zum Spielen nicht mehr vom Haus entfernen. Besorgungen auf dem Markt wurden seltener und ich musste vor Anbruch der Dunkelheit zurück sein. Es war zu gefährlich geworden, sich nachts irgendwo aufzuhalten. Papas Arbeit in der Verwaltung blieb aus. Aufgrund des Krieges wurden keine Gehälter mehr bezahlt. Der Lehmziegelverkauf lief schleppend, denn wer wollte zu diesen Zeiten schon ein Haus bauen? Arbeiter konnten wir uns nur noch selten leisten und wegen der Unruhen nicht mehr alle Felder bestellen. So fielen auch die Ernten kleiner aus und wir hatten weniger zum Leben.

Ich war froh über meine große Familie, die mehr denn je zusammenhielt. Nach dem Essen versammelten wir uns immer noch in der Küche ums Feuer. Allerdings waren die Geschichten nicht mehr dieselben. Keine erfundenen Schauermärchen, sondern Wahrheiten schrecklicher Zustände, die für uns Realität geworden waren. Wir hielten fest an dem, was uns vertraut war, und das war auch unser Glaube. Wir beteten und sangen Lieder, damit neue Kraft aufkam und wir wieder Hoffnung schöpften.

Immer noch waren wir eine Anlaufstelle für Familien aus dem Dorf, die nichts mehr hatten und einen sicheren Ort suchten. Wir gaben ihnen Unterschlupf. Meine Eltern hatten auch eine Flüchtlingsfamilie aus Ruanda aufgenommen. Sie gehörten bald zur Familie dazu. Um etwas mitzuhelfen, brauten sie traditionelles ruandisches Bananenbier, verkauften es und waren damit durchaus erfolgreich. Mit den radikalen Hutu-Milizen hatten sie selbstverständlich nichts zu tun. Doch diese standen schon bald bei uns im Haus und versetzten mich und meine kleine Schwester in Angst und Schrecken.

Raub einer Kinderseele

Ich war gerade auf der Bananenplantage direkt neben unserem Haus, als ich Ombeni plötzlich aus Leibeskräften schreien hörte. Mir fuhr es durch Mark und Bein. Erst gerade hatte ich meine kleine neunjährige Schwester noch in der Küche beim Abwaschen gesehen. Sie hatte gesungen und mit viel Sorgfalt Teller um Teller gespült.

Nun ahnte ich Schlimmes und raste hinüber zur Küche, um nachzuschauen, was los war. Dort bot sich mir ein unerträgliches Bild. Ombeni hing im Arm eines Rebellen, der versuchte, sie aus der Küche zu ziehen. Sie wehrte sich mit Händen und Füßen gegen ihn, hatte aber keine Chance. Er lachte nur und schleifte sie über den Boden und zur Tür hinaus. Ihr Gesicht war furchterfüllt. Als sie mich sah, schrie sie noch lauter und erbärmlicher um Hilfe. In ihren Augen sah ich panische Angst.

Ich wusste nicht, was ich tun sollte. Ich war viel zu schwach, um etwas gegen diese Männer ausrichten zu können, denn etwas weiter weg standen noch zwei weitere. Sie trugen beige Hosen und T-Shirts sowie hohe schwarze Stiefel und waren bewaffnet mit Kalaschnikows und Macheten. Es waren die gefürchteten Milizen der *Interahamwe*-Truppe, die schon einmal in unser Dorf eingefallen waren. Immer hatten wir gehofft und gebetet, dass wir nicht erneut Zielscheibe eines Überfalls würden. Jetzt waren sie in unser Haus eingedrungen und ich war wehrlos. Meine Eltern und Geschwister waren auf dem Feld zur Ernte und ich mit Ombeni allein. Von einem Moment auf den anderen war unser Rückzugsort zu einem Ort des Terrors geworden.

»Lasst meine Schwester in Ruhe!«, schrie ich die Rebellen an und stürzte mich auf den, der Ombeni fest im Griff hatte. Er hatte eine Narbe unter dem rechten Auge und seine Mundwinkel verzogen sich hämisch, als würde er lächeln. Dann schüttelte er mich ab, als wäre ich eine lästige Fliege, und kickte mich von sich. Ich stolperte rückwärts und konnte mich gerade noch auffangen, bevor ich zu Boden fiel.

Mir schossen die Tränen in die Augen. Ich war blind vor Wut, die die Angst in mir verdrängte. In dem Moment dachte ich nicht darüber nach, was mit mir geschehen könnte. Sie hätten mich sofort töten können, wenn sie das gewollt hätten. Doch es schien, als hätten sie überhaupt kein Interesse an mir. Dafür an Ombeni. Einer der Rebellen gab ihr nun einen Klaps auf den Po und zwang sie, vor ihnen herzulaufen.

Als sie mit ihr unser Grundstück verließen, lief ich ihnen einfach hinterher. Ich fühlte mich verantwortlich für sie. Sie stolperte vor den Männern her, ihr buntes Kleid war etwas verrutscht und sie hatte keine Schuhe an. Der Weg war mir bekannt. Mein Herz klopfte laut, ich war außer mir. Immer wieder hob ich Steine vom Boden auf und bewarf die Männer von hinten. Einen von ihnen traf ich am Rücken, aber er kümmerte sich nicht darum. Es schien, als hätten sie ein klares Ziel, und es machte mich noch wütender, dass sie mich einfach ignorierten. Ich fühlte mich so hilflos und wünschte mir, mein Papa wäre da gewesen und hätte uns geholfen.

Ich weiß nicht mehr, wie lange wir liefen, aber es kam mir vor wie eine halbe Ewigkeit. Irgendwann kamen wir in Murhanga an. Offenbar hatte sich die Rebellengruppe hier vorübergehend niedergelassen. Wir kamen zu einer Hütte aus Lehm mit einem Dach aus Bananenblättern. Der Mann stieß Ombeni hinein, folgte ihr und zog die Tür hinter sich zu. Die zwei anderen blieben draußen stehen. Einer nahm Tabak hervor und drehte sich eine Zigarette. Rauchend standen sie dort, unterhielten sich und lachten.

Ich hörte, wie Ombeni drinnen sich wieder die Seele aus dem Leib schrie. Obwohl ich erst zehn Jahre alt war, wusste ich, was sie mit ihr anstellten. Es war schrecklich. Meine kleine Schwester wurde verletzt und ich konnte ihr nicht helfen. Es zerriss mir das Herz. Wieder nahm ich Steine vom Boden und bewarf die beiden Männer, die draußen standen. Sie lachten nur noch lauter und beachteten mich nicht.

Nach einiger Zeit kam der erste Mann aus dem Haus und der zweite ging hinein. Ich rannte zur Tür und wollte sie öffnen, doch der Mann stieß mich von sich und ich fiel rücklings zu Boden. Es grenzte an ein Wunder, dass sie mir nichts antaten. Doch in dem Moment war mir alles egal. Ich musste einfach etwas tun und konnte nicht tatenlos zusehen! Unaufhörlich bewarf ich die Rebellen mit Steinen. Vielleicht nützte es etwas, denn als der zweite Mann aus dem Haus kam und der dritte hineinging, kam er nach kürzester Zeit mit Ombeni wieder heraus. Als wäre ihm die Lust vergangen. Er stieß meine Schwester in meine Richtung.

»Macht, dass ihr verschwindet«, rief er mit lauter Stimme.

Ich nahm Ombeni an der Hand und wir rannten, so schnell wir konnten, davon. Ich sah, dass Blut an ihren Beinen hinunterlief. Ihr farbenfrohes Kleid war zerrissen, es hing über ihren Schultern. Sie schluchzte den ganzen Rückweg, krümmte sich und konnte irgendwann nur noch humpeln. Die meiste Zeit wusste ich nicht, was ich sagen sollte. Mir tat es in der Seele weh, sie so zu sehen. Ich stützte sie, strich ihr über den Kopf und versuchte, sie zu trösten. Immer wieder schlug sie die Hände vors Gesicht und schaute beschämt zu Boden. Der Rückweg nach Chiherano dauerte eine gefühlte Ewigkeit. Als wir endlich daheim ankamen, waren meine Eltern mit den Geschwistern vom Feld zurück und empfingen uns besorgt.

»Was ist passiert, wo wart ihr?«, fragte meine Mama aufgeregt.

Ombeni stürzte sich in ihre Arme und Mama umarmte sie. Außer Atem erzählte ich ihnen alles, was passiert war. Sie machten sich große Vorwürfe, uns allein gelassen zu haben, als sie realisierten, welchen Horror Ombeni und ich durchgemacht hatten.

Papa ballte die Hände zu Fäusten und wurde sehr wütend.

»Danke, mein Junge. Das war mutig von dir«, sagte er zu mir und klopfte mir auf die Schulter.

»Das darf nie mehr passieren«, sagte Mama verzweifelt und strich Ombeni über den Kopf.

Wir trösteten meine Schwester, so gut es ging. Mama war sehr liebevoll. »Ich liebe dich«, flüsterte sie Ombeni zu und umarmte sie immer noch.

Viele Frauen und Töchter, denen das Gleiche wie Ombeni zugestoßen war, wurden aus ihren Familien verstoßen. Sie galten als beschmutzt. Ich war froh und dankbar, dass meine Eltern nicht so waren. Ombeni war so wehrlos gewesen. Sie konnte nichts dafür, dass die Rebellen sich an ihr vergangen hatten. Und ich hatte es auch nicht verhindern können.

In den darauffolgenden Tagen herrschte eine gedrückte und schweigsame Stimmung. Jedem fehlten die Worte. Die Vergewaltigung meiner kleinen Schwester hatte noch mehr Unsicherheit und Angst in unsere Familie gebracht. Unser Zuhause war kein Zufluchtsort mehr, es war von Rebellen aufgespürt worden. Nun konnte jederzeit alles passieren.

Ich selbst wusste nicht, wohin ich mit meiner Wut gehen sollte. So kam es mir gerade recht, dass der Cousin meines Papas eine Aufgabe für mich hatte. Er war für mich wie ein Onkel.

Bei den Rebellen

»Hier, Pappy«, sagte mein Onkel und hievte eine schwere Holzkiste auf meinen Kopf. Er schubste mich und gab mir zu verstehen, dass ich loslaufen sollte.

Genau wie mein Papa kam er aus Mushinga, einem benachbarten Dorf, und war direkter Abkömmling des Stammeskönigs N'Databai von Ngweshe. Nun war er Anführer der *Mudundu 40* geworden, einer *Mai-Mai*-Rebellengruppe. Im Osten unseres Landes gab es derzeit über dreißig solcher lokaler Gruppen, die sich zur Selbstverteidigung und zum Schutz gegen Überfälle auf ihre Dörfer und Familien formiert hatten. Viele junge, desillusionierte, arbeitslose und unzufriedene Männer schlossen sich der *Mai-Mai-Miliz* an und fanden darin Zusammenhalt und eine neue Aufgabe. Die meisten Mitglieder der *Mudundu 40* kannten wir. Vor ihnen brauchten wir keine Angst zu haben. Sie waren auf unserer Seite und versicherten uns, dass sie unser Dorf vor einem erneuten Einmarsch bewaffneter Gruppen beschützen würden. Anfangs taten sie das noch ohne Waffen. Sie patrouillierten mit ihren Stöcken und Macheten im Dorf. Doch irgendwann hatten sie aus dem Hinterhalt Soldaten der nationalen Armee überfallen und deren Waffen und Munition beschlagnahmt. Nun patrouillierten sie bewaffnet, was sie mächtiger machte.

Wie früher schon so oft kam mein Onkel eines Tages zu Besuch und erzählte uns stolz von seiner Gruppe.»Du könntest uns helfen, Pappy. Es ist wichtig, dass wir uns formieren und kämpfen, um unser Land und unsere Familien zu verteidigen«, sagte er eindringlich zu mir.

Mein Papa stand skeptisch daneben und war nicht sicher, was er davon halten sollte. Meinem Onkel zu widersprechen und sich ihm in den Weg zu stellen, war aber nicht einfach. Er hatte in dem Moment keine andere Wahl und musste mich mit ihm ziehen lassen.

Ich wollte nicht kämpfen, aber auch nicht tatenlos und ängstlich daheim warten, bis das nächste schlimme Unglück passierte. Und ich wollte für das Gute einstehen. Die Worte meines Onkels klangen verheißungsvoll und ich vertraute ihm.

Nun lief ich also mit ihm und seinen Kumpanen durch den Busch, bis wir an eine Stelle kamen, wo sie ihr Lager aufgeschlagen hatten. Einige Tage war ich schon mit ihnen unterwegs und nichts anderes als ein Packesel für sie. Die ganze Zeit musste ich Kisten transportieren oder Wasser für die Kämpfer holen. In den Kisten waren Waffen und Munition. Ich wusste nicht, woher sie die vielen Waffen hatten, und wollte mit ihnen auch nichts zu tun haben. Sie machten mir Angst. Mir graute es immer noch davor, in den Kampf ziehen zu müssen. Als Neffe des Anführers wurde ich zum Glück privilegiert behandelt. Die anderen Kämpfer lehrten sie schreckliche Dinge, wie zu plündern, Menschen zu quälen, zu töten und anschließend deren Eingeweide zu essen.

Die *Mai-Mai*-Krieger waren überall bekannt für solche dämonischen Rituale. Sie vertrauten auf die übernatürlichen Kräfte der *Wafumu*, der traditionellen Heiler des Dorfes. Mit ihnen versammelten sie sich im Wald, um ihre Rituale durchzuführen. *Mai* bedeutet Wasser auf Swahili. Die *Mai-Mai* glaubten, dass sich durch die Rituale die Kugeln der Feinde in Wasser auflösten und ihnen nichts anhaben konnten. Ihre Kämpfe gegen Eindringlinge waren deswegen jedoch mäßig erfolgreich. Es konnte nämlich sein, dass die *Mai-Mai* sich mitten im Kampf zurückzogen, weil sie glaubten, die Zauberkräfte würden nur vierundzwanzig Stunden anhalten. Dann wichen sie zurück in den Busch, um erneut ihre Rituale durchzuführen. Gegner wurden dann oft sehr wütend und drohten damit, alle zu töten.

Viele der *Mai-Mai*-Krieger tranken starken Alkohol und rauchten Marihuana, das bei uns in riesigen Büschen wild wuchs. Statt ihre Dörfer zu beschützen, plünderten und vergewaltigten sie irgendwann selbst. So waren sie genauso grausam wie andere Gruppen und am Ende mehr Störenfriede als tatsächliche Verteidiger oder Eroberer von Land. Ihre Strategien erwiesen sich oftmals als nicht effektiv und sie hinterließen immer wieder Chaos und Zerstörung.

Ich beobachtete das ganze Geschehen mit Abneigung und Angst. Ich wollte nur noch weg von der *Mudundu 40*, nicht mehr im Busch mit diesen Männern leben und wieder nach Hause. Eines Nachts wartete ich, bis alle schliefen, und schlich mich im Schutz der Dunkelheit aus dem Lager. Dann versteckte ich mich irgendwo im Wald, wartete bis zur Dämmerung, um mich zu orientieren, und lief dann so schnell wie möglich nach Hause.

Meine Eltern waren überglücklich. Doch lange sollte ich nicht zu Hause bleiben, denn Mama und Papa sahen meine Zukunft offensichtlich woanders. Sie wünschten sich für mich, dass ich wieder zur Schule gehen könnte. Bildung war ihnen wichtig. Schließlich sollte ich irgendwann einmal in die Fußstapfen meines Papas treten.

3

KRIEGS-WIRREN

Auch in Bukavu tobte der Krieg.

Es war Mamas Heimatstadt, in die mich meine Eltern geschickt hatten. Da die Schule in Chiherano geschlossen geblieben war, hatten sie gehofft, dass mein Leben in Bukavu irgendwie einigermaßen normal weitergehen könnte.

Ich kannte die Großstadt bereits von Besuchen bei Verwandten. Ich wohnte bei meinem Onkel Floribert, dem Bruder meiner Mama, bei dem ich bereits einige Male die Sommerferien verbracht hatte.

Trotzdem war mir Bukavu fremd. Eine völlig andere Umgebung als daheim. Die Natur, die ich so liebte, fehlte mir hier. Es war ein regelrechter Häuserdschungel. Die verschiedenen Stadtviertel erstreckten sich über mehrere Hügel, von denen man auf große Gebäude mit bunten Dächern und Tausende von Wellblechhütten hinunterblicken konnte. Bukavu hatte damals fast eine Million Einwohner.

Die Familie von Floribert wohnte in einem schönen Haus in einer guten Gegend. Sie behandelten mich wie ihren eigenen Sohn. Die Kinder meines Onkels und seiner Frau waren noch klein. Ich war der Einzige, der zur Schule ging. Der Weg dahin dauerte zwanzig Minuten. Viel schneller, als ich es von zu Hause gewohnt war. Die Schule hieß *Nyalukemba* und lag auf dem gleichen Gelände wie das *Collège Alfajiri*, in dem mein Onkel Lehrer war.

Das eindrucksvolle Kolleggebäude imponierte mir. Es war die Eliteschule für Kinder wohlhabender und einflussreicher Familien, also nichts für mich. Ich war der Junge vom Dorf. Meine Eltern hatten inzwischen durch den Krieg zu viel verloren und konnten sich das *Collège* nicht leisten. Die Schule *Nyalukemba* war für die normalen Bürger wie mich, aber immer noch kein Vergleich zu der in Chiherano. Sie war viel größer, aus richtigem Backstein gebaut, hatte keine Holzwände mit Löchern, dafür eine nagelneue Wandtafel. Die Lehrer redeten fließend Französisch und der Unterricht war auf einem hohen Niveau, an das ich mich erst gewöhnen musste. Außerdem kannte ich niemanden. Zum Glück fiel es mir nicht schwer, Freundschaften zu schließen.

Doch sicher war Bukavu auch nicht. Ich war nicht darauf vorbereitet gewesen, dass auch hier der Krieg tobte. Einige Male mussten wir von der Schule nach Hause rennen, weil es wieder Schusswechsel in der Nähe gab und die Schule geschlossen wurde. Am nächsten Tag kam dann plötzlich Entwarnung und wir drückten wieder die Schulbank. Es war eine ständige Anspannung und immer hatte ich die Angst im Nacken, ich würde wie Mushagalusa den Weg nach Hause nicht mehr schaffen.

Das Haus meines Onkels lag zwar in einer besseren Gegend, aber an einem Hügel direkt in der Schusslinie der Soldaten der nationalen Armee, die mit Raketen und Maschinengewehren Richtung Ruanda schossen. Es war noch lauter als in Chiherano, wenn die Kugeln der Maschinengewehre über das Haus fegten und am Himmel die Raketen glühten, bis sie irgendwann auf der anderen Seite einschlugen. Ein furchtbares Szenario!

Wenn von der Gegenseite eine Offensive gestartet wurde, beobachtete ich die Raketen und hoffte, sie würden nicht bei uns einschlagen. Bukavu war genauso unsicher geworden wie die Dörfer. Präsident Mobutu hatte die Situation unterschätzt und es überraschte nicht nur ihn, wie schnell all die Unruhen sich zu einem überregionalen Mega-Krieg entwickelt hatten, in den inzwischen nicht nur über siebzig Rebellengruppen, sondern die Länder Ruanda, Uganda, Simbabwe, Angola und Tansania involviert waren. Wie wir später erfuhren, gab es fast keine bewaffnete Gruppe in unserem Land, die nicht zu irgendeinem Zeitpunkt Unterstützung aus dem Ausland bekam, vielleicht nur mit Ausnahme vereinzelter lokaler *Mai-Mai*-Gruppen.

Krieg ist schrecklich, sowohl in der Großstadt als auch auf dem Dorf. Doch lieber wollte ich ihn bei meiner Familie erleben und für sie da sein, als in Bukavu festzustecken. Zumindest für eine Weile zurück nach Chiherano kam ich nur deshalb, weil ich die oft tödliche zerebrale Form der Malaria bekam und selbst die Ärzte im *Hôpital Générale de Bukavu*, dem Zentralklinikum von Bukavu, nicht mehr weiterwussten. Mit Halluzinationen und hohem Fieber hatte mich meine Tante eingeliefert. Von Fieberträumen getrieben schlafwandelte ich vom Krankenhaus bis zum Ufer des Kivusees, wo mich eine Krankenschwester fand.

So holte mich meine Mama zurück ins Dorf. Vielleicht war es ihr liebevolles Umsorgen, denn es ging mir zu Hause schnell zusehends besser.

Die Mission meiner Eltern, mich in die Schule zu schicken, war allerdings noch nicht zu Ende. Wenige Wochen nachdem ich genesen war, hieß es wieder: zurück nach Bukavu.

Also drückte ich dort wieder die Schulbank und versuchte, mich zu konzentrieren. Es gelang mir nicht. Meine Gedanken schweiften immer wieder zu meiner Familie. Ich wollte nicht hier, sondern bei ihr sein!

Schwere Schulzeit

Inzwischen war es Mai 1997, ich war elf Jahre alt und Kabila hatte sich mit seiner AFDL bis nach Kinshasa vorgekämpft. Nach gescheiterten Friedensgesprächen mit Mobutu wurde er gestürzt. Laurent-Désiré Kabila wurde neuer Präsident. Zaire wurde in *Demokratische Republik Kongo* umbenannt. Der erste Kongokrieg war zu Ende. Doch bald sollte der zweite Kongokrieg ausbrechen, weitere Millionen Todesopfer fordern und die Bevölkerung in Angst und Schrecken versetzen. Das Blutbad war noch nicht zu Ende.

Da ich wusste, wie wichtig meinen Eltern die Schule war, ließ ich diese Zeit bereitwillig über mich ergehen. Ich gab mir Mühe beim Lernen und verhielt mich möglichst unauffällig. Die Schule war Teil des Militärstützpunkts *Camp Saio* und eine Institution für Kinder von Soldaten. Sie lag auf einem der vielen Hügel von Bukavu direkt am Ruzizifluss, der die Grenze zwischen dem Kongo und Ruanda markierte. Auch wenn ich kein Armee-Kind war, war es zu der Zeit die einzige Schule, die mich aufnahm. Zudem war sie günstig. Meine Eltern hatten ihre letzten Mittel eingesetzt, damit ich dort lernen konnte.

Der Krieg hatte meiner Familie finanziell immer mehr zugesetzt. Wir lebten vom Verkauf dessen, was wir noch hatten: von unseren Kühen, Ziegen, Hühnern und dem, was von der immer kleiner ausfallenden Ernte noch übrig blieb und wir nicht für den eigenen Bedarf brauchten. Zu essen hatten wir wenig, und wenn, dann reduzierte es sich auf *Ugali* und Bohnen. Fleisch war inzwischen zu kostbar und stand nicht mehr auf dem Speiseplan. Oft schliefen wir hungrig ein. Es gab für uns Kinder auch keine neuen Kleider mehr. Seife war teuer geworden. Nichts war mehr, wie es früher gewesen war.

Meine Mitschüler waren dickköpfig und schienen unbelehrbar. Sie bemühten sich nicht, den Schulstoff zu lernen, und kamen oft mit leerem Heft zur Schule. Es war auch schwierig, in dieser Schule Freundschaften zu schließen. Sogar für jemanden wie mich. Diese Kinder schienen nicht darauf aus, Gemeinschaft zu pflegen und in den Pausen zu spielen. Sie waren verschlossen. Wahrscheinlich, weil ihre Väter ständig versetzt wurden und sie nie lange an einem Ort blieben. Ich war oft allein und langweilte mich in der Schule. Wohnen konnte ich zu der Zeit bei einer befreundeten Familie, die zur entfernten Verwandtschaft gehörte und auch schon bei uns untergekommen war.

Baba Allain und seine Frau Janne lebten in einem kleinen Haus aus Holz, mitten in der Stadt. Es war eigentlich eine Baracke, die normalerweise von Baustellenarbeitern bewohnt wurde, auch wenn der Familienvater kein Bauarbeiter war. Es war eng, die fünf Kinder und ich schliefen alle im selben Raum auf zwei durchgelegenen Matratzen.

Nur ab und zu erfuhren wir etwas von daheim. Es gab damals Boten, die uns Briefe überbrachten. Gespannt wartete ich immer auf Neuigkeiten meiner Eltern. Wenn ein Brief kam, hoffte ich, dass es eine gute und keine Hiobsbotschaft war.

»Pappy, wir haben wieder einen Brief von deinem Vater bekommen. Einer seiner Cousins wurde ermordet«, meinte Baba Allain bestürzt und las vor, was Papa geschrieben hatte:»Rebellen waren beim *Chef de Chiherano* und haben seine Frau und die drei Töchter vergewaltigt. Er hat versucht, sie zu beschützen. Erst haben sie seinen Mund zusammengenäht, weil er zu viel geredet hat. Dann haben sie ihn einfach umgebracht, indem sie ihn bei lebendigem Leib mit Macheten zerstückelt haben. Auch wir haben Briefe von den Rebellen erhalten, dass sie Mama, die Mädchen und die anderen Frauen, die gerade bei uns wohnen, wollen. Nun schicken wir sie jeden Abend an einen anderen Ort, damit sie sicher sind. Bitte betet für uns.«

Mir wurde schlecht, als ich das hörte. Mein Magen zog sich zusammen. Der *Chef de Chiherano* war ein guter Freund meines Papas. Sein Haus war kaum einen Kilometer von unserem entfernt. Sie hatten ihn kaltblütig umgebracht, auf bestialische Art. Ich wollte es gar nicht glauben. So grausam war die Vorstellung, die mir einen Schauer nach dem anderen über den Rücken jagte.

Von überall hörte man inzwischen, dass Frauen und Mädchen auf brutalste Weise misshandelt und gequält wurden. Man wollte die Männer demütigen und ihnen zeigen, dass sie unfähig waren, ihre eigenen Frauen zu beschützen. So hatte es mir mein Papa erklärt. Viele schreckten vor nichts zurück. Nicht einmal vor kleinen Babys und manche auch nicht vor ihrer eigenen Mutter und Schwester. Es waren furchtbare Geschichten. Meine Schwester Ombeni war nicht die Einzige gewesen. Sie war inzwischen eine von Tausenden.

Ich verstand nicht, was in den Köpfen dieser Männer vorging, die zu so etwas fähig waren. Es war eine gute Idee von Papa, alle Frauen jeden Abend wegzuschicken! Zusammen mit Mama und meinen Schwestern wohnten inzwischen acht Frauen bei uns. Aber wie lange würde das noch gut gehen? Ich konnte nur erahnen, in was für einer Angst sie jeden Abend leben mussten. Keiner war mehr sicher. Auch Papa und meine Brüder nicht, wenn sie sogar vor dem *Chef de Chiherano* keinen Halt machten. Ich wollte am liebsten auf der Stelle nach Hause und mich lieber selbst in Gefahr begeben, als weiterhin von ihnen getrennt zu sein. Ich fühlte mich so hilflos!

Abwechslungsweise überkamen mich ungeheuerliche Wut auf die Rebellen und großer Schmerz über die Vergewaltigungen, die die Frauen und Mädchen so tief verletzten. Bereits Ombeni hatten sie fürs Leben gezeichnet. Und Tita, meine große Schwester, blieb weiterhin verschwunden. Wir wussten immer noch nicht, was ihr zugestoßen war. Die Frage, die sich mir stellte, war nicht mehr, ob es auch unsere Familie treffen könnte, sondern eher, wann unsere Familie dran sein würde.

Doch ich sollte schneller nach Hause zurückgerufen werden, als mir lieb war. Denn es erreichte mich eine der schlimmsten Nachrichten, die ich je hätte befürchten können.

Die Hiobsbotschaft

»Pappy, geh unverzüglich ins Büro des Schuldirektors!«

Die Aufforderung des Lehrers klang ernst, als er nach der Pause ins Klassenzimmer zurückkam. Sein Gesicht sah besorgt aus. Ich eilte sofort aus dem Raum und lief schnurstracks zum Büro des Schuldirektors, das in einer Militärbaracke im Gebäude gegenüber lag.

Was war jetzt schon wieder passiert? Ich ahnte, dass es Nachrichten von meiner Familie waren. Was hätte sonst der Grund für diese Beorderung sein können?

»Guten Tag, geschätzter Herr Direktor«, grüßte ich höflich und salutierte, wie es sich beim Militär gehörte.

Der Direktor saß hinter seinem großen Schreibtisch, direkt neben ihm stand ein Bekannter aus Chiherano. Er war ein Freund meiner Eltern, aber ich kannte ihn nicht näher.

»Was ist passiert?«, sprudelte es aus mir heraus. Ich war aufgeregt.

»Sie haben deinen Papa. Eine Gruppe der *Mai-Mai* hat ihn geholt und hält ihn gefangen. Er soll schon morgen exekutiert werden. Wir dürfen keine Zeit verlieren und müssen uns gleich auf den Weg zurück nach Chiherano machen. Baba Allain und Janne haben mir gesagt, dass du in der Schule bist«, meinte der Bekannte.

Wie ich befürchtet hatte, war es eine Hiobsbotschaft. Wie betäubt lief ich mit ihm aus der Schule. Wir machten uns ohne Umwege auf die Reise zurück ins Dorf. Was normalerweise zwei Tage Fußmarsch dauerte, schafften wir an einem Tag. Wir liefen bis in die späte Nacht hinein. Meine wenigen Sachen, die ich bei Baba Allain und Janne hatte, ließ ich zurück. Ich trug nur meine Schuluniform und meinen Rucksack.

»Die Rebellen sagen, dass dein Papa sie betrogen hat. Sie werfen ihm vor, mit Mobutu zusammengearbeitet zu haben. Deshalb wollen sie ihn umbringen. Sie drohen damit, dass es eine Lektion für alle sein soll, nicht mit solchen Lügnern Geschäfte zu machen«, erzählte der Bekannte mir auf dem Weg.

Es war eine glatte Lüge, das wusste ich. Mein Papa war ein anständiger Mann. Seine Arbeit in der Verwaltung Mobutus verrichtete er lediglich aufgrund unserer Familienherkunft. Er hatte die machthaberische und diktatorische Regierung des Präsidenten genauso wie diese Rebellen verabscheut.

Was für eine Ungerechtigkeit! Vor lauter Wut traten mir Tränen in die Augen. Ich stellte mir meinen Papa vor, wie er irgendwo festgehalten wurde. Er musste gerade Todesängste durchleiden. Hoffentlich quälten sie ihn nicht wie den *Chef de Chiherano*. Die *Mai-Mai* waren zu allem fähig. Meine Gedanken drehten sich wie wild im Kreis. Ich schickte Stoßgebete zum Himmel. Betete um ein Wunder und flehte zu Gott, meinen Papa am Leben zu lassen.

Der Weg von Bukavu nach Chiherano kam mir so lange vor wie noch nie. Es war ein qualvoller und schneller Fußmarsch. Ich hatte

Hunger, mein Magen knurrte, Schweiß und Tränen liefen mir übers Gesicht. Meine Kehle war wie zugeschnürt, was die eiligen Schritte noch mühsamer machte.

Das Kreuz vor Augen

Wir kamen spätnachts in Chiherano an. Meine Füße schmerzten von der langen Reise. Sie hatten mich schon erwartet. Meine Mama eilte aus dem Haus und begrüßte mich.

»Mein Junge, Gott sei Dank bist du da«, wimmerte sie. Ihre Augen waren geschwollen und rot. Man sah ihr an, dass sie viel geweint hatte.

Ich umarmte sie und wusste gar nicht recht, was ich sagen sollte außer: »Mama, was ist passiert?«

»Papa war mit seinem *Bwana Chauffeuri* im Auto von Pharmakina unterwegs, als die *Mai-Mai* die beiden stoppten. Sie haben sie bedroht, deinen Vater aus dem Auto gerissen und gesagt, sie würden ihn umbringen. *Bwana Chauffeuri* konnte sich nicht wehren, sonst hätten sie ihn auf der Stelle erschossen. Er ist danach gleich zu uns gefahren, um uns alles zu berichten.« Sie schaute mich hilflos an.

Mir kamen wieder die Tränen. Durch meine verschleierten Augen sah ich, wie Ombeni mir entgegenkam und ihre Arme um mich schlang. Drinnen im Haus war der Rest der Familie. Es war still und es herrschte eine Stimmung wie auf einer Beerdigung. Der Schock stand allen ins Gesicht geschrieben. An Schlaf war nicht zu denken. Sogar meine kleinen Geschwister waren noch wach und schauten mich verstört an. Ich nahm meine Brüder Big und Mista in den Arm und versuchte, sie zu beruhigen. Immer wieder weinte jemand und das Schluchzen durchbrach die quälende Stille. Eine schwere Last legte sich auf meine Schultern und ich fühlte mich schwach. Ich war gerade der älteste Mann im Haus und doch selbst noch ein Kind.

»Wir müssen so schnell wie möglich meinen Onkel informieren«, sagte ich schließlich. Er und seine *Mudundu 40*-Truppe waren wohl die Einzigen, die uns jetzt noch helfen konnten.

»Einige Nachbarn haben sich bereits auf den Weg gemacht, um ihn zu suchen und ihm alles zu berichten«, antwortete meine Mama.

Hoffentlich war mein Onkel irgendwo in der Nähe und die Nachricht würde ihn noch rechtzeitig erreichen! Denn die Exekution meines Papas sollte schon am nächsten Tag stattfinden. Und als ob das nicht schlimm genug wäre, war zu uns durchgesickert, dass sie Papa kreuzigen wollten.

Was in mir vorging, als ich das hörte, war nicht mit Worten zu beschreiben. Wir hatten viele Kriegsgeschichten gehört, aber so etwas noch nicht. Warum auf solch brutale Weise? Vielleicht war für sie das Nachahmen von Jesu Tod die ultimative Form der Hinrichtung, um allen ihre Macht zu demonstrieren.

Immer mehr Menschen kamen zu unserem Haus, als sie hörten, was mit ihm passieren sollte. Sie teilten unser Leid und zeigten ihre Solidarität. Wir beteten fast die ganze Nacht. Unerträglich war die Vorstellung, dass es Papas letzte Nacht sein könnte.

Als der Morgen dämmerte, machten wir uns auf den Weg nach Isingo, wo die Hinrichtung stattfinden sollte. Meine Geschwister blieben zu Hause. Sie sollten es nicht miterleben, wie Papa umgebracht wurde.

Immer mehr Menschen aus umliegenden Dörfern schlossen sich unserem Trauerzug an. Ich realisierte immer mehr, wie bekannt und respektiert mein Papa in der Umgebung war. Am Ende war es eine riesige Menschenmenge mit über hundert Personen. Ein regelrechter Protestmarsch.

Isingo war ein kleiner Ort und eineinhalb Stunden Fußmarsch entfernt. Auf dem Weg mussten wir durch einige Straßensperren, die die *Mai-Mai* errichtet hatten. Dort wollten sie meine Mama und die Frauen, die sich angeschlossen hatten, nicht durchlassen. Nach langen Diskussionen kamen wir aber doch alle durch. Es war nicht schwierig, die Stelle zu finden, wo die schreckliche Tat geschehen sollte. Die Einheimischen wussten genau, dass die *Mai-Mai* ihr Lager unweit des kleinen Dorfes im Schutz des Waldes aufgeschlagen und sich dort niedergelassen hatten.

Wir rechneten mit dem Schlimmsten, als wir uns langsam näherten. Die Menge, die uns gefolgt war, war still geworden. Wir beobachteten das Geschehen aus sicherer Distanz. Von meinem Papa keine Spur. Wahrscheinlich hielten sie ihn in einer der Hütten gefangen. Dann sah ich das Kreuz. Ich erstarrte und fing gleichzeitig an zu zittern. Das Kreuz stand auf dem Kopf, nicht so wie das in der Kirche. Mir lief es kalt über den Rücken. Ich sah das gequälte Gesicht meiner Mama.

Unterdessen waren auch Einheimische dazugekommen, die die Rebellen anfeuerten und meinem Papa den Tod wünschten. Manche schienen nur aus Neugierde gekommen zu sein, gafften und wollten sich das Spektakel nicht entgehen lassen. Eine Kreuzigung sah man wohl auch hier nicht alle Tage.

Nach einer Weile, die uns wie eine Ewigkeit vorkam, war alles bereit. Meine Mama hatte inzwischen meine Hand gegriffen und drückte sie fest. Ich wagte kaum mehr zu atmen. Dann führten sie meinen Vater vor. Es war, als würde die Welt für einen Moment stehen bleiben. Ich war zu nichts mehr in der Lage. Zwei Männer stießen meinen Vater vor sich her zum Kreuz. Er war unversehrt, aber in seinem Gesicht sah ich Todesangst. Gleich würde ich zuschauen müssen, wie er ans Kreuz genagelt wurde. Mein eigener Papa. Warum er?

Aus meinen Gedanken wurde ich erst gerissen, als ein Raunen durch die Menge ging und es plötzlich unruhig wurde. Ich versuchte zu begreifen, was los war, und blickte um mich. Aus der Ferne näherte sich mein Onkel mit seiner *Mudundu 40* dem Geschehen. Er führte sie an, umgeben von seinen Leibwächtern und dreißig bewaffneten Männern. Ihre Macheten hatten sie in ihre Gürtel gesteckt und trugen ihre Gewehre und Munition über den Schultern.

Ich konnte es kaum glauben. Möglicherweise war das unsere Rettung! Es bestand plötzlich ein kleiner Funken Hoffnung, dass Papa doch mit dem Leben davonkommen könnte. Einige klatschten laut und begrüßten die Männer, die in dem Moment möglicherweise zu unseren Rettern in letzter Minute wurden. Ich wagte kaum zu atmen und wartete ab, was geschah. Die Situation konnte genauso gut von der einen zur nächsten Sekunde wieder kippen.

Dann sah ich, wie der Anführer seinen Männern zu verstehen gab, nicht weiterzumachen. Er verschwand mit meinem Onkel. Mein Papa atmete sichtlich auf und unsere Blicke kreuzten sich. Hoffentlich konnte mein Onkel das Ganze regeln und als Missverständnis aufdecken.

Nach einer Weile kam mein Onkel wieder zurück und rief bestimmt:»Du bist frei!«

Wir rannten zu meinem Papa und umarmten ihn. Meine Mama fiel ihrem Mann um den Hals. Einige Leute jubelten und fingen an zu singen. Es war fast schon absurd, wie schnell sich diese Situation gewendet hatte. Wie sich später herausstellte, war es eine Abspaltung der *Mudundu 40*-Gruppe gewesen, die meinen Papa gefangen genommen hatte. Es hatte Streit innerhalb der *Mai-Mai* gegeben. Der Vorwurf, mein Papa sei ein Verbündeter Mobutus, war nur ein Vorwand gewesen. Es war ein Rachefeldzug gegen meinen Onkel gewesen, der der Anführer war.

Ich stand immer noch neben mir und wollte so schnell wie möglich weg von diesem Ort. Gemeinsam mit meinem Onkel zogen wir davon. Er und seine Männer wurden wie Helden gefeiert. Tränen der Verzweiflung wandelten sich zu Freudentränen. Ein Wunder war geschehen. Mein Papa war gerettet. So war der Krieg – unberechenbar.

Wir waren überglücklich, aber ich war nicht mehr derselbe. Die Ereignisse mit meinem Papa und meiner Schwester Ombeni hatten mich für immer verändert. Ich war zwar erst zwölf und doch kein Kind mehr.

Kindersoldaten

Ich war auf dem Markt, als ich Schüsse hörte. Ich zuckte zusammen und wollte sofort die Flucht ergreifen. Als ich mich umschaute, sah ich ein Kind mit einem Maschinengewehr wild um sich in die Luft schießen. Mehrere Male. Die Waffe war fast größer als der Junge selbst. Ich war entsetzt, denn ich kannte ihn. Es war Mundeke. Er trug eine gemusterte Armeeuniform und eine grüne Mütze. Um den Hals hing Munition. Seine Hosen hatte er in Gummistiefel gestopft. In seinen Augen blitzten Zorn und Wahnsinn. Als wäre es ein Spiel, lachte er bei dem, was er tat.

Mundeke ist also ein Kadogo geworden, dachte ich bestürzt und schüttelte unmerklich den Kopf.

Ein kleiner, mächtiger Kämpfer, ein Kindersoldat. Das heißt *Kadogo* auf Swahili. Mundeke war ein Nachbar von uns, kaum älter als ich. Schon oft hatte ich mit ihm gespielt, als wir noch kleiner waren.

Angst hatte ich hier auf dem Markt eigentlich nicht vor ihm. Er würde mir sicher nichts tun. Doch offenbar war er nicht mehr der, den ich kannte. Der Junge, der für harmlosen Ärger sorgte in der Schule.

Aber wie für so viele in unserem Alter gab es nichts zu tun. Keine Perspektive. Die Schule war seit Monaten geschlossen. Es gab keine Arbeit, keine Normalität. Wir fühlten uns hilflos und machtlos. Hatten ständig Angst vor neuen Überfällen und waren immer wieder auf der Flucht. Kinder wie Mundeke waren ein gefundenes Fressen für die bewaffneten Gruppen. Nicht nur für Rebellengruppen, sondern auch für die nationale Armee. Sie alle suchten Männer für ihren Kampf. Fast täglich wurden immer mehr Kinder rekrutiert. Es waren schon Tausende in der ganzen Region. Man versprach ihnen eine Zukunft als kriegerische Helden und gab ihnen das Gefühl, für das Gute zu kämpfen.

Doch die Kinder standen unter massiver Beeinflussung. Sie wurden in Lagern, ähnlich wie bei der *Mudundu 40*, mit harten Maßnahmen diszipliniert, manipuliert und zu Kriegern ausgebildet. Sie wurden abgehärtet, indem man vor ihren Augen andere tötete, ihnen Waffen gab und sie anwies, dasselbe zu tun. Sie waren fähig zu unvorstellbaren Gräueltaten und schreckten vor nichts zurück. Viele kamen verwundet und für den Kampf nutzlos zurück zu ihren Familien. Einige waren so verstört, dass sie sogar die eigene Mutter und Schwester vergewaltigten.

Der zweite Kongokrieg war in vollem Gange. Mundeke war eines von vielen Kindern, die sich der neu gegründeten *Rassemblement Congolais pour la Démocratie* (RCD) angeschlossen hatten. Diese Opposition hatte sich in Kigali formiert, der Hauptstadt von Ruanda. Sie bestand aus ehemaligen Feinden, nämlich Ex-Ministern von Mobutu, ehemaligen AFDL-Rebellen, ruandischen Sicherheitsoffizieren und Politikern, die von Kabila gefoltert worden waren. Es war ein Haufen von Querulanten, die nur eins gemeinsam hatten: die Verachtung für den neuen kongolesischen Präsidenten Laurent-

Désiré Kabila. Kaum ein paar Monate als neuer Präsident im Amt, wollte man ihn schon wieder weghaben.

Kabilas Armee kämpfte gegen die RCD, seine ehemaligen Verbündeten. Beide dieser Gruppen versuchten, mich zu rekrutieren und für ihre Zwecke einzusetzen. Sie kamen abwechselnd in unser Dorf. Mit ihrer Propaganda wandten sie sich an uns junge Männer. Zudem gab es noch meinen Onkel, der mich auch für seine Zwecke einsetzen wollte. Bisher war es meinem Papa noch möglich gewesen, mich nicht für die *Mudundu 40* freizugeben. Doch es war nur eine Frage der Zeit. Immerhin hatte mein Onkel ihn gerettet und er stand in seiner Schuld.

Eigentlich gab es keine andere Möglichkeit mehr für junge Männer wie mich, als sich einer Rebellengruppe anzuschließen. Sie waren überall und überall war Krieg. Entweder war man bereit, zu kämpfen und andere zu töten, oder man war bereit, zu sterben. Etwas anderes gab es nicht. Beides machte mir Angst.

Fortgeschickt

Ich merkte sofort, dass etwas anders war. Normalerweise spülte Papa nie das Geschirr. Das war die Aufgabe von uns Kindern. Heute standen er und ich in der Küche. Mama und Iranga brachten die Kleinen ins Bett.

»Du musst weg von hier, mein Sohn!« Die Stimme meines Papas klang sehr ernst. Ich spürte, wie er seine Hand auf meine Schulter legte. »Es ist zu gefährlich für dich, hierzubleiben. Ich weiß nicht, wie lange ich deinen Onkel noch hinhalten und dich vor der RCD und den Soldaten der Armee verstecken kann. Sie nehmen immer mehr Kinder mit. Es ist nur eine Frage der Zeit, bis du an der Reihe bist.«

Er wurde still und ich starrte ihn an. Es war dunkel. Sein Gesicht wurde erhellt von der knisternden Glut des Feuers. Ich sah den gequälten Ausdruck in seinem Gesicht. Leise, aber bestimmt sprach Papa weiter: »Es ist besser für dich, unschuldig zu sterben, als mit einer dieser Gruppen in den Krieg zu ziehen. Das kann und werde ich nicht zulassen. Es gibt keinen anderen Ausweg. Du musst fliehen.« Seine Stimme zitterte. Ich wollte etwas erwidern, aber er ließ mich nicht zu Wort kommen. Stattdessen drückte er seine Hand noch fester auf meine Schulter. Der Kloß in meinem Hals schnürte mir die Kehle zu.

Mehr hatte Papa an dem Abend nicht gesagt. Nachdem das Geschirr stillschweigend zu Ende gespült war, legten wir uns wortlos schlafen. Doch für mich war an Schlaf nicht zu denken. Fast die ganze Nacht lag ich wach. Ich versuchte zu verstehen, was mein Papa gesagt hatte. Fliehen sollte ich. Wie stellte er sich das denn vor? Wohin? Chiherano und Bukavu waren alles, was ich kannte. Ich wollte nicht weg, sondern bei meiner Familie bleiben!

Die kommenden Tage waren schwer. Schließlich nahm mich Papa beiseite und erklärte mir, welche Richtung ich einschlagen müsse. »Zuerst musst du nach Bukavu. Von dort gibt es nicht viele Möglichkeiten. Westlich erstreckt sich der riesige Regenwald, in dessen Dickicht die Rebellen ihre Lager aufbauen und Unterschlupf suchen. Im Norden von Bukavu liegt der Kivusee. Ihn zu überqueren ist sinnlos, denn am anderen Ende tobt das Kriegsgeschehen gleichermaßen. Im Osten liegt das Nachbarland Ruanda, was auch in den Krieg verstrickt ist. Es ist keine gute Idee, sich dort lange aufzuhalten. Das Einzige, was dir übrig bleibt, ist, erst mal mit dem Bus gen Süden zu reisen.«

Gen Süden. Und dann? Mehr konnte er mir auch nicht sagen. Alles, was Papa mir noch mit auf den Weg gab, überreichte er mir am Tag, bevor meine Reise begann.

»Nimm das mit. Es ist das Letzte, was ich noch für dich tun kann«, sagte er und streckte mir zweihundert amerikanische Dollar entgegen. »Ich habe unsere letzten zwei Kühe verkauft«, erklärte er.

Ich schaute die Geldscheine an. Es wäre das letzte Fleisch gewesen, das meine Familie noch eine Weile hätte durchtragen können. Ich bedankte mich und nahm sie an mich.

Meine Mama saß daneben. »Pappy, gib sie mir, ich nähe sie in deinen Hosenbund ein. Es soll deine eiserne Reserve sein.«

Viel mehr wurde nicht darüber gesprochen. Wahrscheinlich, weil keiner wusste, was er sagen sollte. Jeder war hilflos, weil es keinen anderen Ausweg gab. Meine Mama drückte mich immer wieder an sich. Sie gab mir so zu verstehen, was sie mit Worten nicht ausdrücken konnte. Mein Papa hatte die Entscheidung getroffen. Daran konnte auch sie nicht mehr rütteln.

Ich versuchte, die ganze Sache zu verdrängen. Immer wenn der Gedanke aufkam, dass ich bald nicht mehr hier sein würde, lenkte ich mich ab. Außer dem katholischen Priester wusste niemand von dem Plan meiner Eltern. Zusammen mit Papa besuchte ich ihn, sodass er ein letztes Mal für mich um Schutz und Bewahrung beten konnte. Es gab kein Zurück mehr.

Eines Nachts um vier Uhr war es dann so weit. Sie schickten mich los. Papa hatte es meinen Geschwistern erst beim Abendessen erzählt. Sie wurden vor vollendete Tatsachen gestellt. Die Kleinen verstanden nicht wirklich, was er ihnen erzählte. Sie spielten weiter mit alten Papierfetzen, die sie zu Figuren falteten, und mit farbigen Limonadendeckeln. Meine älteren Geschwister wussten nicht, was sie sagen sollten.

Uns allen flossen in dieser Nacht die Tränen. Wir wischten sie still und leise ab. Papa versuchte, die Fassung zu bewahren. Alle blieben die ganze Nacht wach. Irgendwann fing Papa an, für mich und meine Reise zu beten. Danach war jeder einmal an der Reihe.

Ein letztes Mal ging ich in mein Zimmer, das ich schon immer mit meinen Geschwistern geteilt hatte. Alles sah so aus, als würden wir uns gleich schlafen legen. Neben unserer Matratze auf dem Boden lag mein Rosenkranz. Ich bückte mich und steckte ihn in meine Hosentasche.

Als es Zeit war, zur Busstation zu gehen, stand Papa auf. Wir verließen unser Haus, die Kleinsten waren bei meinen Eltern und Geschwistern auf den Rücken gebunden. Sie schliefen tief und fest. Still und leise machten wir uns auf den Weg. Nachts waren wir sonst nie unterwegs. Eigentlich war es viel zu gefährlich dafür.

Ich schaute mich ein letztes Mal um und sah im Mondschein die Umrisse unseres Hauses und des Avocadobaumes, den ich vor dem Krieg mit meinem Vater gemeinsam gepflanzt hatte. Obwohl wir bis dahin gemeinsam schon durch viel Leid gegangen waren, war dies der schwerste Gang meines Lebens. Die Tatsache, dass ich morgen früh hier nicht mehr mit meiner Familie in meinem Zuhause aufwachen würde, war fast unerträglich. Jetzt flossen meine Tränen unentwegt. Zum Glück konnte sie im Dunkeln niemand sehen.

Ich redete mir ein, ich würde nur für kurze Zeit weggehen. Bis der Krieg vorbei wäre. Aber insgeheim wusste ich, dass ein Ende noch lange nicht in Sicht war. Wenn ich ehrlich war, wusste ich nicht, ob und wann ich meine Familie jemals wiedersehen würde.

Ich hoffte, der Bus würde nicht kommen, doch schon bald stand er vor uns. Es war Zeit für mich, einzusteigen und endgültig Abschied zu nehmen. Ich umarmte meine Geschwister. Sie wollten mich nicht loslassen. Dann sah ich in das Gesicht meines Vaters. Er war verzweifelt, auch wenn er versuchte, sich nichts anmerken zu lassen.

Lang und fest umarmte er mich, als er zu mir sagte: »*Kimbiya mwana yangu. Mpaka tutaonana.* – Flieh, mein Sohn. Bis wir uns eines Tages wiedersehen.« Es waren Papas letzte Worte.

Dann verabschiedete ich mich von Mama. Auch sie umarmte mich und küsste mich auf beide Wangen. »*Nakupenda sana, mutoto yangu. Wende na Yesu* – Ich liebe dich, mein Kind. Geh mit Jesus« waren ihre letzten Worte. Bis zuletzt wollte sie meine Hand nicht loslassen.

Irgendwie benommen und mit schwerem Herzen stieg ich in den Bus. In der beginnenden Dämmerung warf ich einen letzten Blick auf meine Familie. Sie hielten sich in den Armen. Mama und meine Geschwister weinten. Die Kleinen winkten. Papa nickte mir zu. Ein Bild, das sich für immer in meine Erinnerung gebrannt hat.

Ich saß am Fenster und winkte zurück, bis der Bus um die nächste Kurve fuhr und ich meine Familie aus den Augen verlor.

4
FLUCHT INS UNGEWISSE

Ich hatte mich ganz nach hinten in die letzte Reihe des Busses gesetzt. Der Sitz war abgewetzt und neben mir sprang eine Feder aus dem zerrissenen Polster. Die Straße war uneben und hatte viele Schlaglöcher. Das Fahrzeug ruckelte so stark, dass ich von einer Seite zur anderen geschleudert wurde. Ich zog meine Beine an und drückte sie an den Vordersitz, rutschte nach unten, um mich so klein wie möglich zu machen.

Mein Herz schlug schnell in meiner Brust. Ich war nervös und mit zwölf Jahren auf mich allein gestellt. Fühlte mich leer und einsam. Unglaublich traurig und niedergeschlagen, irgendwie unvollständig. Mir war, als würde ich noch die Stelle auf meiner Wange spüren, die meine Mutter zuletzt gestreichelt und zum Abschied geküsst hatte. Meine Augen brannten von den vielen Tränen. Es gelang mir nicht, sie zu unterdrücken, und ich wischte sie mit meinem Arm ab.

Ich hatte Kopfweh. Die Morgensonne war am Aufgehen und ich lehnte erschöpft meinen Kopf an die dreckige Scheibe. Auf dem staubigen Glasfenster sah ich kleine Handabdrücke. Bestimmt hatte hier mal eine Mama mit ihrem kleinen Kind gesessen. Ich bekam einen Kloß im Hals.

Nachdem ich die ganze Nacht nicht geschlafen hatte, wurde ich müde und meine Augen schwer. Gleichzeitig war ich viel zu aufgeregt, um sie zu schließen. Außerdem musste ich jetzt auf mich selbst aufpassen. Wir fuhren an Straßensperren vorbei, es herrschte der normale Kriegsalltag. Wohin man auch ging, begegnete man bewaffneten Männern. Der Bus verlangsamte seine Fahrt. *Hoffentlich kommen wir da ohne Probleme durch*, dachte ich im Stillen. Gott sei Dank winkten sie den Busfahrer durch und er konnte weiterfahren.

Es war der Anfang meiner Flucht ins Ungewisse, von der ich keine Ahnung hatte, wohin sie mich noch führen würde. Jetzt saß ich hier im Bus, griff an meine Hose und spürte die zusammengefalteten Scheine. Es waren zwei Hundertdollarscheine. Sie knisterten fast unmerklich. Noch nie hatte ich vorher so viel Geld bei mir gehabt. Nur große Summen wurden mit amerikanischen Dollars gezahlt. Für Besorgungen auf dem Markt hatte Mama mir immer kongolesische Franken mitgegeben.

Ich hatte mir vorgenommen, dass ich das Geld so lange wie möglich behalten und nur im äußersten Notfall einsetzen würde. Meinen Rucksack hatte ich abgesetzt. Ich drückte ihn an meine Brust. Er war das Einzige, was mir von zu Hause geblieben war. In der Schulzeit war er mein ständiger Begleiter gewesen. Nun aber befanden sich keine Bücher und Schulutensilien mehr darin. Die Schule und das Lernen schienen schon in weite Ferne gerückt. Jetzt war er gefüllt mit dem, was meine Mama mir für die Reise eingepackt hatte: einige Kleidungsstücke und einen kleinen Proviant, den sie in Plastikfolie eingewickelt hatte. Es waren *Ugali*, Bohnen und *Lenga-Lenga*. Gestern hatte sie extra für mich noch ein wenig Fleisch gekauft und mitgekocht, als Stärkung für den Weg.

Ein paar Familienfotos hatte ich selbst eingepackt und sie vorne in mein Heft gelegt. Das durfte auf keinen Fall fehlen. Darin standen selbst geschriebene Gedichte und Theaterstücke, die ich für *Mutu apime*, unsere Kinder-Comedyshow, geschrieben hatte und die wir an Hochzeiten aufgeführt hatten. Die Erinnerung an meine Familie und die schönen Zeiten war das Wertvollste in meinem Gepäck. Auch wenn der Krieg mir alles genommen und zerstört hatte, sollte er mir diese Erinnerungen nicht rauben.

Ich zog meine Kapuzenjacke aus dem Rucksack. Sie roch noch nach Mama, obwohl wir schon lange kein Geld mehr für Seife hatten. Die Landschaft, die mir noch so vertraut war, zog an mir vorüber. Jeder zurückgelegte Kilometer trennte mich mehr und mehr von meiner Familie und brachte mich weiter weg in die Fremde. Ich schaute auf meine Casio-Armbanduhr mit digitaler Anzeige, die mir mein Vater vor dem Krieg geschenkt hatte. Es war bald sieben Uhr und wir näherten uns Bukavu. Mit meiner Hand fasste ich in die Hosentasche und holte meinen Rosenkranz hervor. Ich fing an zu beten, so wie ich es von daheim gewohnt war, und ließ die Perlen des Kranzes zwischen meinen Fingern hindurchgleiten, eine nach der anderen.

»Vater unser im Himmel … dein Wille geschehe … erlöse uns von dem Bösen …«

Zwei Gefährten

Es war taghell, als der Bus anhielt und ich aus dem Halbschlaf erwachte. Mir waren wohl die Augen zugefallen und ich hatte eine

Weile vor mich hin gedöst. Mein Kopf hatte einen Fleck auf der Scheibe hinterlassen. Immer noch hielt ich meinen Rosenkranz in der rechten Hand und meinen Rucksack mit den Armen fest umklammert.

Als ich aus dem Fenster schaute, sah ich, dass wir bereits in Bukavu angekommen waren. Dort stieg ich um in den Bus, der weiter Richtung Süden fuhr, so wie ich es mit Papa besprochen hatte. Auf dem Hügel in der Ferne stand die Militärbasis *Camp Saio*. Ob die Schule wohl zum jetzigen Zeitpunkt noch aufhatte?

Es stiegen ein paar Leute ein und aus und ich bemerkte, wie zwei Jungs den Flur entlang in meine Richtung kamen. Für einen kurzen Moment trafen sich unsere Blicke, dann setzten sie sich zwei Reihen vor mir hin. Die beiden gaben sich Mühe, keine Aufmerksamkeit auf sich zu ziehen und sich möglichst unauffällig zu verhalten.

Der Bus fuhr weiter. Wir waren wohl schon nahe der Grenze. Auch wenn ich nicht nach Ruanda wollte, führte der Weg gen Süden unweigerlich für eine kurze Strecke durch das Nachbarland. *Hoffentlich geht alles gut*, bangte ich. Wir standen in der Reihe der Autos und Lkw, die den Grenzfluss Ruzizi überqueren wollten. Vorne standen Soldaten des Militärs, die die Fahrzeuge einzeln durchwinkten oder anhielten.

Ich wusste nicht, was vor sich ging. Es war mein erstes Mal an der Grenze. So beobachtete ich nur und blieb unauffällig sitzen. Als wir an der Reihe waren, stieg ein Soldat in den Bus und ließ seinen ernsten Blick über die Reihen wandern. Mein Herz klopfte schneller. Alle im Bus wurden still. Ich hatte keine Ausweispapiere und nie welche besessen. Dann stieg er wieder aus. Zum Glück hatte er mich nicht danach gefragt. Erleichtert atmete ich auf. Wir fuhren über die breite Brücke *Ruzizi Pont II*, die vor langer Zeit für Autos gebaut worden war. Daneben war ein Steg für Grenzgänger, die zu Fuß unterwegs waren. Auf der anderen Seite der Grenze war gleich der nächste Halt. Diesmal stieg ein ruandischer Soldat ein und musterte jeden einzelnen Passagier mit einem prüfenden Blick. Die Lage war angespannt. Unauffällig bleiben, lautete die Devise. Der Soldat stieg wieder aus, mit ihm einige Passagiere, aber nicht die beiden Jungs vor mir.

Ich hatte es über die Grenze geschafft! Zu meinem Erstaunen ohne Probleme. Mein Plan war, so lange wie möglich sitzen zu bleiben. In Ruanda zu sein verursachte in mir ein mulmiges Gefühl. Zu nahe war das Kriegsgeschehen. So schnell wie möglich wollte ich weg von hier. Je weiter ich davonkam, desto besser.

Einige Stunden später hielt der Bus an und wies alle an, auszusteigen. Mit der Endstation war auch mein Plan zu Ende. Ich war allein, wusste nicht mehr weiter und blieb deshalb erst einmal an der Busstation stehen. Es war eine ländliche Gegend. Außer ein paar wenigen Häusern und Feldern gab es nicht viel. Auch die beiden anderen Jungs traten tatenlos von einem Bein aufs andere und schienen nicht genau zu wissen, wohin. Etwas befangen standen wir alle drei da und schauten uns eine Weile um.

Schließlich sprach mich der eine an: »Und wohin geht deine Reise?«, fragte er mich auf Swahili.

»Irgendwohin gen Süden«, antwortete ich knapp und gab ihm damit gleich zu verstehen, dass ich nicht weiterwusste.

»Woher kommst du?«, wollte er wissen.

»Aus Chiherano.« Sicher kannte er das kleine Dorf nicht. »Bei Walungu«, fügte ich hinzu.

Er nickte. »Ich bin aus Bukavu und heiße Olivier«, stellte er sich vor und streckte mir seine Hand entgegen. Er war etwas größer als ich und der andere Junge, der sich nun auch zu Wort meldete.

»Ich bin Alba«, erklärte er.

»Mein Name ist Pappy«, sagte ich daraufhin und schüttelte beiden die Hand.

»Willst du auch weg von hier?«, fragte Olivier.

»Ja«, gab ich zur Antwort.

Es waren nicht viel Worte nötig, wir verstanden uns sofort. Nicht nur, weil wir gleichaltrig waren, sondern weil wir wohl alle das gleiche Ziel hatten: einfach weg von hier zu kommen. Wir setzten uns auf den Boden und unterhielten uns eine Weile. Sie erzählten mir, dass sie sich auch gerade erst kennengelernt hatten. Ich wollte bei ihnen bleiben, ihre Anwesenheit gab mir etwas Sicherheit.

Dann meldete sich mein Magen. »Habt ihr Hunger?«, fragte ich sie und bot ihnen von meinen Resten an, die ich noch im Rucksack hatte. Das Fleisch hatte ich schon längst verschlungen. Ein wenig *Ugali* und *Lenga-Lenga* waren noch übrig.

»Ja, und wie!« Alba legte dazu, was er noch hatte. Bald war Mamas letzter Proviant aufgegessen.

Olivier sprach mich auf den Rosenkranz an, den ich zum Essen beiseitegelegt hatte. »So einen habe ich auch«, meinte er augenzwinkernd zu mir und zog ihn unter seinem T-Shirt hervor.

»Wart ihr auch Ministranten?«, fragte Alba uns.

»Ja«, antworteten Olivier und ich fast gleichzeitig.

Wir grinsten. Obwohl sich unsere Wege gerade erst gekreuzt hatten, war es, als würden wir uns schon länger kennen. Wir fühlten uns sofort verbunden. Es war irgendwie unausgesprochen klar, dass wir beieinanderbleiben würden.

Eine erste Lektion

Mein T-Shirt klebte mir am Rücken. Die Sonne stand am höchsten Punkt und knallte auf uns herunter. Es war sicher um die vierzig Grad heiß. Am Himmel war keine einzige Wolke zu sehen. Schweißperlen standen auf meiner Stirn. Ich zog mein T-Shirt hoch und wischte sie ab. Alba gab mir einen Klaps auf den Bauch. Er war ein Spaßvogel und neckte uns andere gerne.

»Können wir eine Pause machen? Ich kann kaum mehr laufen«, sagte ich zu meinen beiden neuen Gefährten und ließ mich entkräftet an den Wegrand fallen. Meine Füße schmerzten, da wir seit Tagen zu Fuß unterwegs gewesen waren. Geschlafen hatten wir irgendwo im Freien. Jeden Abend suchten wir uns im Dickicht am Wegrand einen Unterschlupf.

Teure Schuhe hatten sich meine Eltern nicht mehr leisten können. So trug ich das letzte Paar, das ich noch hatte. Es waren Plastikturnschuhe, die nicht unüblich waren. *Bon Samaritain* wurden sie im Volksmund genannt. Ich hoffte, sie würden mir noch eine Weile gute Dienste leisten. Doch meine Füße schwitzten und die Schuhe scheuerten an meinen Blasen. Die anderen setzten sich neben mich. Ich zog meine Schuhe aus.

»Das sieht wirklich nicht gut aus«, sagte Olivier nach einem Blick auf meine Füße. Ich beschloss, barfuß weiterzulaufen.

»Was für eine Bullenhitze«, meinte Alba. Auch sein T-Shirt klebte an seinem Körper. Der beige Teil des *Adidas*-Schriftzugs über seiner Brust war bereits dunkelbraun geworden vom vielen Schwitzen. Wir waren durstig und sehnten uns nach nichts mehr als einer Erfrischung.

»Vom Sitzen wird der Durst nicht besser. Lasst uns weitergehen«, meinte Olivier.

Mein Hals war trocken. Das Schlucken tat weh. Ich war mehr als erschöpft, aber dankbar, dass ich nicht allein war. Olivier und Alba um mich zu haben, machte die Gedanken an zu Hause und meine Familie irgendwie erträglicher. Es waren erst zwei Wochen vergangen, seit ich mich von ihnen verabschiedet hatte. Die Erinnerungen an Chiherano waren noch so lebendig und doch wusste ich nicht, ob meine Familie überhaupt noch dort war oder bereits an einem anderen Ort Zuflucht gesucht hatte. Weiter wollte ich nicht darüber nachdenken. Der bloße Gedanke, es könnte wieder etwas passiert sein, machte das Heimweh nur noch schlimmer. Besonders abends, wenn wir uns irgendwo im Nirgendwo einen Schlafplatz suchten, vermisste ich sie.

Als wir weitergingen, merkte ich, dass es keine gute Idee war, barfuß zu laufen. So zog ich meine Schuhe wieder an und versuchte bei jedem Schritt, die stechenden Schmerzen an den Blasen zu unterdrücken und die Zähne zusammenzubeißen.

So gingen wir immer weiter die Straße entlang Richtung Süden. Stundenlang. Tagelang. Als wir an der Busstation angekommen waren, hatten wir den südwestlichsten Punkt von Ruanda erreicht und waren am Dreiländereck angekommen: Ruanda, Burundi und Kongo.

Die Grenze nach Burundi zu überqueren war unmöglich. Genau wie ich hatten auch Alba und Olivier keine Ausweispapiere. Schon von Weitem sahen wir, dass die Grenze an beiden Seiten vom Militär überwacht wurde und Fußgänger einzeln kontrolliert wurden. Notgedrungen mussten wir wieder einen Weg zurück in den Kongo finden, um dort auf der einzigen Straße nach Süden weiterzuwandern. Das hieß: wieder zurück in unser Land, vor dem es uns graute und aus dem wir eigentlich so schnell wie möglich wegwollten.

Es waren Flüchtlinge, die uns zu der Stelle führten, an der man den Ruzizifluss unbemerkt zu Fuß in den Kongo überqueren konnte. Sie hatten uns gewarnt vor Krokodilen und Nilpferden. Glücklicherweise begegneten wir keinem dieser Tiere. Uns allen dreien war äußerst unwohl bei dem Gedanken, wieder im Kongo zu sein. Es war, als säße uns die Gefahr direkt im Nacken. Wir waren wieder näher an der Unberechenbarkeit des Krieges und den gewaltsamen Auseinandersetzungen. Näher an bewaffneten Gruppen, für die wir potenziell gefundenes Fressen waren.

Die Gegend war sehr fruchtbar und erinnerte mich an zu Hause, mit dem Unterschied, dass die Hügel in weiter Ferne lagen. Die Straße führte entlang der weiten Talebene des Ruziziflusses. An dem feuchten Flussbett reihten sich die Reisfelder aneinander. Sie waren nur teilweise gepflegt. Auch hier hatte der Krieg seine Spuren hinterlassen. Besonders jetzt direkt nach der Regenzeit blühte alles und die Felder und Plantagen trugen Früchte. Wir ernährten uns von dem, was wir auf ihnen fanden und ernten konnten, bis wir irgendwann keine Mangos, Bananen und Avocados mehr sehen konnten. Sie stillten den Hunger nur für kurze Zeit und ersetzten auf gar keinen Fall eine gekochte Mahlzeit von Mama.

Wenn wir uns nach stundenlangen ermüdenden Fußmärschen nichts mehr zu erzählen wussten, schweiften meine Gedanken immer wieder ab zu meiner Familie. Auch wenn wir zu Hause in letzter Zeit oft hungrig ins Bett gegangen waren, hatten wir in Chiherano wenigstens etwas zu trinken gehabt. Hier in der stechenden Hitze war der Durst noch qualvoller zu ertragen als der Hunger. Den Durst zu stillen wurde zum richtigen Problem. Das Wasser des Ruziziflusses war unerreichbar, weil wir die Begegnung mit Krokodilen vermeiden wollten. Dass wir das Wasser der Reisfelder besser nicht trinken sollten, hatten uns beim ersten Versuch die Magen-Darm-Probleme klargemacht.

Als wir uns mühsam weiterschleppten, rannte auf einmal Alba wie von der Tarantel gestochen los. »Endlich eine Erfrischung«, schrie er.

Vor uns lag eine riesige Orangenplantage. Die Bäume waren reif zur Ernte. Wir pflückten ein paar Früchte und setzten uns in den Schatten auf den Boden. Ich schälte die Orange und presste sie mit beiden Händen über dem Mund zusammen. Der Saft rann mir übers Kinn. Alba strahlte, schaute zum Himmel und bekreuzigte sich mit seinen Fingern kurz an Stirn und Schultern.

Die zuckersüße Erfrischung war allerdings nur von kurzer Dauer. Wenig später hatten wir fast noch mehr Durst als vorher. Einige Frauen, denen wir am nächsten Tag entlang der Straße begegneten, lehrten uns die erste Lektion unserer Reise. Sie waren unterwegs mit den gleichen gelben Wasserkanistern, mit denen wir Kinder zu Hause immer Wasser geholt hatten. Wir sprachen sie an und erzählten ihnen, dass wir schon einige Wochen unterwegs und sehr durstig seien.

Eine Frau, die nicht nur zwei Kanister in ihren Händen, sondern auch noch Wäsche zusammengewickelt auf ihrem Kopf trug, fragte uns: »Wo sind die Plastikflaschen, die euch eure Mama mitgegeben hat?«

Als hätte sie es gewusst, dass ich tatsächlich mal eine Wasserflasche dabeigehabt hatte! Die hatte ich allerdings, als sie leer war, an der Bushaltestelle liegen lassen. Die Frau schüttelte ihren Kopf, die Wäsche darauf vorsichtig balancierend. Eine andere signalisierte uns, mitzukommen. Sie führten uns zu einer übergroßen Pfütze am Boden, die heiß war und dampfte. Wir konnten es erst nicht glauben. So etwas hatten wir alle drei noch nicht gesehen. Eine heiße Quelle!

Einige andere Frauen waren bereits dort, füllten sich ihre Kanister und wuschen ihre Kleider. Auch wenn uns eine kühle Erfrischung lieber gewesen wäre, schöpften wir uns gierig das Wasser mit beiden Händen in den Mund. Eine der Frauen kam wenig später zurück, streckte uns drei Plastikflaschen entgegen und sagte: »Die Straße ist nicht sicher für euch. Die *Mai-Mai* sind in der Gegend und haben ihre Straßensperren aufgebaut. Seht zu, dass sie euch nicht erwischen.«

Allein den Namen dieser Rebellen zu hören, versetzte mich in Angst und Schrecken. Es gab allerdings keinen anderen Weg. Ab da waren wir stets auf der Hut, mieden die Straße und bahnten uns unseren Weg durch die umliegenden Felder und Wälder. Die leeren Plastikflaschen ließen wir ab sofort nicht mehr liegen. Diese Lektion hatten wir gelernt.

Schnell weg hier!

Es war entlang eines Trampelpfades unweit der Straße, als wir auf einmal lautstarke Männerstimmen hörten. Wir alle erschraken und mein Puls fing an zu rasen.

»Das können nur *Mai-Mai* sein«, zischte ich meinen Freunden zu. »Schnell weg von hier!«

Olivier rannte schnurstracks in das Dickicht entlang des Wegrandes. Wir warfen uns auf den Boden und machten uns möglichst flach. Ich lag auf dem Bauch und wagte kaum mehr zu atmen. Kurz darauf sahen wir einen großen Trupp Männer. Sie liefen direkt und schnellen Fußes in unsere Richtung. Ganz langsam hob ich meinen Kopf ein bisschen an. Ihre Blicke waren finster und entschlossen. Fast alle hatten Maschinengewehre um ihre Schultern und Munition um den Hals. Sie waren normal gekleidet und trugen keine offizielle Uniform. Sie erinnerten mich an Kämpfer der *Mudundu 40*. Wahrscheinlich trugen sie das, was sie bei Plünderungen mitgenommen und ihren Opfern abgenommen hatten.

Vor nichts graute mir mehr, als *Mai-Mai*-Kriegern auf fremdem Territorium zu begegnen. Wenn sie uns drei in unserem Versteck entdeckten, würden sie sicher denken, wir gehörten einer anderen Gruppe an und spionierten das Land aus. Vor meinem inneren Auge spielten sich die Szenen von Isingo ab, als mein Onkel zur Rettung meines Vaters mit seinen Männern aufgekreuzt war. Hier waren wir wehrlos und ich konnte auf keine Unterstützung durch meinen Onkel hoffen.

Mein Puls schlug so laut, als würde mein Herz direkt in meinem Ohr pochen. Diese Männer waren unberechenbar. Brutal. Unmenschlich. Ich schickte ein Stoßgebet zum Himmel und betete in meiner Panik, dass Gott uns unsichtbar machen möge. Ihre Schritte näherten sich. Mein Körper verkrampfte sich. Als sie tatsächlich hinter der nächsten Kurve verschwanden, machte diesmal ich ein Kreuzzeichen. Schon als die Männer längst von dannen gezogen waren, traute sich keiner von uns, das Versteck zu verlassen. Wer wusste, ob oder wann sie zurückkommen würden!

Doch irgendwann mussten wir weiterlaufen. Wir rannten bis zur Erschöpfung, um so schnell wie möglich weit wegzukommen. Ab da mieden wir nicht nur die Straße, sondern auch alle Trampelpfade und offenen Felder. Unseren Weg bahnten wir uns beschwerlich durch Gebüsch und Dickicht, was das Vorankommen wesentlich verlangsamte.

Sosehr ich mich immer wieder sehnte, bei meiner Familie zu sein, so sehr wollte ich nur weg von hier. Die ständige Angst war kaum auszuhalten.

Notstopp mit Malaria

Olivier inhalierte den intensiv riechenden Dampf der Eukalyptusblätter, die wir im Wasser erhitzt hatten. Meinen Freund hatte die Malaria erwischt. Die Gegend um den Ruzizifluss war eine dankbare Umgebung für Mücken und wir das gefundene Fressen.

Nach etwa einem Monat hatte uns der beschwerliche Fußmarsch in die Stadt Uvira geführt. Wir waren immer noch in unserem Land. Die Stadt erinnerte an Bukavu, war aber kleiner und erstreckte sich flach am nördlichen Ufer des großen Tanganjikasees. Uvira war bekannt als eine Hochburg der *Mai-Mai*. Gleichzeitig patrouillierten

Soldaten der Armee in der Stadt. Die Stimmung war angespannt. Die Situation konnte jeden Moment kippen. Kugelhagel war auch hier zu erwarten. Es war nicht klar, wer zivil und wer als Miliz unterwegs war. Man tat wie immer gut daran, keinem über den Weg zu trauen. Doch trotz der Unruhen schien das normale Leben weiterzugehen. Nachts wurden die Stadtgrenzen geschlossen und überwacht. Wir hatten uns bei Tag unauffällig in die Stadt geschlichen. Wir vermieden direkte Kontakte und das geschäftige Treiben spielte uns dabei in die Karten.

Doch kaum angekommen, hatte Olivier über Kopfweh geklagt und Fieber bekommen. Er war zu schwach geworden und musste sich hinlegen, weshalb wir so schnell wie möglich irgendwo einen sicheren Unterschlupf suchten. Hinter einer Hotelanlage fanden wir ein angefangenes, aber nie fertig gebautes Mauerwerk. Es hatte kein Dach über dem Kopf, aber die Wände gaben uns Schatten. Wahrscheinlich sollte es einmal eine Unterkunft für die Hotelangestellten werden.

»Wie fühlst du dich, Olivier?«, fragte ich jetzt meinen Freund.

»Es tut auf alle Fälle gut«, kam die Antwort unter dem T-Shirt hervor. Ich hatte es ihm über den Kopf gelegt, damit der Eukalyptusdampf nicht einfach in der Luft verpuffte. Seit ein paar Tagen lag Olivier nun auf ein paar Holzlatten und Kleidern. Alba und ich hatten versucht, ihm ein einigermaßen bequemes Lager zu bereiten. Sein Schüttelfrost wechselte sich ab mit heißen Fieberschüben. Seine Stirn glühte. Er konnte nur liegen und war zu nichts anderem fähig.

Obwohl die normale Malaria nichts Außergewöhnliches war, wollte ich meinen neu gewonnenen Freund nicht daran verlieren. Ein Arzt und Medikamente waren zu teuer. Unser Geld benötigten wir für Essen. Also hatten wir einen alten Topf, Holz und Eukalyptusblätter zusammengesammelt, deren heißen Dampf Olivier jetzt inhalierte. Es war Mamas Allheilmittel für fast alles gewesen. Daran führte kein Weg vorbei, sobald eins von uns Kindern krank war.

Wir drei waren inzwischen mehr als Leidensgenossen geworden, die dasselbe Schicksal teilten. Wir kümmerten uns umeinander, als wären wir Brüder. Mit Olivier und Alba zusammen zu sein, gab mir Hoffnung. Mit ihnen war es leichter, die Nächte an fremden Orten zu verbringen, nicht wissend, was am nächsten Tag auf uns zukommen und wohin es uns verschlagen würde. Sie waren die Einzigen, die ich noch hatte, seit ich meine Familie hatte verlassen müssen.

Wir sprachen nicht über das, was hinter uns lag. Doch ich war mir sicher, dass der Krieg auch an ihnen nicht spurlos vorübergegangen war. Jeder von uns war in irgendeiner Form mit Gewalt konfrontiert gewesen. Lieber malten wir uns gemeinsam aus, wie es sein würde, wenn wir hoffentlich bald wieder zu unseren Familien zurückkehren könnten. Wir hatten ja noch keine Ahnung, wie lange unsere Reise dauern sollte!

Oft holte ich die Familienbilder aus meinem Heft und strich mit meinen Fingern sachte über die Gesichter. Mein Vater blickte ehrwürdig in die Kamera. Meine Mutter lachte. Jeder hatte sich für das Familienbild in Schale geworfen. Meine Schwestern trugen ihre schönsten farbenfrohen Kleider. Ich wusste inzwischen nicht einmal mehr genau, wie lange ich schon unterwegs war. Ich vermisste meine Familie und fragte mich jeden Tag, ob alle noch am Leben waren.

Wir waren unglaublich erleichtert, als Olivier langsam wieder zu Kräften kam und wir weiterziehen konnten. Uvira war auf Dauer zu gefährlich für uns und es gab keine Perspektive auf eine Besserung der Lage.

Der einzige Weg von hier führte ins Nachbarland Burundi. Bujumbura, die Hauptstadt, lag direkt neben Uvira am gegenüberliegenden Ufer des Tanganjikasees. Getrennt waren die beiden Städte durch das Ruzizidelta und das umliegende Naturschutzgebiet *Réserve naturelle de la Ruzizi*. Die offiziellen Grenzposten waren wieder stark kontrolliert und für uns unmöglich zu überqueren. Irgendwie mussten wir also unbemerkt über den Ruzizi kommen, um nach Burundi zu gelangen.

Es dauerte nicht lange, bis wir verstanden, dass es an Grenzen wohl immer Schleichwege gab. So schlossen wir uns ein paar Erwachsenen an, die das Gebiet kannten und Erfahrung im Überqueren des Flusses hatten. Es war nicht gerade ermutigend zu hören, dass das sumpfige Gebiet das Zuhause von Nilpferden und Krokodilen war, die schon einige Menschen zerfleischt hatten. Eine ungeheuerliche Vorstellung! Heimisch war dort auch die *Sitatunga*, eine Art Antilope, die aber zum Glück für uns ungefährlich war. Es war wieder ein langer, kräftezehrender Fußmarsch durch die wilde Natur und gleichzeitig der endgültige Weg hinaus aus unserem Land und hinein in die Fremde. Wir verließen unsere Heimat, unsere Landsleute und die vertraute Sprache.

Weiter per Schiff

Ich weiß nicht mehr, ob es Wochen oder gar Monate waren, die wir in Bujumbura verbrachten. Irgendwie versuchten wir, uns zurechtzufinden. Die Menschen hier sprachen Kirundi. Doch durch die Nähe zum Kongo sprachen einige auch Swahili und wir kamen irgendwie durch. Zwischenzeitlich hatten wir ein paar Kongolesen kennengelernt, bei denen wir einige Zeit lebten. Zum ersten Mal nach etlichen Wochen konnten wir dort unsere Kleider mit Seife waschen. Sie waren nicht nur dreckig, sondern bekamen auch die ersten Löcher. Unsere bisherige Reise hatte auch auf ihnen ihre Spuren hinterlassen.

Das meiste Geld von uns dreien besaß Alba. Er kam aus einer wohlsituierten Familie. Unser Geld hatte bis jetzt gereicht, um über die Runden zu kommen. Auch hier konnte man mit amerikanischen Dollar bezahlen, wenngleich die lokale Währung burundische Franken war. Erst in Burundi erzählte ich Olivier und Alba von den Scheinen in meinem Hosenbund.

»Das ist gut. Lass sie noch da drin. Das ist unsere eiserne Reserve«, meinte Olivier.

Das waren auch die Worte meiner Mama gewesen. Ich versank in Erinnerungen an den letzten Tag zu Hause bei meiner Familie. Wie ich Mama stillschweigend beim Nähen beobachtet hatte und sie geschickt mit Nadel und Faden hantiert hatte, während meine kleine Schwester bei ihr auf dem Schoß gesessen hatte.

»Was ist los mit dir?«, fragte mich Olivier. Seine Stimme riss mich abrupt aus meinen Gedanken.

»Ach, nichts. Ich fragte mich gerade, wie es weitergehen soll. Ewig können wir hier nicht bleiben. Das Militär ist auch hier überall.«

Auch in Bujumbura hielten wir uns die meiste Zeit versteckt und mieden die Öffentlichkeit. Unsere kongolesischen Landsleute hatten uns geraten, am besten mit dem Schiff weiterzureisen, und zwar über den gesamten Tanganjikasee: von Bujumbura, der nördlichsten Spitze, über einen Zwischenstopp in Tansania bis hinunter zum südlichsten Ende nach Sambia.

So kam der Tag, als wir uns noch sehr früh am Morgen dem Hafengelände von Bujumbura näherten. Einer unserer Landsleute war bei uns. Riesenhohe Kräne waren umgeben von unzähligen Containern. Die Schiffe waren ohne Zweifel wesentlich größer als die auf dem Kivusee.

»Kein Vergleich zu Bukavu«, meinte ich zu Olivier und Alba. Ich war schwer beeindruckt.

»Absolut. Das hier ist eine andere Nummer«, bekräftigte Alba meine Worte und schaute sich erstaunt um.

Wir versuchten, alle Eindrücke aufzuschnappen. Die aufeinandergestapelten Container waren so groß wie kleine Häuser. Ein bunter Anblick. Einige Container waren farbig mit großen Schriftzügen darauf, andere rostig und abgenutzt. Ich fragte mich, woher sie wohl kamen. Schiffe wurden be- und entladen. Etliche Arbeiter wuselten umher. Wir folgten unserem Bekannten, der zügigen Fußes voranschritt. Er kannte den Weg zum Schiff, das uns auf die bis dahin längste Reise mitnehmen sollte.

Der Hafen war vom Militär bewacht, das den Hafen- und Warenverkehr, alle Händler und Passagiere kontrollierte. Wir mussten unentdeckt bleiben und durften auf keinen Fall auffallen. Olivier fragte unseren Bekannten, wo unser Schiff denn stehe. Er zog ihn am Ärmel mit sich und gab uns zu verstehen, dass wir ihm weiter folgen sollten. Je näher wir kamen, desto größer wurde der Menschenauflauf.

Schließlich standen wir vor einem großen Fährschiff, das Waren und Personen und sogar Autos transportieren konnte. Es hatte drei Stockwerke, das konnte man an den Fensterreihen erkennen. An der Seite sah ich einen Steg, der das Wasser überbrückte und Land und Schiff miteinander verband. Einige Männer waren gerade dabei, Kisten auf das Schiff zu verladen. Sie trugen sie auf dem Kopf. Es erinnerte mich an die Kisten mit Waffen, die ich für meinen Onkel und seine *Mudundu 40* transportiert hatte. Ich schob den Gedanken schnell beiseite. Dafür war jetzt keine Zeit.

Wir folgten unserem Bekannten, der jetzt wieder zielstrebig voranschritt. Viele Menschen warteten darauf, an Bord gehen zu können. Alle mussten ihre Tickets und Ausweispapiere zeigen, bevor sie durchgewunken wurden. Das war unser Problem. Ich spürte, wie sich die Hand in meiner Hosentasche zu einer Faust zusammenballte und die Perlen meines Rosenkranzes quetschte. Ich wurde nervös, wollte mir aber nichts anmerken lassen.

»Wartet«, sagte unser Bekannter plötzlich und signalisierte uns, stehen zu bleiben. Er ging auf eins der Besatzungsmitglieder zu. Der Mann hielt einen Moment inne und musterte uns misstrauisch. Wahrscheinlich wunderte er sich, woher wir kamen und warum wir allein unterwegs waren. Man sah ihm an, dass es ihm eigentlich gegen den Strich ging, sich mit uns zu beschäftigen.

Dann kam unser Bekannter zu uns zurück. Er streckte uns unauffällig seine Hand entgegen. Das war unser Zeichen, ihm Geld zuzustecken. Alba wühlte in seiner Tasche und förderte dreißig Dollar zutage. Es war das erste Mal, dass wir so viel Geld für etwas anderes ausgaben als Essen. Aber hier gab es keine andere Möglichkeit. Er nahm die Scheine an sich, zählte sie und übergab sie dem Besatzungsmitglied.

Man hatte uns vorher erzählt, die Fahrt auf dem längsten See der Welt würde ungefähr drei Tage dauern. Allerdings bekamen wir davon nicht viel mit, denn den ersten Tag der Überquerung verbrachten wir in der Dunkelheit unter Deck.

Frische Luft

Ich bekam kaum noch Luft. Jeder Atemzug fiel mir schwer. Es war stickig und heiß. Mein T-Shirt war schon klatschnass geschwitzt und klebte an mir.

Seit einer gefühlten Ewigkeit hielten wir uns nun schon im Maschinenraum des Schiffes versteckt. Neben dem ohrenbetäubenden, unausstehlichen Lärm der Motoren, dem wir die ganze Zeit ausgesetzt waren, war die Hitze, die die Maschinen produzierten, kaum auszuhalten. Mein Kopf dröhnte. Es war schwer, noch einen Gedanken zu fassen.

Die Maschinen waren bestückt mit Rohren, Kurbeln und Anzeigenadeln, von denen manche konstant blieben und andere hin- und herpendelten. Es stank nach Diesel. Der Raum war nicht klein, aber dafür vollgestopft mit Ware. Der Boden war dreckig, ölig und verklebt. In jeder freien Ecke war eine Kiste über die andere gestapelt, Zwischenräume waren zugestopft mit Säcken.

Wir saßen am Boden ganz hinten im Raum. Links von mir türmten sich die Kistenberge. Rechts standen einige massive weiße Packen, umwickelt mit dicken Schnüren. Ich war eingeklemmt zwischen der Ware und konnte meine Beine kaum strecken. Meine Gelenke schmerzten. Mir gegenüber saßen Olivier und Alba. Auch sie hatten nicht viel Platz. Kaum konnten wir im Dunkeln den schmalen Weg zwischen den Maschinen und dem Ausgang zum Deck des Schiffes erkennen. Regelmäßig kam ein Besatzungsmitglied in den Maschinenraum zur Kontrolle. Dann ging für einen Moment das Licht an und meine Augen zogen sich schmerzhaft zusammen. Er überprüfte die Zählerstände der Anzeigen.

Nach einigen Stunden hörten wir, wie der Motor abgeschaltet wurde und das Schiff zum Stehen kam. Endlich. Ruhe. Jetzt merkte ich erst richtig, wie kraftlos und erschöpft ich war. Vielleicht war das eine Gelegenheit, nach oben zu gehen? Zu unserem Glück kam bald der Mann, der uns auf die Fähre geschleust hatte, in den Maschinenraum.

»Können wir an Deck?«, platzte Olivier heraus. »Es ist nicht mehr auszuhalten hier unten. Wir bekommen kaum noch Luft.«

Doch der Mann schüttelte den Kopf. »Ihr bleibt hier unten und verhaltet euch ruhig. Oben sind Soldaten, die an Bord für Sicherheit sorgen. Keine gute Idee, wenn da plötzlich drei Jungs auftauchen, die bisher offiziell nicht an Bord waren. Wir sind in Kigoma, Tansania. Der nächste Stopp ist Sambia. Erst dann könnt ihr raus«, antwortete er. Er schloss die Tür hinter sich und überließ uns unserem Schicksal.

Der hatte gut reden! Bis nach Sambia dauerte es noch länger als einen Tag. Als die Maschinen wieder anfingen zu rattern, war uns klar, dass das Schiff Fahrt aufgenommen hatte. Ich bekam Hunger. Unser Bekannter aus Bujumbura hatte zum Glück auf dem Weg zum Hafen noch etwas Brot gekauft. Ich nahm es aus meinem Rucksack und teilte es im Dunkeln mit den anderen. Das Brot stillte zwar den Hunger, aber nun wurde der Durst umso stärker. Unsere Wasserflaschen waren längst leer getrunken und der Schweiß tropfte uns pausenlos von der Stirn.

Mein Hals war trocken, ich hatte große Mühe zu schlucken. Alles in mir sehnte sich danach, an der Quelle in Chiherano zu sein. Doch der Gedanke war zu qualvoll, wie mir das kühle Nass die Kehle herunterlaufen und meinen Durst löschen würde. Ich versuchte zu schlafen, um die Zeit zu überbrücken. Das war aber bei dem höllischen Lärm unmöglich. Meine steifen Glieder verkrampften sich mehr und mehr vom eingepferchten Sitzen. Ich spürte, wie meine Kräfte und mein Bewusstsein dahinschwanden. Mir wurde schwummrig und sterbenselend. Auf einmal überkam mich Panik.

»Ich muss raus hier. Ich bekomme keine Luft mehr«, stöhnte ich.

»Geht mir auch so. Es ist unerträglich hier unten«, meinte Alba und schnappte nach Luft.

Es war Olivier, der sich als Erster aufzuraffen versuchte. Auch er war sichtlich entkräftet. »Besser wir riskieren es, an Deck zu gehen, als dass wir hier unten ersticken!«

Seit fast zwei Tagen waren wir inzwischen im dunklen Maschinenraum. Nun drückten wir uns zwischen den Kisten und Säcken hindurch bis vor zu den Maschinen, stützten uns auf allem ab, was uns in den Weg kam. Mit letzten Kräften erklommen wir die schmale Stahltreppe nach oben. Fast zu schwach waren wir, um die schwere Tür des Maschinenraums zu öffnen.

Dann war es wie ein Befreiungsschlag. Nicht schnell genug konnten wir die kühle Luft einatmen. Im ersten Moment war es unmöglich, unsere Augen zu öffnen, so sehr blendete uns das Licht nach Tagen in der Dunkelheit. Wir verweilten etwas an Ort und Stelle, um zu Kräften zu kommen. Auf gut Glück taumelten wir den schmalen Gang weiter, an dessen Ende eine Treppe nochmals nach oben führte. Wir wollten einfach irgendwie an die frische Luft kommen.

Nur langsam nahmen wir die Dinge um uns herum wahr. So auch den Geruch. Irgendwo an Bord wurde tatsächlich gekocht. Vorbeilaufende schienen sich wenig für uns zu interessieren. Sie warfen uns kurze Blicke zu, ließen uns aber in Ruhe. Dann öffneten wir eine weitere Tür und standen an der Reling. Was sich dort unseren Augen bot, stand im kompletten Kontrast zu dem, wie wir uns fühlten.

Ein fast schon paradiesischer Anblick, wo wir gerade gefühlt der Hölle entkommen waren. Noch nie zuvor war ich von so viel Wasser umgeben gewesen! Das gegenüberliegende Ufer glitt langsam an uns vorbei. Es war wortwörtlich atemberaubend, denn noch immer fiel uns das Atmen schwer. Wir standen schweigend und staunend nebeneinander. Die Sonne blendete immer noch, doch der tiefblaue Himmel war eine Wohltat für die Augen.

Rettung in letzter Sekunde

Plötzlich durchschnitt eine harte und durchdringende Stimme unsere gerade zurückgewonnene Ruhe. Ich drehte mich blitzschnell um. Mein Herz rutschte mir in die Hose. An ihren Uniformen erkannte ich die Männer, die sich um uns stellten, als Soldaten. Sie sprachen Kirundi. Weil wir nicht reagierten, redeten sie weiter auf Swahili.

»Wer seid ihr? Was macht ihr hier? Wohin geht ihr? Wo sind eure Tickets? Wo sind eure Papiere? Habt ihr keinen Respekt?«

Sie bombardierten uns mit Fragen, auf die wir nur teilweise eine Antwort wussten. Sie redeten sich in Rage, wurden wütend, weil wir nicht antworteten. Wir schwiegen und waren völlig überfordert. Mein Puls raste wieder so schnell wie im Dickicht, als wir uns vor den *Mai-Mai* versteckt hatten. Nur waren wir dieses Mal völlig ausgeliefert.

Die Soldaten drängten uns in die Ecke. Es dauerte nicht lange, bis das Schiffspersonal davon Wind bekam und einschritt. Auch sie löcherten uns mit Fragen. Wieder reagierten wir mit Schweigen und vermieden jeden Blickkontakt. Dann entwickelte sich ein lebhafter Dialog zwischen dem Schiffspersonal und den Soldaten. Nach und nach waren mehr und mehr Menschen involviert. Einige Passagiere betrachteten das Debakel stillschweigend mit sicherem Abstand.

Ich fühlte mich elend. In meinem Ohr dröhnte weiter latent das Rattern der Maschinen. Es war immer noch schwer, einen Gedanken zu fassen. Ich war müde und erschlagen von der Situation. Hellwach wurde ich jedoch auf einmal, als ich die Drohung eines Soldaten hörte.

»Wir schmeißen sie über Bord, wenn sie uns nicht endlich Rede und Antwort stehen.«

»*Mungu wa mbinguni* – Guter Gott im Himmel«, hörte ich jemanden sich an den Kopf fassend sagen.

Wenn es jetzt zu Ende ging, würde ich schneller bei Gott im Himmel sein, als es mir lieb war. Ich klammerte mich wieder an meinen Rosenkranz in der Hosentasche. Zu mehr war ich nicht in der Lage.

»Lasst sie in Ruhe!«, hörte ich jetzt eine scharfe und bestimmende Stimme. Ich schaute mich suchend um, woher sie kam. Ein Mann trat in die Mitte des Geschehens und stand direkt vor uns. Er blickte die Soldaten durchdringend an und fuhr fort: »Wenn das hier so weitergeht, kommt keiner lebend davon.«

Ich blickte Olivier und Alba an. Offenbar war dieser Mann es, der hier das Kommando hatte, denn auf einmal war das Schiffspersonal ruhig und zu unserem großen Erstaunen gaben auch die Soldaten sofort klein bei. Der Mann schaute uns an. Es konnte nur der Kapitän sein. Wer sonst? Ich konnte kaum glauben, dass er sich für uns einsetzte. Warum tat er das? Er schien Sympathien für uns zu hegen.

Vielleicht hat er auch Kinder, dachte ich bei mir und ein Gefühl der Dankbarkeit durchflutete mich.

Die Männer mussten nun wohl oder übel von uns ablassen. Die Faust in meiner Hosentasche löste sich. Mir fiel ein Stein vom Herzen. Kaum zu glauben! Noch bevor wir dem Kapitän Danke sagen konnten, ging er wieder zurück, von wo er hergekommen war. Danach verzogen sich auch die Soldaten und die Ansammlung löste sich stillschweigend auf. Wir waren wieder allein. Olivier, Alba und ich schauten uns verblüfft an und fanden keine Worte. Von da an blieben wir an der Reling und wurden in Ruhe gelassen.

Ich blickte weiter ans Ufer und sah auf mein Land, das langsam an mir vorbeizog, als würde es mir aus den Händen gleiten. So nah und doch unerreichbar. Ich blickte auf seine wunderschöne Landschaft und so reiche Natur, die inzwischen zum Ort des Grauens für die Bevölkerung geworden war. Nicht nur für meine Familie. Für Tausende von Menschen, die dieses Land ihre Heimat nannten.

Jetzt hatte ich meine Heimat verloren, hatte alles zurückgelassen, nur um beinahe im Maschinenraum erstickt und fast über Bord geworfen worden zu sein.

Unsere Fähre stoppte immer wieder an Ufernähe, sodass kleinere Boote sich nähern konnten. Menschen stiegen über eine Strickleiter ein und aus. Jedes Mal ein interessantes, waghalsiges Manöver. Wir verbrachten die letzte Nacht auf offenem Deck und sahen, wie am Abend die Sonne über unserem Land unterging. Etwas zu trinken fanden wir in halb vollen Plastikflaschen, die manche Passagiere an Deck hatten stehen lassen.

Die Kälte der Nacht war erträglicher als die Hitze und der Lärm des Maschinenraums. Uns plagte weiterhin der Hunger, aber auch die Frage: Was passiert als Nächstes? Vielleicht würde in Sambia alles besser werden.

5
QUER DURCH SAMBIA

Wir waren unglaublich erleichtert, als wir wieder festen Boden unter den Füßen hatten. Zu unserem Erstaunen schien sich niemand für uns zu interessieren, als wir von Bord gingen, sobald wir in Mpulungu, der kleinen Hafenstadt am südlichsten Ende des Tanganjikasees, in Sambia angekommen waren. Keiner stand am Ausgang des Schiffes und fragte nach Papieren.

Wir hatten uns unauffällig unter die Menge der Passagiere gemischt, die die Fähre verließen. Vielleicht hielt man uns für Kinder der Familien an Bord. Das Städtchen Mpulungu war keineswegs zu vergleichen mit der Großstadt Bujumbura, wo die Durchquerung des Sees begonnen hatte. Es gab nur ein paar wenige Läden und fast alle lagen entlang einer einzigen großen Straße. Außer dem Hafengelände gab es sonst nicht viel. Keine riesigen Gebäude und bei Weitem nicht so viele Menschen. Es war ruhig statt der Hektik und des Lärms, wie sie auf dem Boot oder in der Großstadt geherrscht hatten.

Vor allem gab es hier keine Soldaten, die bewaffnet durch die Stadt patrouillierten, an Straßensperren Kontrollen durchführten oder auf Autos mit Geschützen über die Straßen fuhren. Wir waren dem Krieg und der Gewalt entkommen, stellten aber schnell fest, dass der Überlebenskampf weiterging. Irgendwie mussten wir uns versorgen.

Hunger und Nichtstun

Die ersten paar Tage hielten wir uns möglichst unauffällig in der Nähe des Ufers auf. Wir wollten erst einmal alles beobachten und verstehen, wie das Leben in Sambia funktionierte. Der große Markt direkt am Ufer in Hafennähe war einer der ersten Orte, die wir ausfindig gemacht hatten. Der Hunger hatte uns dorthin getrieben. Der Platz erinnerte mich an die Märkte zu Hause. Der Geruch, die Stände und Flächen auf dem Boden, auf denen wie bei uns im Kongo meistens Frauen ihre Waren und Produkte ausbreiteten. Wie oft war ich mit meiner Familie sonntags in Chiherano auf dem Markt gewesen!

Hier musste ich nun zum ersten Mal um Essen betteln. Ich fühlte mich schäbig. Aber es blieb uns nichts anderes übrig. Das wenige Geld, das wir noch hatten, wurde immer knapper. Wir konnten nicht feilschen, denn wir verstanden die lokale Sprache nicht und wussten nicht einmal, um welche es sich überhaupt handelte. Keiner konnte uns erklären, wie viel Dollar der lokalen Währung entsprachen. Wie konnten wir sicher sein, dass uns keiner übers Ohr hauen würde?

Feilschen, diskutieren, Angebote machen und abschlagen, das gehörte dazu bei uns zu Hause. Warum sollte es hier anders sein? Doch es war das erste Mal, dass wir uns nicht verständigen konnten. Hier in Sambia sprach niemand mehr Französisch oder Swahili, wenn überhaupt, dann nur Englisch. Olivier war der Einzige, der ganz wenig Englisch in der Schule gelernt hatte. Er konnte sich gerade mal notdürftig mit *Good morning* (Guten Morgen) oder *Thank you* (Danke) durchschlagen.

So kommunizierten wir anfänglich nur per Gebärdensprache. Gingen auf die Marktfrauen zu, klopften uns zweimal auf den Bauch und streckten unsere Hand mit einem bittenden Blick nach vorne. Ziemlich schnell verstanden wir, was *Go away* (Geh weg) zu bedeuten hatte, und lernten die Worte *hungry* (hungrig) und *please* (bitte). Oft kehrten wir hungrig und mit knurrendem Magen abends zu unserem Nachtlager irgendwo am Ufer des Sees zurück. Manchmal hatten wir Glück und bekamen etwas geschenkt, oft das, was schon braun oder verdorben und nicht mehr verkäuflich war. Dann machte sich Leere breit, nicht nur in unseren Mägen.

Sobald ich anfing, über zu Hause und meine Familie nachzudenken, ließen mich meine Gedanken und Fragen, wie inzwischen wohl alles war, nicht mehr los. Irgendwann bekam ich nachts Albträume von all dem Schlimmen, was ich erlebt hatte. In den Träumen wurde wieder alles real, obwohl mich inzwischen Hunderte von Kilometern von zu Hause trennten.

Es gab nichts zu tun in dem eher verschlafenen Städtchen. Die Fischer waren die ersten und einzigen Menschen in Mpulungu, mit denen wir in Kontakt kamen. Wir gesellten uns zu ihnen. Unsere Anwesenheit schien sie nicht zu stören und sie zeigten uns den Weg zur nächsten Trinkwasserquelle. Wir hingen viel am Ufer herum und schmissen Steine in den See. Dieses Nichtstun war genauso schlimm wie der Hunger, der uns plagte.

Je nach Fang verließen die Fischer den kleinen Hafen tagsüber oder auch abends. Dann flackerten ihre Petroleumleuchten auf den kleinen Holzbooten im Dunkel der Nacht. Ab und zu bekamen wir einen Fisch von ihnen geschenkt.

So vergingen Tage und Wochen. Auch Olivier und Alba merkten, dass es so nicht weitergehen konnte, aber wo sollten wir hin? Wen sollten wir fragen? Immer abwechselnd bekam einer von uns die Krise, wenn uns die Untätigkeit frustrierte und der Hunger schmerzte.

Dann saßen wir eines Tages mit den Fischern am Feuer und einer sagte:»Here, no good. Lusaka better. – Hier, nicht gut. Lusaka besser.« Er reckte den Daumen nach oben. Lusaka, den Namen der Hauptstadt Sambias, hörten wir alle zum ersten Mal. Wie sollten wir es jemals dorthin schaffen?

Aussicht auf Hilfe

»Ich komme bald um vor Hunger«, meinte Olivier.

Wir saßen auf einer verrotteten Holzbank vor einem kleinen Lebensmittelladen, immer noch in Mpulungu. Wenn wir auf dem Markt erfolglos blieben, versuchten wir unser Glück vor kleinen Geschäften entlang der Straße.

Plötzlich tauchte ein Mann wie aus dem Nichts auf. Wir hatten ihn nicht kommen sehen. Er steuerte geradewegs auf uns zu, blieb stehen und sprach uns in englischer Sprache an. Ohne etwas zu begreifen, antworteten wir auf seine Fragen mit *Yes* und *No*. Das waren unsere Standardantworten, wenn wir nichts verstanden.

Sofort merkte der Mann, dass wir nicht aus der Gegend waren, und versuchte es in einer anderen Sprache. Wir schauten ihn fragend an. Zu unserem großen Erstaunen redete er weiter in Swahili. Ich horchte auf. Es war plötzlich etwas Vertrautes in der Fremde. Er sprach unsere Sprache gut genug, dass wir ihn verstehen und uns mit ihm unterhalten konnten.

»Woher kommt ihr? Was macht ihr hier?«, fragte er uns.

Wir erzählten ihm von unseren Strapazen, wie lange wir schon unterwegs waren und wie es uns hierher verschlagen hatte. Sein Interesse schien aufrichtig. Irgendwie wirkte er auf uns freundlich und vertrauenswürdig.

»Ihr seht hungrig aus, ich besorge euch etwas«, meinte er. Dann ging er in den Laden und kam zurück mit einer großen Tüte voller Essen. Es war mehr, als wir auf einmal essen konnten.

»*Thank you*«, bedankten wir uns einstimmig.

»Wir möchten weiter nach Lusaka. Kannst du uns helfen?«, fragte ihn Olivier.

Der Mann schaute uns an. Blieb für einen Moment still. »Wisst ihr, um hier in Sambia zu bleiben, braucht ihr Papiere. Wenn man euch danach fragt und ihr nichts vorweisen könnt, wird man euch wieder dahin zurückbringen, wo ihr herkommt.«

Er hielt erneut inne. »Kommt morgen noch mal hierher und seid bereit. Ich schaue, was ich tun kann.«

Wir verabschiedeten uns. Als er weg war, machten wir uns über seinen Einkauf her. An diesem Tag wurden wir satt und der Mann erschien uns wie ein Engel.

Als Frachtgut unterwegs

Ich wurde von links nach rechts geworfen. Mir wurde schlecht dabei. Ich hatte keine Ahnung, wo wir gerade unterwegs waren, aber schnell ging es sicherlich nicht vorwärts, denn dafür gab es offensichtlich zu viele Schlaglöcher.

Schon seit mehreren Stunden saß ich eingepfercht in einer kleinen Holzkiste hinten in einem Lastwagen. Meine Beine waren angezogen, es war unglaublich eng und ich konnte mich kaum bewegen. Gut, dass die Kiste wenigstens kleine Schlitze hatte, durch die etwas Luft kam. Im Halbdunkel sah ich weitere Kisten neben mir. In einer davon saß Olivier, in einer anderen Alba.

»Alles okay bei euch?«, rief ich ihnen zu.

»Mir tut alles weh«, stöhnte Olivier und Alba pflichtete ihm bei: »Lange halte ich es nicht mehr aus. Ich will hier raus. So schnell wie möglich.«

Mir ging es genauso. Meine Beine waren eingeschlafen. Es war unmöglich, sie zu strecken. Ich knetete sie mit meinen Händen, um das Kribbeln erträglicher zu machen. Die Situation war allerdings nicht so schlimm wie damals im Maschinenraum. Immerhin bekamen wir Luft, aber meine Glieder wurden langsam steif.

In dem Transporter roch es leicht nach Erde. Der Lastwagen hatte seine Ware im Hafen von Mpulungu abgeliefert und neue geladen. Vielleicht Cassava, Kartoffeln oder Getreide. Wir hatten keine Ahnung und es war mir auch egal. Der Lastwagenfahrer war ein Freund unserer Bekanntschaft vor dem Supermarkt. Nachdem wir uns mit ihm wie besprochen am nächsten Tag getroffen hatten, waren wir gemeinsam zur Tankstelle in Mpulungu gelaufen. Dort hatten die beiden sich eine Weile unterhalten.

Wir standen im sicheren Abstand daneben und warteten ab. Schließlich öffneten sie die Türen der Ladefläche und signalisierten uns, einzusteigen. »Dahinten könnt ihr euch in den drei leeren Kisten verstecken. Dann wird man euch bei Kontrollen nicht gleich entdecken. Wenn der Lastwagen angehalten wird, verhaltet euch ruhig. Die Reise wird sicher einen Tag dauern. Passt auf euch auf in Lusaka.« So verabschiedete sich unsere kurze Bekanntschaft.

Er verlangte kein Geld für seine Hilfe, dafür waren wir ihm sehr dankbar. Bereitwillig stieg jeder von uns in eine Kiste. Dann stapelte der Fahrer weitere Kisten über uns und um uns herum, sodass wir besser abgeschirmt waren. Nach einer Weile spürten wir, wie der Lastwagen seine Fahrt aufnahm und die Reise losging. Meinen

Rucksack hatte ich vor mir auf der Brust. Er war schon sichtlich abgewetzt von der Reise. Ich packte den Proviant aus. Jeder hatte noch vom Vortag etwas bei sich. Wir hatten nicht alles aufgegessen, um noch möglichst lange davon zehren zu können. Immer wieder kam das Fahrzeug zum Stehen. Dann wurden wir drei sofort still und meine ohnehin schon steifen Glieder verkrampften sich noch mehr vor Anspannung. Besonders wenn jemand in den Lastwagen stieg und den Inhalt inspizierte, schlug mein Herz noch schneller, und ich klammerte meine Hand wieder fest um meinen Rosenkranz, als würde er mir Glück bringen. Wurden dann die Tür des Lastwagens und der Riegel wieder geräuschvoll geschlossen, atmete ich erleichtert auf.

Allmählich bekam ich allerdings Druckstellen und es wurde beklemmend. Wir saßen wie die Maus in der Falle. Um jemals aus den Kisten wieder herauszukommen, waren wir auf fremde Hilfe angewiesen. Stunde um Stunde verging und wie im Maschinenraum wurde mir bewusst, wie lang ein Tag sein konnte. Wir hatten gehofft, der Fahrer würde uns zumindest einmal befreien, um unser notdürftigstes Geschäft zu verrichten. Aber wir warteten vergebens. Betteln war schon erniedrigend, doch das hier noch viel mehr.

Nach einer gefühlten Ewigkeit hielt der Fahrer an. Diesmal für länger. Die Tür öffnete sich. Es stiegen mehrere Menschen auf die Ladefläche und trugen die Kisten einzeln aus dem Lastwagen. Irgendwann öffnete jemand den Deckel meiner Kiste und ich vernahm ein »*End of your journey* – Ende deiner Reise«. Es war die Stimme des Fahrers, der von oben auf mich herabschaute.

Meine Augen zogen sich zusammen vom grellen Licht. Ich wollte schnellstmöglich raus aus der Kiste, aber meine steifen Glieder erlaubten es nicht. Jede Bewegung schmerzte, bis sich meine Muskeln wieder strecken ließen und ich stehen konnte, ohne einzuknicken.

»Lusaka?«, fragte Olivier den Fahrer.

Doch dieser schüttelte den Kopf. »Kapiri Mposhi« war die Antwort.

Wir schauten verdutzt. Hatten wir doch gehofft, nach der anstrengenden langen Fahrt endlich in der Hauptstadt Sambias angekommen zu sein. Doch stattdessen sollten wir vorerst noch einige Wochen in Kapiri Mposhi bleiben.

Regenzeit in Kapiri Mposhi

Es schüttete wie aus Kübeln. Der Regen fiel wie Bindfäden vom Himmel. Es war Regenzeit in Sambia und einer von vielen tropischen Stürmen fegte über uns hinweg. Das kannten wir von zu Hause.

Binnen kürzester Zeit waren wir klatschnass und flüchteten uns in einen Unterschlupf, eine kleine Tankstelle. Na ja, Tankstelle war vielleicht übertrieben. Es war ein kleines Häuschen aus Holz, in dem tagsüber Benzin in Plastikflaschen verkauft wurde. Das kannten wir ebenfalls von zu Hause und es war auch in Sambia keine Seltenheit. Gegen Abend wurden die Hütten leer geräumt und öffneten am nächsten Morgen wieder. Vielleicht war auch das zu viel gesagt, denn diese kleinen Hütten hatten in der Regel keine Türen. Der Boden war aus Lehm. In der Hütte gab es ein einfaches Regal an der Wand und einen weißen Stuhl aus Plastik.

»Das war unsere Dusche für heute«, witzelte Alba, während er sein triefnasses T-Shirt auszog. Damit hatte er nicht unrecht, denn ohne See und frische Quelle wie in Mpulungu war Körperpflege für uns eine Seltenheit geworden. Auch ich entledigte mich meiner Kleider einschließlich allem, was sich im Rucksack befand, und hängte es an einen Nagel, der aus der Wand ragte.

Ich hielt mein Heft in der Hand. Die Seiten waren allesamt feucht, klebten aneinander und wellten sich. Seitdem ich von meiner Heimat getrennt war, hatte ich nichts mehr aufgeschrieben. Auch wenn wir inzwischen viel erlebt hatten, war nichts dabei, was ich gerne niedergeschrieben und in Erinnerung behalten hätte. Zum Dichten war mir nicht zumute und auch nicht nach lustigen Theaterstücken. Was wir bisher erlebten, glich mehr einem Drama als einer Komödie. Mein Interesse am Schreiben wurde inzwischen vom noch größeren Interesse, den ständigen Hunger zu stillen, abgelöst.

Warum der Lastwagenfahrer uns ausgerechnet hier abgesetzt hatte, hatten wir nicht verstanden. Dafür war unser Englisch nicht gut genug. Wir verstanden nur Wortfetzen. Irgendetwas von »Kontrolle« und »Lusaka« hatte er vor sich hin gemurmelt. Vielleicht hatte er nicht durch noch mehr Kontrollen in der Hauptstadt mit uns als Fracht hindurchgewollt. Für uns war klar, dass wir hier nicht lange bleiben wollten, trotzdem zogen die Tage auch in Kapiri Mposhi wieder ins Land. Wir schlugen uns irgendwie durch. Tagsüber bettelten wir, nachts schliefen wir hinter Ladengeschäften oder in den kleinen Tankstellenhüttchen.

Ich hatte mich inzwischen auf den weißen Stuhl gesetzt. »Wir können nicht wieder warten, bis uns einer mitnimmt. Lasst uns morgen die Straße Richtung Lusaka laufen«, sagte ich und wartete ab, was Olivier und Alba von meinem Vorschlag hielten.

So machten wir uns am nächsten Tag einmütig auf den Weg, nicht ahnend, dass der Fußweg einige Wochen dauern sollte. Wir waren nicht die Einzigen, die auf dieser Route unterwegs waren. Es war eine viel befahrene Straße, die immer wieder an kleinen Städtchen, Dörfern, Siedlungen und Tankstopps für Lastwagenfahrer vorbeiführte. Dort füllten wir uns unsere Plastikflaschen für die nächste Wegstrecke auf. Wieder einmal aßen wir das, was wir auf den Feldern entlang der Straße fanden. Sonst waren wir auf die Gnade derjenigen angewiesen, die wir auf der Straße um Essen anbettelten.

Unterwegs zu sein und jeden Abend woanders in Straßennähe einen Unterschlupf zu suchen, wurde zu unserer Hauptbeschäftigung. Es war kräftezehrend, mühsam und zäh. Wenn das Ende der Straße in so weiter Ferne und unerreichbar schien, blickte ich auf meine Füße. Anstelle der Blasen hatte sich inzwischen Hornhaut gebildet. Manchmal war es angenehmer, barfuß zu laufen, besonders wenn wir von einem Regenguss überfallen wurden und sich der Matsch in den Plastikschuhen sammelte.

Hektische Hauptstadt

Ich blinzelte ins grelle Sonnenlicht und streckte mich. Es war frühmorgens und wir lagen zwischen zwei Geschäften auf dem Boden. Die Stadt war schon erwacht, viele Menschen liefen an uns vorbei. Ich sah eine Gruppe Kinder an uns vorbeischlendern. Sie trugen grün-weiße Schuluniformen. Dazu lange weiße Kniestrümpfe. Die Jungen und Mädchen liefen beschwingt, einige lachten fröhlich.

Ein Junge schaute sich um. Unsere Blicke trafen sich. Er sah mich, wie ich auf der Straße lag. Mit dreckigen, löchrigen Kleidern und keiner geschniegelten Schuluniform wie er. Ich schaute ihm und den anderen Kindern nach, bis sie um die nächste Ecke verschwanden. Schon lange hatte ich nicht mehr an die Schule gedacht. All die Erinnerungen kamen auf einmal wieder hoch. In der Schule hatte der ganze Albtraum begonnen. Ich dachte an Mama und Papa, denen es immer so wichtig gewesen war, dass ich die Schule besuchte, um später einen Beruf zu ergreifen.

Ob ich je wieder zur Schule gehen werde?, fragte ich mich im Stillen und wurde traurig. Daran war überhaupt nicht zu denken. Schnell kam ich buchstäblich wieder auf den harten Boden der Realität zurück, als ich den geteerten Asphalt unter meinem Körper spürte und Alba anmerkte: »Das ist also Lusaka.«

Wir sahen die Stadt zum ersten Mal bei Tag. Es war spätabends gewesen, als wir angekommen waren. Die letzten Kilometer hatte uns ein freundlicher Sambier auf der Ladefläche seines Pick-ups mitgenommen. Er hatte tatsächlich am Straßenrand angehalten und uns eine Mitfahrtgelegenheit angeboten. Unterwegs hatte er noch einige Male gestoppt, um weitere Personen mitzunehmen. Es war ein beschwingendes Gefühl gewesen, die Landschaft so schnell an uns vorbeirauschen zu sehen.

Als der Fahrer uns am Abend absetzte, war es schon dunkel geworden. Doch die Stadt war erhellt durch Straßenlampen, Ampeln, beleuchtete Gebäude und Läden mit leuchtender Neon-Schrift.

Das hatte es in Bukavu nicht gegeben. Im Gegenteil, man fand dort keine einzige Ampel. Die letzte funktionierende Ampel der Stadt hatte ihren Geist aufgegeben, noch bevor ich geboren wurde. An der Stelle, wo sie zuletzt stand, befindet sich bis heute ein Markt, der *Feu Rouge* (Rote Ampel) genannt wird. Denn bevor sie ganz ihren Geist aufgegeben hatte, hatte sie anscheinend dauerrot geleuchtet, so wurde es zumindest bei uns zu Hause erzählt.

In Lusaka waren wir drei Jungs schnell eingeschlafen in der Hoffnung, endlich an einem besseren Ort angekommen zu sein, wie es uns die Fischer in Mpulungu zu verstehen gegeben hatten. Doch die Stadt war einfach nur hektisch. Kein Vergleich zu den Orten, an die uns unsere Reise bisher verschlagen hatte.

Nachdem wir am nächsten Morgen also aufgewacht waren, begaben wir uns orientierungslos in das Gewimmel der vielen Menschen, die sich zwischen den zahllos hupenden Autos durch den Verkehr schlängelten.

Der Vierte im Bunde

Wir saßen im Schatten eines riesigen Baumes mit knallroten Blüten. Es war ein Flammenbaum, von denen wir auf unserer Reise schon einige gesehen hatten. Wir hielten uns nun schon eine ganze Weile in Lusaka auf. Immer wieder schliefen wir in anderen Vierteln und zogen umher.

Es war anstrengend geworden. Obwohl wir einigen freundlichen Menschen begegneten, fühlten wir uns rastlos und fanden nichts, was es hier für uns zu tun gab. Die Hoffnung auf ein besseres Leben in Lusaka wurde bitter enttäuscht. Wir waren wie drei Nadeln im Heuhaufen. Irgendwie verloren unter den Tausenden von Menschen. Dabei stellten wir fest, dass es nicht wenige gab, die genauso wie wir kein Geld hatten.

»Are you from Congo? – Seid ihr aus dem Kongo?«

Wir blickten erstaunt auf und nickten perplex. Das Wort Kongo verstanden wir. Es war ein Fremder, der uns angesprochen hatte. Was wollte er und warum diese Frage? Vielleicht hatte er uns reden gehört. Dann zeigte er auf einen Jungen, der etwas weiter weg mit einer Gruppe von Leuten zusammenstand.

»He is from Congo, too – Er ist auch aus dem Kongo«, fuhr der Fremde fort und gab dem Jungen zu verstehen, dass er zu uns herüberkommen sollte.

»Jambo«, begrüßte uns dieser auf Swahili. »Ich bin Pascal.«

Alba fragte zurück: »Woher kommst du?«

»Bukavu« war seine Antwort. Wir schauten uns verdutzt an, dann sprudelte es aus uns allen vier heraus und es entwickelte sich ein lebhaftes Gespräch. Pascals Augen begannen zu leuchten. Die Freude war auf beiden Seiten groß. Alle genossen es, einen neuen Gesprächspartner zu haben. Was für ein absoluter Zufall, dass Pascal nicht nur Kongolese, sondern zudem aus Bukavu war! Wir fühlten uns sofort verbunden, teilte Pascal doch unser Schicksal, wie sich später herausstellte. So schnell sich unsere Wege gekreuzt hatten, so schnell war er Teil von uns und der Vierte im Bunde.

Übers Ohr gehauen

Der Hunger plagte uns mehr denn je. Bereits seit Stunden lungerten wir vier vor einem kleinen Imbiss in der Hoffnung, es würde uns jemand etwas zu essen kaufen oder abgeben. *Happy Chicken* (Glückliches Huhn) stand in knallroter Farbe an der Bude. Daneben ein uns anlächelndes weißes Huhn mit gelbem Schnabel. Mir war dagegen nicht zum Lachen zumute. Bereits seit Tagen hatten wir nichts mehr gegessen, waren erfolglos beim Betteln auf den Märkten gewesen und hatten nirgendwo etwas abstauben können.

Mir lief das Wasser im Mund zusammen von dem köstlichen Geruch der Imbissbude. Ich haderte mit der ausweglosen Situation, in der wir uns befanden. Es gab kein Zurück, es gab aber auch keinen Schimmer Hoffnung für eine Zukunft in Lusaka. Überrascht von mir selbst überkam es mich auf einmal. Ich griff ich in meinen Hosenbund und zerriss mit den Händen die Naht der kleinen Tasche, die meine Mama mir in die Hose genäht hatte.

Es war das erste Mal auf der Reise, dass ich die zwei Einhundertdollarscheine hervornahm. Ich hielt sie in den Händen, knisterte damit zwischen meinen Fingern und wurde daran erinnert, dass Mama sie zuletzt in der Hand gehalten hatte. Es sollte meine eiserne Reserve sein. Jetzt hatte ich die Nase voll. Ich konnte und wollte mich nicht noch eine Nacht ohne Essen irgendwo auf der Straße schlafen legen.

»Mir reicht's. Ich muss etwas essen.« Mit diesen Worten streckte ich Olivier einen Schein entgegen. Mit seinem Englisch kamen wir bisher am besten durch. Er war sichtlich überrascht und schaute mich fragend an. Er zögerte. Weil er den Geldschein nicht annahm, drückte ich ihn Olivier in die Hand. Er widersprach nicht, stand auf und wandte sich an den Verkäufer.

»Vier Hühner«, gab Olivier diesem zu verstehen. Der sah den Geldschein und zeigte darauf. Olivier gab ihm den Schein, er verschwand damit in der Küche und kam mit vier Portionen Hühnchen zurück.

»Hier sind eure Hühner«, sagte er und stellte vier Pappteller auf die Theke. Alle vier stürzten wir uns darauf und hatten in dem Moment alles andere um uns herum vergessen. Auch das Rückgeld, das uns noch zustand. Wir waren nur glücklich über eine warme Mahlzeit. Es dampfte und schmeckte genauso köstlich, wie es roch.

Erst einige Zeit später wurde uns bewusst, dass das wohl das teuerste Huhn unseres Lebens gewesen war. Nämlich dann, als wir das Geld besser hätten gebrauchen können. Denn bald darauf befanden wir uns wieder auf der Straße, unterwegs zu unserem nächsten Ziel.

Dabei stellte sich heraus, dass es ein Irrtum von uns gewesen war, zu glauben, der Fußmarsch von Kapiri Mposhi bis nach Lusaka sei der längste gewesen. Die nächste Etappe war doppelt so lang und dauerte einige Monate. Der Frust, das Nichtstun und das Leben auf den geschäftigen und unruhigen Straßen hatten uns aus der Hauptstadt Sambias vertrieben.

Es war Pascal, der uns einigen Bekannten vorgestellt hatte, mit denen wir uns mehr schlecht als recht verständigen konnten. Daraufhin war Livingstone unser nächstes erklärtes Ziel geworden. Und so waren wir wieder unterwegs auf Sambias Straßen.

Um die langen Distanzen zu überbrücken, kickten wir unseren selbst gemachten Fußball vor uns her. Einer schmetterte den Ball nach vorne. Sobald wir ihn erreicht hatten, schoss der Nächste ihn wieder in weite Ferne. Mein Papa hatte mir beigebracht, einen Fußball zu basteln. Zuerst faltete man einen harten Kern aus getrockneten Bananenblättern. Diesen umwickelte man sorgfältig mit weiteren Blättern, bis eine runde Form entstand. Aus den Fasern der Palme stellte man eine Schnur her und band den Ball mit einer bestimmten Knotentechnik fest. Hatte ich in Chiherano mit meinen Freunden aus Vergnügen Fußball gespielt, half es uns nun, die Zeit beim Laufen totzuschlagen.

Wie schon zu dritt war auch zu viert die Devise: Immer der Straße nach. Auch unsere Überlebensstrategie war dieselbe: Abstauben, was wir auf den Feldern entlang der Straße finden konnten. Betteln. Unterschlupf im Dickicht oder in kleinen Tankstellenhüttchen finden. Weiterlaufen.

Dazwischen dachte ich viel über meine Familie nach. *Geht es ihnen gut? Sind sie immer noch in Chiherano? Sind sie noch am Leben?* Manchmal war ich mir nicht sicher, ob ich die Antworten überhaupt wissen wollte. Ich versuchte, mich an die schönen und sorglosen Zeiten zu erinnern. Zumindest in Gedanken so zu tun, als sei alles in Ordnung. Die Illusion machte die Realität erträglicher. Doch wenn ich müde und erschöpft war, fiel es mir sogar schwer, mich an ihre Stimmen und ihr Lachen zu erinnern. Sie waren mir so nah und doch so fern.

Wir waren Monate unterwegs, in denen wir jede Nacht an einem anderen Ort verbrachten. Rastlos und getrieben von der Hoffnung auf eine bessere Zukunft am Ende der fast fünfhundert Kilometer langen Straße. Langsam, aber sicher näherten wir uns unserem nächsten Ziel. Inzwischen fühlte ich mich tatsächlich sicherer auf Sambias Straßen als vor langer Zeit in meinem eigenen Land.

Livingstone

»*Want to try?* – Willst du versuchen?«, fragte mich die Frau und lachte mich an.

Sie saß auf dem Boden auf einem großen Sack und hatte ein paar gewebte Körbe vor sich stehen, die voll von kleinen, dicken, wurmartigen Tierchen waren. Wir waren mal wieder auf einem Markt, diesmal in Livingstone, immer noch in Sambia. Märkte waren zu unseren Anlaufstellen geworden. Sie boten überall die beste Möglichkeit, etwas Essen abzustauben. Nun streckte die Frau mir eine Papiertüte dieser Dinger entgegen.

»*Finkubala. Good* – Gut«, sagte sie. Mir drehte es etwas den Magen um. Ich war meiner Mama immer dankbar gewesen, dass Raupen bei uns zu Hause nicht auf dem Speiseplan gestanden hatten. Doch unsere Lage war zu miserabel, um so ein Angebot abzuschlagen. Ich zwang mich zu einem freundlichen Lächeln. Olivier und Alba standen neben mir. Wir nahmen die knusprig gerösteten Raupen entgegen. Sie schmeckten besser als erwartet.

»Irgendwie salzig«, beurteilte Alba die sambische Spezialität.

»Ich habe schon Ansehnlicheres in meinem Leben gegessen. Aber schlecht sind sie nicht«, gab ich zur Antwort.

»*Thank you*«, bedankte sich Olivier.

Doch so wie die gerösteten Raupen nie schöne Schmetterlinge werden konnten, hatte sich auch Livingstone für uns als kein schöner und besserer Ort entpuppt. Bis auf die Tatsache, dass es dort allgemein grüner war, lebte es sich hier genauso wie in Lusaka. Die Stadt war groß, es war viel Betrieb.

Nach einigen Wochen waren wir am gleichen Punkt angekommen. Wir hatten Hunger, kein Dach über dem Kopf, kein Ziel vor Augen, saßen tatenlos herum und besaßen diesmal fast kein Geld mehr. Wir hatten es einmal quer durch Sambia geschafft und waren nun am südlichsten Punkt des Landes angekommen.

Mit Ausnahme des Hundert-Dollar-Hühnchens hatten wir die Sambier bisher als freundliches Volk erlebt. Dennoch: Wir waren zwar dem Krieg entkommen, aber wir hatten immer noch nicht das gefunden, auf das wir immer gehofft hatten, nämlich eine gesicherte Zukunft. Hierzubleiben war also keine Option.

Da kam es uns nicht ungelegen, als ein Einheimischer uns auf unser nächstes Ziel brachte: »*Zimbabwe is very close. I can help you.* – Simbabwe ist sehr nahe. Ich kann euch helfen.«

So entschieden wir uns, auch Livingstone wieder zu verlassen. Tatenlos herumzusitzen war schlimmer, als weiter in die Fremde zu ziehen, auch wenn die Zukunft dort ungewiss war.

Ohne Casio über die Grenze

»Du kannst uns mit der hier bezahlen.« Der Typ zeigte auf meine Uhr am Handgelenk.

Nein, das kann ich nicht machen, dachte ich erschrocken. *Das ist meine Casio-Uhr von Papa.*

Er hatte sie mir vor dem Krieg geschenkt und seitdem trug ich sie mit Stolz. Es ging mir gar nicht darum zu wissen, wie spät es war. Wenn wir eins im Überfluss hatten, dann war es Zeit. Obwohl die Uhr eine Datumsanzeige hatte, wusste ich nicht einmal, wie lange wir schon unterwegs waren. Bestimmt waren es bald zwei Jahre.

Meinen Vater hatte ich schon längst verloren. Die Erinnerung an ihn war alles, was ich noch hatte. Und die *Casio* war für mich wie eine Verbindung zu dieser Erinnerung. Ich schaute auf meine Uhr und wieder zurück zu dem Typen. Ich hatte die Qual der Wahl.

Entweder die Uhr herzugeben, meine letzten einhundert Dollar zu opfern oder nicht über die Grenze zu kommen.

Man hatte uns zwei Männern vorgestellt. Sie nannten sie Experten. Experten darin, Menschen illegal über die Grenze nach Simbabwe zu bringen. Und das war nicht einfach, denn wieder einmal trennte ein Fluss die beiden Länder. Es war der riesige Sambesi. Die sogenannten Experten kannten die Gegend und alle Schleichwege wie ihre Westentasche und wussten, wo der sonst so reißende Sambesi seine niedrigste Stelle hatte, um ihn zu Fuß zu überqueren. Wenn wir weiterwollten, dann waren wir ganz klar auf ihre Hilfe angewiesen.

Alba und Olivier bezahlten ihren Anteil mit dem wenigen Geld, das sie noch hatten. Sie zahlten auch für Pascal. Ich seufzte und war inzwischen vorsichtig geworden, meine letzte Reserve zu zücken. Wer weiß, was noch alles auf uns zukommen würde.

Es tat mir in der Seele weh, als ich langsam den Verschluss meiner Uhr öffnete und sie vom Handgelenk nahm. Schweren Herzens händigte ich sie dem Typen aus. Aber so lief es eben. So war unser Leben geworden. Es gab keinen Platz für Gefühlsduseleien. Auch meine drei Freunde, die für mich wie Brüder geworden waren, wussten nicht, was mir die Uhr bedeutete.

»*Let's go to Zimbabwe.* – Lasst uns nach Simbabwe gehen.« Die Männer signalisierten uns, ihnen zu folgen. Es war schon gegen Abend, als wir zu sechst aufbrachen, um die Grenze nach Simbabwe zu Fuß zu überqueren.

Nach einer kurzen Weile verließen wir die Straße und zogen querfeldein durch das Dickicht des Waldes. Einer der Männer lief vor mir mit einer Machete, um uns den Weg zu bahnen. Dicht hinter mir waren meine drei Freunde. Der zweite Mann bildete das Schlusslicht. Inzwischen war es stockdunkel geworden. Ich wünschte mir, wir hätten tatsächlich ein Licht dabei, denn mit meinen Augen konnte ich kaum noch etwas erkennen. Ich orientierte mich eher an den Geräuschen der Schritte vor mir und versuchte, dicht dahinter zu bleiben. Es war mir ein Rätsel, wie diese Männer den Weg im Dunkel so sicher voranschritten. Ohne sie wären wir verloren gewesen.

Nach einem langen Fußmarsch wurde das Gebiet sumpfiger und matschiger. Meine Füße wurden nass.

»Seid still. Krokodile«, raunte der Mann von ganz hinten. Mir rutschte das Herz in die Hose. Keiner hatte uns gesagt, dass die Grenzüberquerung durch ein von Krokodilen besiedeltes Gebiet führen würde. Als wir auf dem Weg nach Burundi durch ein solches Gebiet gezogen waren, war das am Tag gewesen, und die Männer hatten zumindest Gewehre bei sich gehabt, um im Notfall den Krokodilen den Garaus zu machen.

»Großer Gott«, hörte ich Alba hinter mir ausrufen.

»Was sollen wir tun?«, schoss es aus Pascal heraus.

»Ruhe«, zischte der Anführer vor mir.

Mich überfiel Panik. Ich zog meinen Rosenkranz aus der Hosentasche. Umklammerte ihn mit meiner Faust und konzentrierte mich darauf, möglichst leise den Schritten zu folgen. Irgendwann kamen wir zu einem gewaltigen Fluss.

»Das ist der Sambesi«, flüsterte der Mann vor mir.

In der Schule hatte ich den Flussnamen bereits gehört, aber nie gedacht, jemals an seinem Ufer zu stehen. Wir liefen noch eine ganze Weile parallel flussaufwärts. Keiner sprach ein einziges Wort. Ich wurde müde, aber an eine Pause war nicht zu denken.

Außer dem Rauschen des Flusses, den Geräuschen des Waldes und dem Zirpen der Grillen hörten wir nichts. Die Stille und das Dunkel waren beklemmend. Seit der scharfen Warnung hatte ich im wahrsten Sinne des Wortes tierische Angst.

Irgendwann einmal sah ich von Weitem ein Haus in Ufernähe, die große Terrasse beleuchtet von dezenten Lichtern. Ich fragte mich, wer auf die Idee kommen konnte, sich hier in dieser Gegend ein Haus zu bauen und sich dann noch freiwillig um diese Uhrzeit darin aufzuhalten.

Endlich kamen wir zu einer Stelle, an der die Männer haltmachten. Ich fühlte mich kraftlos und war froh über eine Verschnaufpause. Doch die sollte es nicht sein, wie sich herausstellte. Es ging gleich weiter.

»Hier werden wir den Fluss überqueren«, sagten die Männer zu uns. »Er ist nicht sehr tief hier. Langsam bewegen, damit wir keine Krokodile oder Nilpferde aufscheuchen.«

Mein Herz schlug noch mal schneller, als ich das hörte. Jetzt auch noch Nilpferde! Die bloße Vorstellung, ich würde einem dieser Tiere im Wasser begegnen, versetzte mich noch mehr in Furcht und Schrecken. Wieder schickte ich ein Stoßgebet zum Himmel.

Dann wagten wir uns langsam vor ins Wasser. Es war tatsächlich nicht tief und reichte mir nur bis zu den Knien. Ganz langsam wateten wir vorwärts. Simbabwe war nur noch wenige Schritte entfernt.

6
ZITTERN IN SIMBABWE

Mein ganzer Körper schlotterte. Meine Schultern hatten sich verkrampft vor Anspannung. Ich war fix und fertig. Wir hatten es tatsächlich nach Simbabwe geschafft und waren heil am anderen Ufer des Sambesi angekommen!

Es war immer noch stockdunkel. Mich fröstelte es etwas. Nicht unbedingt deshalb, weil es kalt war, sondern weil ich müde und erschöpft und meine Hosen triefend nass von der Flussdurchquerung waren.

»Wir haben es tatsächlich geschafft«, stöhnte ich erleichtert auf. Doch bevor ich noch ein weiteres Wort sagen konnte, wurde ich von der Stimme des Mannes unterbrochen, der mir die Uhr abgenommen hatte.

»Seid still. Wilde Tiere«, flüsterte er »Wir sind im Sambesi-Nationalpark.«

Ich glaubte nicht richtig zu hören. In meinem Kopf ratterte es: Nationalpark? Welche Tiere meinte er? Löwen? Leoparden? Elefanten? Büffel? Meine Fantasie ging mit mir durch. Die Vorstellung einer möglichen Begegnung mit welchem wilden Tier auch immer genügte, dass meine Beine noch mehr zu zittern begannen. Warum hatte man uns das nicht vorher gesagt? Da bräuchten wir doch mehr als eine lächerliche Machete, um uns zu verteidigen!

Mir blieb nichts anderes übrig, als zu schweigen, und ich bemühte mich, möglichst geräuschlos hinterherzulaufen. Ab da stockte mein Atem bei jedem noch so kleinen außergewöhnlichen Geräusch und ließ mich innerlich erstarren. Erkennen konnten wir in der Dunkelheit nichts. Es war für mich immer noch unerklärlich, wie die beiden Männer so sicheren Fußes vorangingen und hier sogar mehrmals wöchentlich unterwegs waren.

Nachdem wir uns immer weiter vom sumpfigen Gebiet um den Sambesi entfernt hatten, wurde der Boden sandiger, und kleine Steinchen scheuerten in meinen Plastikschuhen. Ich wollte nur noch raus aus dem Nationalpark. Diese Parks waren für Tiere, nicht für Menschen! Wir liefen bis in die Morgendämmerung und konnten erstmals die Umgebung um uns herum wahrnehmen. Sie war nicht spektakulär. Die Gegend war flach, die Bäume nur halb so hoch wie die zu Hause. Alles war eher buschig und nicht so dicht wie die Wälder bei uns.

Je heller es wurde, desto gebückter lief der Mann uns voraus, als würde er sich vor den Tieren verstecken wollen. Ich tat das Gleiche, wenn ich mich auch fragte, ob das wirklich etwas brachte. Wenn sie uns nicht sahen, würden sie uns sicher riechen können. Inzwischen stand die Sonne im Zenit und meine Kräfte schwanden langsam, aber sicher. Wir waren ohne wirkliche Pause seit gestern Abend auf den Beinen.

»Wann sind wir endlich am Ziel?«, fragte Olivier mit vorsichtiger Stimme, während die Sonne auf uns herunterbrannte.

»Bald. Und jetzt pssst«, kam zur Antwort.

Nach stundenlangem Auf-der-Hut-Sein durch den Nationalpark kamen wir irgendwann an einer Straße an, wo ein Taxi auf
uns wartete. Die zwei Männer schienen den Taxifahrer zu kennen
und übergaben uns an ihn.

»Es gibt zwei Möglichkeiten für euch«, hatte unser Anführer
gesagt. Es schmerzte mich, als ich sah, dass er sich inzwischen meine Uhr um sein Handgelenk gebunden hatte. »Entweder Harare,
die Hauptstadt, oder Bulawayo. In Harare sind viele Flüchtlingslager, das ist nicht gut. Bulawayo ist besser.«

Wir blickten einander an und mussten nicht lange diskutieren,
wir verstanden uns ohne Worte. Es graute mich bei dem Gedanken
an die Flüchtlingslager zu Hause im Kongo.

»Bulawayo«, sagte Olivier stellvertretend für uns alle.

Der Taxifahrer nickte und öffnete die Türen seines alten kleinen
Wagens. Olivier setzte sich neben den Fahrer, wir anderen drei
drängten uns auf der Rückbank zusammen. Wir mussten alle vor
Erschöpfung eingeschlafen sein, denn wir wachten erst wieder auf,
als das Auto zum Stehen kam und die Kofferraumtür hinter uns
zuknallte. Schnell stiegen wir aus. Der Taxifahrer holte vier Cola-
flaschen aus dem Kofferraum und drückte sie uns in die Hand.

»Danke«, antworteten wir verblüfft und orientierungslos.

Mit seinem Finger zeigte er auf ein langes, altes Gebäude.
»Bahnhof nach Bulawayo.«

Dann stieg er zurück in sein Taxi. Aus dem heruntergelassenen
Fenster zeigte er mit seiner Hand in Fahrtrichtung nach vorne.
Eigentlich waren wir nach dem Gespräch davon ausgegangen, dass
er uns direkt nach Bulawayo bringen würde. Wie weit die Stadt entfernt lag, davon hatten wir keine Ahnung. Doch der Fahrer saß schon
wieder im Auto und startete den Motor. Dann zeigte er mit seinem
Arm aus dem Fenster in Fahrtrichtung: »Folgt den Menschen.«

Es war schon Abend und dunkel geworden, doch zu unserem Erstaunen war einiges los. Viele Menschen waren unterwegs und strömten in die Richtung, die der Taxifahrer uns gezeigt hatte. Wir schlossen uns ihnen an.

Jesus im Kino

Ich nahm einen Schluck von der Cola, die der Taxifahrer mir geschenkt hatte, und schaute auf das Riesenspektakel vor mir. Hunderte von Menschen drängten sich vor einer gigantischen Leinwand. Ich blickte mich um und sah auf Olivier, Alba und Pascal, die gebannt nach vorne starrten. Ihre Augen glänzten. Sie sahen zufrieden aus und doch merklich abgekämpft von den Strapazen der letzten Nacht. Auch sie hielten ihre Cola in den Händen. Olivier merkte, dass ich ihn beobachtete, und schaute zu mir rüber.

»Damit hätte ich nicht gerechnet.« Er grinste dabei.

Ich nickte bejahend mit dem Kopf. »Ich auch nicht.«

Es fühlte sich so an, als sei ich schon ewig mit ihnen unterwegs. Wir waren ein eingespieltes Team. Was wir bisher gemeinsam erlebt hatten, hatte uns fest zusammengeschweißt. Die drei Jungs waren weit mehr geworden als nur Freunde. Wir vier waren wie eine kleine Familie. Nach den Tausenden von Kilometern, die mich von zu Hause trennten, fühlte ich mich ihnen mindestens so nahe wie meinen Eltern und Geschwistern.

Es war das erste Mal auf unserer Reise, dass wir etwas Unterhaltsames erlebten. Als ich auf die riesige Menschenmenge vor mir blickte, wurde mir klar, wie anders und ungewöhnlich mein Leben war. Wir waren ständig unterwegs, rastlos und heimatlos. Nicht wie die Familien, die vor uns saßen und ein normales Leben zu führen schienen. Es war ein geselliges Miteinander vor der Kinoleinwand und hatte etwas Vertrautes, obwohl wir wieder einmal keine Ahnung hatten, wo wir eigentlich genau waren. Irgendwo in einer kleineren Stadt zwischen Victoria Falls, dem simbabwischen Ort direkt an der Grenze zu Livingstone, und Bulawayo.

Vertraut war mir auch der Film, der auf der Leinwand lief. Ich hatte ihn bereits mehrmals gesehen. Es war ein Film über das Leben Jesu. Er heilte gerade einen Blinden. Einmal im Jahr hatte es in Chiherano oder Umgebung solche Jesus-Film-Vorführungen gegeben. Bis der Krieg begonnen hatte.

Wie heute war es auch damals immer ein großes Spektakel gewesen. Die Menschen strömten aus allen Richtungen zusammen. Mit meinen Geschwistern und Freunden liefen wir manchmal fünf Stunden, nur um den Film zu schauen und dann wieder den langen Rückweg anzutreten. So etwas sah man schließlich nicht alle Tage! Woher die Menschen kamen, die eine große Leinwand und Lautsprecher aufbauten, um dann den Jesus-Film zu zeigen, anschließend laut über Megafone predigten und für Menschen beteten, wussten wir nie. Doch offensichtlich hatten sie es nach Simbabwe geschafft und ich staunte, dass wir heute ausgerechnet in diese Veranstaltung geraten waren.

Die meisten der Zuschauer saßen auf dem Boden. Unter ihnen Erwachsene und Kinder allen Alters. Die Stimmung war lebendig. Kaum hatte Jesus den Blinden geheilt, klatschte die Menge, rief laut »Halleluja!« und »Preist den Herrn!«.

Die Sprache des Films verstanden wir zwar nicht, aber was wir auf der Leinwand sahen, sprach für sich, auch ohne Worte: Jesus, der Wunder tat.

Damals zumindest mehr als heute, dachte ich im Stillen. Es grenzte zwar an ein Wunder, dass wir es bis hierher geschafft hatten, und vielleicht zeigten all die Stoßgebete doch Wirkung. Aber trotzdem fragte ich mich in dem Moment: *Wenn er solche Wunder tun kann, warum lässt er den Krieg nicht auf wundersame Weise enden? Er würde damit nicht nur einer Person, sondern Tausenden auf einmal helfen.*

Stattdessen tobte der Krieg zu Hause wahrscheinlich immer noch, es gab keinerlei Lebenszeichen von meiner Familie und ich befand mich wieder an einem fremden Ort, in einem fremden Land, mit fremden Menschen, die wieder eine fremde Sprache sprachen. Es machte mich fast wütend, als ich darüber nachdachte. Ich trank einen weiteren Schluck von meiner Cola.

Wenig später wurde ich aus meinen Gedanken gerissen, als einige der Menschen vor mir aufschrien. Mein Blick wanderte zurück auf die Leinwand. Jesus wurde geschlagen. Es waren die Momente vor der Kreuzigung. Das wollte ich auf gar keinen Fall sehen! Die Bilder von Isingo hatten sich für immer in meine Erinnerung gebrannt und waren plötzlich so real, als wäre es gestern gewesen. Das Kreuz auf dem Kopf. Mein Vater, der herangeführt wurde. Meine Mutter, die neben mir stand. Die *Mudundu 40*. Ich blickte auf den Boden, bis diese Szenen vorüber waren.

Schließlich war der Film zu Ende, die Predigt ging los. Ich verstand kein Wort davon, konnte den Inhalt wieder nur erahnen. Es war trotzdem interessant, den Enthusiasmus auf der Bühne zu beobachten. Die Menschen liefen auf und ab mit ausladenden Gesten und Handbewegungen. Die Mikrofone waren übermäßig laut, ihre Stimmen aber freundlich. Die Menge antwortete immer wieder mit einem »Amen« und »Halleluja«. Bald würden sie anfangen zu beten. Mir wurde bewusst, dass ich kein einziges Mal, seitdem ich mein Zuhause verlassen hatte, in der Kirche zum Beten gewesen war. Kein Morgengebet vor der Schule. Kein Sonntagsgottesdienst. Kein Kreuzweg an Ostern. Kein Weihnachten. Wir hatten all diese Feiertage irgendwo auf der Straße verbracht. Das Einzige, was mir von alldem geblieben war, war mein Rosenkranz. Und auch er war für mich mehr zu einem Glücksbringer geworden, als dass er Ausdruck gewesen wäre von dem, was ich noch glaubte.

Langsam spürte ich, wie mich die Müdigkeit übermannte. Alba und Pascal waren immer wieder schon während des Films und der Predigt eingenickt. Als die Veranstaltung zu Ende war, machten sich die meisten Menschen auf den Weg nach Hause. Doch es gab auch andere, die bereits auf dem Boden eingeschlafen waren. Es war bestimmt schon gegen drei Uhr morgens. Gähnend legte ich mich an Ort und Stelle hin und bettete den Kopf auf meinen Rucksack. Mir fielen schon fast die Augen zu, als ich noch ein »Gute Nacht, Jungs« murmelte. Es war das erste Mal, dass wir nicht nur zu viert die Nacht unter freiem Himmel verbrachten, sondern dabei unter Menschen waren. Es hatte tatsächlich etwas Friedvolles.

Tagelanges Warten

Als wir wach wurden, wurde um uns herum aufgeräumt und alles abgebaut. Inzwischen waren wir unter den Letzten, die sich noch auf dem Gelände befanden. Wir rappelten uns auf und liefen Richtung des einzigen Ortes, den wir hier kannten: den Bahnhof. Dort, wo uns der Taxifahrer am Abend zuvor abgesetzt hatte. Den Namen des Ortes, an dem wir uns befanden, kannten wir immer noch nicht. Es war uns aber auch egal, es war ja nur ein Zwischenstopp.

Nun war es Tag und wir sahen das längliche Gebäude zum ersten Mal richtig. Es hätte auch eine Lagerhalle sein können, wie es sie in Bukavu gab. Nichts Spektakuläres. Die Farbe war am Dach und den Wänden an einigen Stellen abgeblättert. Rechts und links hinter dem Gebäude lagen die Bahnschienen, als würden sie unendlich in die Ferne führen und nie enden. Durch den Bahnhof zu gehen, trauten wir uns nicht, und liefen deshalb um das Gebäude herum, bis wir zu dem einzigen Bahnsteig kamen, der beim näheren Betrachten fast so lang war wie das Fußballfeld meiner Schule in Chiherano.

Züge und Bahnhöfe kannte ich bisher nur aus Filmen, die ich in den Sommerferien beim Besuch meines Onkels in Bukavu geschaut hatte. Schon damals hatte es in der Stadt kleine Kinos gegeben, besser gesagt: kleine Holzhäuschen mit ein paar Plastikstühlen und einem Fernseher. Der Stromgenerator war oft lauter gewesen als der Film selbst. Zu erkennen waren die Kinos immer an den unzähligen Kindern, die sich von draußen ans Fenster drängten in der Hoffnung, einen Blick auf den Bildschirm zu erhaschen. Ich war eins davon.

Auch Olivier, Alba und Pascal kannten Bahnhöfe nur aus Filmen und waren noch nie mit einem Zug gefahren. Die wenigen Strecken, die unser Land hatte, lagen eine Flugzeugreise von Bukavu entfernt. An diesem Bahnhof gab es nicht viel zu sehen. Einige Menschen warteten am Gleis. Ein paar trugen Koffer mit sich. Die meisten hatten ihre Habseligkeiten in Taschen gepackt, die aus allen Nähten platzten, ganz im Gegenteil zu meinem kleinen Rucksack. Alle standen sich, genau wie wir, Löcher in den Bauch und warteten und warteten.

»In welcher Richtung liegt Bulawayo?«, brach Pascal die Stille und blickte von rechts nach links die Schienen entlang.

»Gute Frage«, grinste Alba. »Das sollten wir besser herausfinden, bevor wir in den nächsten Zug einsteigen. Ich habe keine Lust, wieder zurückzufahren.«

»Brauchen wir dafür nicht erst einmal Fahrkarten?«, warf Olivier ein.

»Auf gar keinen Fall«, entgegnete ich. »Wir müssen versuchen, irgendwie anders in den Zug zu kommen. Sonst sitzen wir in Bulawayo und sind komplett pleite.«

Wir warteten weiter ab. Bisher regte sich sowieso nichts. Erst eine ganze Weile später sahen wir endlich in weiter Ferne einen Zug, der sich langsam näherte. Er wurde immer größer. Und lauter. Der Zug schien endlos lang, so viele Wagen reihten sich hinter der Lokomotive auf, die vorne zugespitzt war. Die braune Farbe war schon etwas verblasst, hatte Kratzer, Dellen und bereits rostige Stellen. Der Zug hatte sicher schon einige Kilometer auf dem Buckel. Aus den Fenstern ragten die Köpfe einiger Passagiere. Das Bremsen des Zuges machte einen unsagbaren Lärm, sodass wir uns alle vier die Ohren zuhielten. Sehr langsam kam der Zug zum Stehen. Die Bremsen zischten. Dann ging Olivier auf einen wartenden Passagier am Bahnhof zu.

»Bulawayo?«, fragte er ihn.

»Nein. Bulawayo ist der Nachtzug«, antwortete der Mann und verschwand in einem der Wagen.

Das Ein- und Aussteigen der Passagiere dauerte eine gute Weile. Eile war also nicht geboten, wenn wir in der Nacht unbemerkt auf den Zug nach Bulawayo springen wollten. Nur schwerfällig setzte sich der Zug wieder in Bewegung und nahm allmählich ordentlich Fahrt auf. Wir schauten ihm hinterher, bis er am Horizont verschwand.

Stundenlang starrten wir danach auf die leeren Schienen und warteten. Wir warteten eine ganze Nacht lang vergebens. Der Mann vom Bahnsteig hatte nicht erwähnt, in welcher Nacht und zu welcher Zeit der Zug kommen sollte.

Obwohl der Lärm des ankommenden Zuges uns wahrscheinlich geweckt hätte, hielt in der zweiten Nacht immer einer von uns Nachtwache in der Nähe der Schienen. Doch auch diese Nacht verging ereignislos. Es war frustrierend. Bahnfahren schien Geduldssache zu sein!

Tagsüber schlugen wir die Zeit mit Betteln tot, wie immer auf dem Markt. Ihn hatten wir schnell ausfindig gemacht. Als sich am dritten Tag bereits gegen Abend das Bahngleis mit Menschen füllte, zeichnete sich endlich der Beginn unserer ersten Zugfahrt ab.

Blinde Passagiere

Wir mischten uns unauffällig unter die Wartenden. Dabei kam es uns gelegen, dass es bereits dunkel war. Ein paar wenige Lampen am Bahnsteig gaben einen matten Schein ab, doch einige funktionierten bereits nicht mehr.

Es war fast noch mehr los als tagsüber. Viele der Kinder, die mit ihren Eltern unterwegs waren, schliefen bereits auf deren Arm oder auf gepackten Taschen auf dem Boden. Ein kleines Mädchen blinzelte mich verschlafen an. Für mich war es nicht mehr als ein Wunsch, mit meinen Eltern unterwegs zu sein, eine gemeinsame Reise mit ihnen blieb eine Illusion. Ich wusste nicht einmal, ob sie überhaupt noch am Leben waren. Ich musste meine Reise allein mit meinen Freunden bestreiten.

Am Gebäude sah ich einen Schriftzug, der gut einen neuen Anstrich hätte vertragen können: *No ticket – No travel.* Auch wenn ich nicht viel Englisch verstand, begriff ich schnell, was gemeint war: Ohne Fahrkarte keine Reise. Ich musste fast etwas schmunzeln. Meinten sie das wirklich ernst? Wir hatten es bereits in das vierte fremde Land ohne Ausweispapiere geschafft. Da sollte doch eine einfache Zugfahrt kein Problem sein. Um Tickets hatten wir uns nicht gekümmert. Wir würden wie immer unser Glück versuchen.

»Da kommt unser Zug.« Pascal hatte die sich uns nähernden Lichter der Lokomotive als Erster entdeckt. Das Warten hatte endlich ein Ende. Langsam hörte ich auch das Grollen in der Ferne, das immer lauter wurde, bis der Zug einrollte. Er kam mit einem schrillen Quietschen langsam zum Stehen. Wir hielten uns die Ohren zu und verzogen das Gesicht.

Jetzt ging das Gewimmel los. Noch während Passagiere ausstiegen, versuchten sich Wartende am Bahnsteig bereits in die Wagen zu drängen. Alba gab uns mit einer Handbewegung zu verstehen, dass wir uns in Bewegung setzen sollten. Mitten hinein ins Gewusel, das in dem Moment unsere Deckung war, um uns unbemerkt in den Wagen zu schleichen. Auch wenn wir dabei unhöflich anderen den Vortritt nahmen. Die paar Stufen zur Tür waren recht hoch und ich der Kleinste von allen. An den eisernen Griffen zog ich mich hoch.

Die Menschen drängten sich auch hier im Wagen zwischen Tüten, Koffern, Rucksäcken und Kartons zusammen. Es roch nicht gerade frisch, wir allerdings auch nicht. Der Sambesi war das letzte Wasser gewesen, mit dem wir in Berührung gekommen waren. Wir setzten uns in einer dunklen Ecke auf den eisernen schwarzen Boden, im Blick die Füße und das Gepäck der vielen Reisenden. Lediglich eine Frau bemerkte uns dort und nickte uns freundlich zu. Wir nickten zurück. Sie musste nur eins und eins zusammenzählen, um zu verstehen, dass vier Kinder, die nachts allein ohne Eltern auf dem Boden saßen, keine regulären Passagiere waren. Der Mann neben ihr war sofort eingeschlafen, als er sich auf die schmale Metallbank gesetzt hatte. Viel bequemer als unser Boden sah sie auch nicht aus. Er fing so laut an zu schnarchen, als sei er allein. Er war mir sympathisch und die Frau auch.

Noch während das Gedränge in vollem Gange war und jeder versuchte, einen Sitzplatz zu ergattern, fing es unter uns an zu rattern und zu rütteln. Die Passagiere, die keinen Sitzplatz gefunden hatten und vor uns standen, waren unsere Deckung. Die Räder auf den Schienen bewegten sich langsam. Der Zug nahm Fahrt auf. Nach einer Weile stellte ich zufrieden fest, dass das hier unsere bisher komfortabelste Art zu reisen war. Kein Vergleich zum Maschinenraum, der Kiste im Lastwagen und den ewig langen Fußmärschen!

»Meint ihr, wir fahren die ganze Nacht?«, fragte Olivier in die Runde.

»Eine gute Frage. Wann müssen wir eigentlich aussteigen?« Alba schaute uns an. Wir alle zuckten mit den Schultern.

»Warten wir mal ab bis zum nächsten Stopp. Dann sehen wir weiter«, meinte ich. Um keinen Halt zu verpassen, blieb immer abwechselnd einer von uns wach. Die anderen schliefen in der Zeit. Als Pascal an der Reihe war, dauerte es nicht lang, bis er in die Höhe schnellte und rief: »Wir halten an!«

Wir anderen wurden aus dem Schlaf gerissen und sprangen wie von der Tarantel gestochen auf.

»Bulawayo?«, fragte Pascal hektisch die Frau, die uns gegenübersaß und deren Begleitung immer noch laut schnarchte.

Sie schüttelte den Kopf und grinste: »Nein, nein.«

Fehlanzeige. So setzten wir uns alle wieder auf den Boden in unserer abgeschirmten Ecke. Bei den nächsten Haltestellen genügte ein Blickkontakt mit der Frau, die immer nur schmunzelnd den Kopf schüttelte. Mit dem Zug legten wir in kurzer Zeit eine Strecke zurück, die uns zu Fuß wohl wieder Wochen gekostet hätte.

Endlich hörten wir die Frau sagen: »Das ist Bulawayo.« Sie nickte mit ihrem Kopf Richtung Fenster. Es hatte uns tatsächlich auf der ganzen Fahrt keiner kontrolliert. Vielleicht meinte der Himmel es gut mit uns.

Pleite in Bulawayo

Als wir einfuhren und der Zug schließlich zum Stehen kam, wusste ich, warum die Frau bei jedem Halt geschmunzelt hatte. Bulawayo war die Endstation und damit nicht zu verpassen.

Der Dauerschnarcher war inzwischen aufgewacht. Von der Frau verabschiedeten wir uns mit einem dankbaren »Bye-bye«. Auf einen Schlag strömten alle aus dem Wagen. Wir sprangen die Stufen hinunter auf den belebten Bahnsteig mit Hunderten von Menschen. Alle schleppten ihre Taschen, Koffer, zugebundenen Säcke und Waren wieder aus dem Zug und zerrten sie hinter sich her.

Anstatt eines kleinen Gebäudes mit einem Gleis hatte der Hauptbahnhof von Bulawayo mindestens sechs Gleise. Etliche Züge fuhren in den Bahnhof ein und wieder zurück in dieselbe Richtung, aus der sie gekommen waren. Inmitten der vielen Reisenden liefen wir durch das alte Bahnhofsgebäude hinaus in die Stadt.

Wieder befanden wir uns an einem anderen Ort und waren doch wieder am immer gleichen Punkt angelangt: mit Kohldampf im Bauch in einer neuen Stadt, auf neuen Straßen und mit neuer Hoffnung auf ein besseres Leben.

Doch wir wurden auch hier wieder bitter enttäuscht. Die Erlebnisse in Bulawayo reihten sich ein in die aus Lusaka und Livingstone. Bulawayo war vielleicht lediglich etwas weniger hektisch als Lusaka. Viel von der Stadt bekamen wir allerdings nicht mit, weil wir schnell in dem Viertel landeten, in dem für Straßenkinder wie uns eben Platz war.

Bulawayo erwies sich somit für uns als Pleite – und ganz wortwörtlich standen wir jetzt tatsächlich vor der Pleite. Albas letztes Geld hatten wir inzwischen für Essen ausgegeben, als der Hunger nicht mehr zu ertragen gewesen war. Zu einem Hundert-Dollar-Huhn war es zwar nicht mehr gekommen, denn aus dieser schmerzhaften Lektion hatten wir gelernt und uns diesmal vorher erkundigt, wie viel man für einen US-Dollar bekam.

Was uns nun noch blieb, war meine letzte eiserne Reserve im Hosenbund. Sie war der einzige Grund, warum ich dieselbe Hose nach über zwei Jahren immer noch trug. Inzwischen hatte sie vorne und hinten Löcher. Andere Kleidungsstücke hatten wir auf dem Weg liegen lassen, wenn wir von einer gnädigen Marktfrau etwas Neues bekommen hatten. Wollten wir unser letztes Geld nun in Bulawayo aufbrauchen, obwohl es offensichtlich hier für uns nichts gab? Oder sollten wir weiterziehen und unser letztes Geld dafür verwenden? Wenn ja, war die Frage: Wohin? Würde es jemals woanders besser werden?

Ich war mehr als skeptisch, als uns wieder mal eine kurze Begegnung auf der Straße von einer besseren Zukunft in einem fremden Land erzählte. Die jungen Männer saßen vor einem kleinen Internetcafé in einer Runde zusammen. Wie immer lungerten wir herum und kamen, wie es sich eben auf der Straße so ergibt, ins Gespräch.

»Hier in Bulawayo findet ihr nichts. Alle Flüchtlinge gehen nach Südafrika. Warum seid ihr noch hier?« Der junge Mann hatte einen Zahnstocher im Mundwinkel und kippelte mit seinem Plastikstuhl an der Hauswand vor und zurück.

»Südafrika?«, fragte Olivier zweifelnd zurück.

»Ja, da gibt es Arbeit« war seine Antwort.

Gleich kam Oliviers Gegenfrage: »Für Kinder wie uns?«

»Das Land ist groß. Ihr werdet sicher was finden. Es ist das verheißene Land Afrikas.« Er grinste und schob mit seiner Zunge den Zahnstocher auf die andere Seite.

Wenig später waren wir auf dem Weg Richtung Grenze. Mehr als einhundert Dollar hatten wir doch nicht zu verlieren, oder?

Beim Inyanga

»Ich kann nicht schlafen!«, flüsterte Olivier mir im Dunkeln zu. Er lag neben mir auf einer Schilfmatte und drehte sich zum hundertsten Mal von der einen auf die andere Seite.

»Ich auch nicht. Mir ist das Ganze nicht geheuer.«

»Geht mir genauso«, meinte Olivier. »Aber weg von hier können wir auch nicht mehr.«

Es war mir unmöglich, auch nur ein Auge zuzutun. Irgendetwas stimmte hier nicht und ließ mich nicht schlafen. Es war alles etwas gruselig, unheimlich und beängstigend. Mehr denn je war ich froh, Olivier, Alba und Pascal direkt an meiner Seite zu haben.

Seit ein paar Tagen waren wir nun schon in der Hütte eines *Inyanga*, eines traditionellen Heilers. Bei uns zu Hause hießen diese *Wafumu*, und sie trugen noch viele weitere Namen wie Buschdoktor, Medizinmann, Zauberheiler, Hexer. Für uns war der Mann derjenige, der uns helfen sollte, den Limpopofluss zu überqueren.

Dreihundert Kilometer hatten uns in Bulawayo noch von der Grenze getrennt, die wir nach anstrengenden Wochen zu Fuß und per Anhalter endlich hinter uns gebracht hatten, nur um wieder vor demselben Problem mit einem anderen Namen zu stehen: Limpopo. Wieder ein Grenzfluss, von dem wir nichts gewusst hatten, als wir uns Richtung Grenze aufgemacht hatten.

Sicher war jedoch, dass wir den anstrengenden Weg zurück nach Bulawayo nicht mehr auf uns nehmen würden. Er hatte durch Naturreservate, viel trockenes und verlassenes Land mit wenigen Dörfern und Siedlungen entlang der langen Straße geführt. Wahrscheinlich hatten deshalb einige freundliche Simbabwer angehalten und uns in ihrem Auto mitgenommen, als sie vier Jungs weit weg von der nächsten Zivilisation mitten im Nirgendwo auf der Straße gefunden hatten.

Erst in der Nähe der Grenze hatten wir andere Menschen getroffen, die in gleicher Mission wie wir unterwegs waren. Sie klärten uns über die Tücken des Limpopo auf. Seine reißende Strömung und die hungrigen Krokodile, für die andere Flüchtlinge schon zum Fraß geworden waren. Eine furchtbare Vorstellung: ertrinken oder gefressen werden!

Im Unterschied zum Sambesi gab es hier wohl keine Stelle, durch die man hüfttief waten konnte. Erst recht nicht, wenn man so klein war wie ich. Und keiner von uns konnte schwimmen, schon gar nicht gegen die Strömung. Hilfe bei der Überquerung käme nur von den *Inyanga*, sagte man uns. Ihre Kräfte würden uns für die Krokodile unsichtbar machen. Es war also die Not, die uns in die Arme eines *Inyanga* getrieben hatte.

Der *Inyanga*, zu dem wir geführt wurden, hatte seine Stätte tatsächlich im Buschland einige Kilometer entfernt vom Limpopoufer errichtet. Die Zuschreibung Buschdoktor kam also nicht von ungefähr. Genauer gesagt waren es drei Schilfhütten, die in einem Dreieck angeordnet waren. In der Mitte brannte ein Feuer. Eine Hütte war das Reich des *Inyanga*, dort führte er seine Praktiken durch. Eine andere war für seine Patienten, also für uns. In der dritten gab es Essen. Sie wurde zu unserer Lieblingshütte.

Jetzt lag ich hier, konnte nicht schlafen und fragte mich, was meine Eltern mit mir machen würden, wenn sie wüssten, dass ich zu einem *Wafumu* gegangen war. Wahrscheinlich würden sie mir den Hintern versohlen. Für sie waren diese Heiler das personifizierte Übel. Als Kinder durften wir uns niemals auch nur in die Nähe der Häuser der *Wafumu* begeben. Kontakt zu Dorfbewohnern, die die *Wafumu* konsultierten, untersagten meine Eltern strikt. Dass mein Onkel und seine *Mudundu 40* mit ihnen gemeinsame Sachen machten, hatten sie verabscheut. Auch wenn in der eigenen Familie so etwas verschwiegen wurde.

»Die *Wafumu* sind mit dem Teufel im Bunde«, das waren früher Mamas Worte gewesen. Ich war alles andere als stolz darauf, hier zu sein. Schon gar nicht darauf, dass wir den *Inyanga* für seine Dienste mit den letzten hundert Dollar bezahlt hatten, die meine Mutter einst in meinen Hosenbund genäht und für die mein Vater seine letzte Kuh geopfert hatte.

»Die Hauptsache ist, dass er uns über diesen Fluss bringt. Alles andere ist mir egal«, hatte Alba gemeint, als wir uns entschieden, den *Inyanga* aufzusuchen. Doch inzwischen fühlte auch er sich sichtlich unwohl. Immer wieder erwachte er aus Albträumen und war jetzt hellwach.

»Ich habe gerade ganz seltsame Dinge geträumt. Hoffentlich kommen wir hier bald wieder weg«, flüsterte er.

»Vielleicht ist es morgen so weit.« Auch aus mir sprach der sehnlichste Wunsch, bald von hier wegzukommen. In dieser Nacht schliefen wir alle nicht mehr viel. Gott sei Dank sollte es unsere letzte Nacht beim *Inyanga* gewesen sein.

Mystische Rituale

Es donnerte laut gegen die Tür. Ich erschrak. Es war einer der Gehilfen des *Inyangas*, der wie jeden Morgen klopfte.

»Wir kommen«, rief Olivier und gab ihm zu verstehen, dass wir wach waren.

»Hoffentlich sind es die letzten Rituale.« Alba rappelte sich schwerfällig auf.

»Hoffentlich gibt's wieder was zu essen«, setzte ich einen drauf.

Wir standen von unserem Nachtlager auf und verließen die Hütte. Die Hunde, die nachts das Lager bewachten, kläfften und fletschten bedrohlich ihre Zähne. Obwohl sie tagsüber angekettet waren, jagten sie mir jedes Mal einen Schrecken ein. So unheimlich die Nächte und täglichen Rituale auch waren, über das Essen konnten wir uns keineswegs beklagen. Seit Jahren hatten wir nicht mehr so ausgiebig mehrere Tage hintereinander getafelt. Die Gehilfen bereiteten das Essen zu und tischten es in unserer Lieblingshütte auf. Natürlich hatte der *Inyanga* die Zutaten vorher geweiht. Einmal am Tag gab es Fleisch mit verschiedenen Beilagen, Früchten und Süßspeisen. Sogar *Ugali*! Das Fleisch eines *Kudus* zu probieren, einer Antilopenart, war für uns alle das erste Mal und es schmeckte gar nicht übel. Die *Kudus* wurden von den Gehilfen selbst gejagt.

Auch heute setzten wir uns auf den Boden an den niedrigen Tisch, stopften uns den Magen voll und schöpften aus der vollen Palette der uns angebotenen Speisen. Für jeden gab es auch ein Glas frische Milch. Seit Jahren waren wir nicht mehr in diesen Genuss gekommen. Das Essen war die hundert Dollar allemal wert.

Den *Inyanga* selbst bekamen wir nur zu sehen, wenn es Zeit war für seine Rituale. Sein Aussehen war gewöhnungsbedürftig. Er trug verschiedene Leder- und Fellfetzen an seinem Körper. Es war ein Fell mit runden Mustern, ich vermutete, es hatte einem Leoparden gehört. Die Fellteile bedeckten seine Schultern und die Seiten seiner Arme. Darunter konnte man die Rippen seines nackten, dünnen Oberkörpers erkennen. Auch um die Hüften hatte er Fell gewickelt. Sein Hals war geschmückt mit etlichen Ketten aus Perlen in allen möglichen Größen und Farben, die sich abwechselten mit Metallmünzen. Auch Knochen baumelten um seinen Hals. Gleiches zierte seine Arm- und Fußgelenke. Dazu trug er ein passendes Stirnband als Kopfschmuck.

Nachdem wir gegessen hatten, traten wir in die Hütte des *Inyanga*, die innen fast einem Heiligtum glich. *Nicht schon wieder*, dachte ich im Stillen. In der Mitte war eine Art Altar errichtet, darauf in großen und kleinen Schüsseln verschiedenste Utensilien: getrocknete Kräuter, Pasten und Tinkturen, Knochen, Steine und Perlen. In einer Ecke brannte ein kleines Feuer. An der Wand hingen verschiedenste Tierhörner.

»Setzt euch«, forderte uns der *Inyanga* auf und deutete auf ein ausgebreitetes Tierfell.

Wir ließen uns vor dem altarähnlichen Tisch nieder. Danach folgte, wie die Tage zuvor, ein ausgiebiges Mixen der Pasten und Flüssigkeiten in den Schalen. Diese wurden dann abwechselnd zum Himmel gehalten, begleitetet von einem Murmeln, das wir nicht verstanden, einem andächtigen Augenschließen und Verdrehen der Augen beim Öffnen, während die Perlen an den Armen rasselten. Nach einer Weile klimperte der *Inyanga* mit einer kleinen Glocke und rief mich zu sich. Ich war wieder an der Reihe. Er streute mir etwas von der zubereiteten Mischung auf die Stirn und über den Kopf und murmelte dabei vor sich hin.

Ich stand mucksmäuschenstill, ließ alles über mich ergehen, obwohl mir unwohl dabei war. Fühlte mich irgendwie schuldig, auch wenn ich nur tatenlos vor ihm stand. Die ganze Stimmung hatte etwas Beklemmendes und Ungutes, auch wenn ich gleichzeitig hoffte, dass das, was er tat, tatsächlich wirken würde, um uns unversehrt über den Limpopo zu bringen. Vielleicht war es ganz gut, dass ich nicht verstand, was er sagte.

Nach einer Weile war sein Ritual an mir vollzogen. Er forderte den Nächsten mit einer Handbewegung auf, an den Tisch zu treten. Jetzt war Olivier an der Reihe und das Ganze ging wieder von vorne los. Nachdem Alba und Pascal ebenfalls mit seinem Gemisch besprengt worden waren, schien der *Inyanga* zufrieden. Er schloss die Séance mit einer Geste und einem Spruch, öffnete seine Augen und verkündete: »Heute Nachmittag werden wir uns aufmachen zum Limpopo.«

Der Moment war also gekommen. Ich wusste nicht, ob ich froh sein sollte, endlich von hier wegzukommen, oder mir vor Angst in die Hosen machen sollte wegen allem, was im Limpopo auf uns wartete. Es graute mir vor diesem nächsten Wagnis, das uns bevorstand. Ob wir für die Krokodile tatsächlich unsichtbar werden würden?

Der Krokodil-Flüsterer

Die Sonne schien kräftig am Nachmittag, als uns der Medizinmann vorausging, uns und seine Helfer in Reih und Glied im Gefolge. Es erinnerte mich an das Durchwandern des Sambesi-Nationalparks, als wir hinter unseren sogenannten Experten hergelaufen waren. Zielgerichtet schritt der *Inyanga* den Trampelpfad voran, der sich immer wieder durch dichtes Gebüsch wand. Der Schmuck an seinen Fußgelenken klirrte sachte und ich fragte mich, ob das nicht möglicherweise die Tiere scheu machen würde, vor denen wir gewarnt worden waren. Doch hier schien der *Inyanga* der König des Busches zu sein. Er trug eins der großen geschwungenen Hörner mit sich.

Meine Angst und Anspannung wuchsen mit jedem Schritt. Ich versuchte, mich selbst zu beruhigen, indem ich mich darauf besann, dass das Überqueren des Limpopo nicht das erste Mal für ihn war. Offensichtlich hatte er Erfolg bei dem, was er tat.

Nach einem ordentlichen Fußmarsch durch das karge und trockene Buschland standen wir schließlich am Ufer des Limpopo. Er war wesentlich breiter als der Sambesi und führte definitiv mehr Wasser. An manchen Stellen schien die Wasseroberfläche fast stillzustehen, an anderen war die reißende Strömung deutlich zu erkennen. Die Tiefe war nicht einzuschätzen, was mich beunruhigte. Bei meiner Größe würde mir das Wasser ganz sicher buchstäblich bis zum Hals stehen.

Als ob er meine Gedanken lesen könnte, merkte Alba an: »Ich wünsche mir den Sambesi zurück. Wasser ist zum Trinken da. Nicht zum Drin-Schwimmen.« Solche Sprüche hatte Alba immer auf Lager.

»Diese braune Brühe will kein Mensch trinken«, merkte Pascal an.

Olivier legte noch nach: »Zumindest sieht man nicht, was sich alles unter der Oberfläche tummelt.«

Es war ein Verzweiflungs-Witzeln, das plötzlich ein Ende hatte, als wir weiter flussabwärts an der Stelle ankamen, wo wir den Fluss überqueren sollten und Augenpaare, Nasenlöcher und Zacken aus der Wasseroberfläche ragten. Uns allen stockte der Atem. Ich fühlte die Hitze in meinen Kopf steigen und meinen Puls an den Schläfen pochen. Keiner sprach ein Wort. Wir waren stumm wie Fische, es hatte uns die Sprache verschlagen. Entsetzt blickten wir uns an und starrten dann wieder auf den Limpopo.

Wir waren fassungslos, im Gegensatz zum *Inyanga* und seinen Gehilfen. Sie trafen Vorbereitungen für ihr letztes Ritual und waren beschäftigt. Als alles fertig war, näherte sich der *Inyanga* dem Ufer, nahm etwas Wasser mit seinen Händen auf, spritzte sich damit voll und murmelte wieder etwas vor sich hin. Dazwischen blies er immer wieder aus voller Kraft in sein Horn. Wir standen wie angewurzelt und näherten uns dem Wasser keinen Meter. Von fern schweifte mein Blick abwechselnd zwischen den Krokodilen im Wasser und dem *Inyanga* hin und her. Nach einer Weile kam er zu uns zurück und zückte eine Rasierklinge.

Was macht er denn jetzt? Ich machte einen Satz nach hinten.

In seinem gebrochenen Englisch gab er uns zu verstehen: »Euer Blut brauche ich, sodass ihr für die Krokodile unsichtbar werdet und sie euch nicht riechen können.«

Noch bevor ich reagieren konnte, packte er mich am Handgelenk und setzte die Klinge an meinen unteren Innenarm. Ein Schnitt und schon tropfte das Blut. Der *Inyanga* fing es mit einer Schüssel auf. Dasselbe tat er bei den anderen. Unser Blut mischte er mit anderen Zutaten, die er aus einem Lederbeutel nahm. Es war richtig gruselig. Dann lief er wieder zum Fluss und besprenkelte das Wasser in schwingenden Bewegungen mit dem Blutgemisch. Von hinten sah es für einen Moment so aus, als würde ein Priester sein Weihrauchfass hin- und herschwenken. Bald darauf war er fertig mit der Zeremonie und gab uns mit einem Kopfnicken zu verstehen: »Wir sind bereit!«

Die Sonne stand inzwischen tief am Himmel. Mein Herz fing wieder an zu rasen, als hätte ich gerade ein Rennen bestritten. Am liebsten wäre ich weggerannt, aber ich blieb wie angewurzelt stehen. Für ein Zurück war es schon vor Tagen zu spät gewesen. Alles in mir sträubte sich. Ich hatte Todesangst.

Er gab uns zu verstehen, mit ihm zum Fluss zu gehen. Er selbst setzte einen Fuß ins Wasser. Ich zuckte zusammen. Dann machte er Alba begreiflich, ihm auf den Rücken zu steigen. Der *Inyanga* nahm ihn huckepack und Alba klammerte sich an seinen Hals. Schritt für Schritt zogen sie ins Wasser. Das letzte Mal hatte ich meinen Rosenkranz am Sambesi in der Hand gehabt, jetzt hielt ich ihn wieder fest umklammert und schickte ein Stoßgebet zum Himmel. Das Wasser reichte dem Hexer bis zur Brust. Gut, dass er so groß war. Albas Beine hingen ins Wasser. Wir beobachteten mit stockendem Atem, wie die beiden immer tiefer in den Limpopo schritten. Die Krokodile bewegten sich rechts und links von ihnen im Wasser. Jeden Moment wartete ich, dass eines sich den beiden nähern und zupacken würde. Doch nichts passierte. Die beiden kamen nur langsam vorwärts und die Überquerung dauerte sicher eine Viertelstunde.

Nun hatten sie es fast geschafft. Dann sahen wir, wie der *Inyanga* Alba absetzte und sich wieder auf den Rückweg machte. Alba winkte uns zu, wir winkten zurück. Er hatte es tatsächlich geschafft! Es war unglaublich. Ohne von einem der Tiere behelligt zu werden, kam der *Inyanga* heil wieder bei uns an. Jeder fragte sich, wer wohl als Nächster an der Reihe wäre. Der *Inyanga* hatte das Sagen. Er würde es bestimmen. Nun rief er Pascal zu sich und das Gleiche ging von vorne los. Angespannt beobachteten wir, ob eins der Krokodile zuschnappen würde. Doch die beiden schafften es ohne weiteren Zwischenfall auf die andere Seite. Pascal fiel Alba in die Arme. Jetzt winkten uns die beiden vom anderen Ufer zu.

Es dauerte wieder eine Weile, bis der *Inyanga* zurückkam und mich zu sich zitierte. Mein Herz fühlte sich an, als ob es aus der Brust springen würde. Ich ließ den Rosenkranz in meiner Hosentasche los und kletterte auf den Rücken des *Inyangas*, dort klammerte ich mich an ihn, so fest ich konnte. Irgendwann berührten meine Füße das Wasser. Je weiter wir kamen, desto höher stieg es und stand mir bald bis zur Brust. Noch nie war ich so tief im Wasser gewesen. Ich spürte die Strömung, der sich der *Inyanga* mit aller Kraft entgegenlehnte. Ich konnte nichts tun, außer mich mit ihm dagegenzulehnen, und war mir nicht sicher, ob ich mehr Angst hatte, von der Strömung mitgerissen zu werden und zu ertrinken oder von den Krokodilen attackiert und zerfleischt zu werden.

Die Angst wurde immer stärker, je mehr wir uns den Tieren näherten. Ich sah die Krokodile nur wenige Meter von mir entfernt. Manche bewegten sich ganz langsam auf und ab und andere schienen unkontrolliert mit ihrem Kopf blitzschnell nach rechts und links zu zucken. Ich hielt es nicht mehr aus, mir das Ganze anzuschauen, und blickte nach unten auf die Schulter des *Inyanga*. Nur ab und zu wagte ich es, nach vorne zu blicken, um zu sehen, wie weit das Ufer noch entfernt lag. Es war die längste Viertelstunde meines Lebens. Immer wieder klammerte ich meine Beine und Arme noch fester um Hals und Hüfte des *Inyangas*, als würde es das Ganze sicherer machen. Meinen Rucksack trug ich immer noch auf meinem Rücken, er hatte sich vollgesaugt mit Wasser und ich spürte, wie es ihn in Stromrichtung mitzog. Jeder Schritt nach vorne war eine Erlösung.

Ich konnte es kaum glauben, als ich Alba und Pascal wenige Meter vor mir stehen sah und mich von den Schultern des *Inyanga* löste. Triefnass umarmte ich meine Freunde. Doch einer fehlte noch. Ohne Olivier waren wir nicht komplett. Als ich mich umblickte, war der *Inyanga* schon wieder im Wasser auf seinem Rückweg. Sprachlos standen wir nebeneinander. Es dauerte noch mal eine gefühlte Ewigkeit, bis wir uns alle vier sicher und unversehrt am Ufer des Limpopo in die Arme nehmen konnten. Wir hatten es tatsächlich geschafft!

In Südafrika zu sein, grenzte an ein Wunder. Doch wussten wir nicht, dass wir noch eine letzte Hürde zu überwinden hatten, um tatsächlich ins verheißene Land zu kommen.

Sprung ins verheißene Land

Der Zaun war meterhoch. Ganz oben drehte sich der Stacheldraht zu einer Spirale. Zudem schien er unendlich lang. Er erstreckte sich, so weit unsere Augen sehen konnten.

Keiner hatte uns erzählt, dass die Grenze zu Südafrika mit einem Zaun abgesichert war. Jetzt wunderten wir uns nicht mehr, warum der *Inyanga* nicht sofort wieder den Rückweg angetreten hatte, sondern uns mit einer Handbewegung aufgefordert hatte, ihm zu folgen.

Die Gegend war immer noch karg, buschig und trocken und die Sonne stand kurz vor dem Untergehen. In sicherer Distanz liefen wir parallel zum Zaun im Dickicht der Büsche. Einige gelbe Schilder, darauf ein gezackter Pfeil nach unten, hatten wir schon entdeckt. Jetzt las ich eins mit der Aufschrift *Danger*. Das bedeutete wohl im Englischen wie im Französischen dasselbe: Gefahr. Doch außer dass der Zaun unüberwindbar hoch und lang war, welche Gefahr sollte sonst von ihm ausgehen? Diese Frage beantwortete das nächste Schild: *Elektrizität. Hochspannung. Nicht anfassen.* Wir verstanden nicht alle Worte, doch das erste genügte. Ich war fix und fertig. Die Anspannung vom Limpopo steckte uns allen immer noch in den Gliedern. Hatte der *Inyanga* auch ein Wundermittel gegen Elektroschocks? Wohl nicht, denn irgendwann blieb er stehen und zeigte auf ein Loch im Zaun.

Ich wusste nicht mehr ein noch aus. Hinter uns war der Limpopo, vor uns ein elektrisierter Zaun. Schon einige Male hatte ich den Tod vor Augen gehabt, doch heute sogar gleich zweimal. Das war zu viel für mich. Wann würde es endlich aufhören, dass immer wieder eine neue ausweglose Situation auf uns wartete? Hatten wir etwa all die Strapazen der letzten Jahre überlebt, um kurz vor dem Land, in dem alles besser werden sollte, hopszugehen?

Und in der Tat: Um es auf die andere Seite zu schaffen, mussten wir durch das Loch springen. Es war nicht direkt am Boden, sodass wir hätten durchkriechen können. Viel Platz war auch nicht, das Loch war klein, gerade noch groß genug, um eventuell hindurchzukommen. Einen Probedurchlauf würde es nicht geben. Eine kleine Berührung rechts oder links und es wäre um uns geschehen.

»Grenzkontrolle. Springt und rennt«, forderte uns der *Inyanga* auf. Der hatte gut reden! Wenn mein Englisch besser gewesen wäre, hätte ich ihn gefragt, wie viele Menschen er bereits sicher über den Limpopo geführt hatte, um sie dann an diesem Loch sterben zu sehen. Meine Gefährten und ich blickten einander an, als würden wir uns ohne Worte fragen: Wer will zuerst? Die Vorstellung, einen meiner Freunde vor mir durch einen Elektroschock sterben zu sehen, war genauso schlimm, wie die Vorstellung, selbst daran zu sterben.

»Schnell. Schnell. Ausziehen. Grenzkontrolle. Springt durch das Loch.« Der *Inyanga* wurde hektisch und zeigte auf unsere Rucksäcke. Ich wollte ihn nicht loslassen, doch er gab uns zu verstehen, dass er ihn nach uns durch das Loch schmeißen würde.

Viel Zeit zum Nachdenken blieb nicht mehr. Alba machte den Anfang, Olivier sprang direkt hinterher. Beide kamen unversehrt auf der anderen Seite des Zauns an. Nun war ich an der Reihe. Ich zitterte am ganzen Körper, doch für den Sprung musste ich genug Körperspannung haben. Kurz vor dem Loch ging ich noch mal zwei Schritte zurück, sprang mit dem linken Bein schwungvoll ab und schmiss mich mit meinem ganzen Gewicht sowie lang gestreckten Armen und Beinen nach vorne.

Den Rosenkranz mit meiner rechten Hand fest umklammert, sprang ich kopfüber ins verheißene Land.

Das einzige Bild aus Pappys Kindheit, das nicht zerstört wurde. Etwa 1997 im Haus des Nachbarn in Chiherano.

Der Blick auf den Berg Nidunga nur wenige Meter von Pappys Elternhaus in seinem Dorf Chiherano.

Pappy als Parkplatzwächter in Paarl.

Pappy unterwegs
auf den Straßen
Kapstadts mit Drogen
in der Tasche.

Pappys Taufe im See von Worcester.

Pappy während
seiner DTS im
Jahr 2002 in
der Glory Hall
bei Jugend mit
einer Mission
in Worcester.

Pappy mit seinen Weggefährten Pascal »Flic« und Olivier
beim Wiedersehen im Jahr 2012.

Pappy mit seinem Team beim burundischen Priester an Silvester
2007/2008, gerade befreit aus den Händen der Rebellen.

Das erste Wiedersehen mit Pappys Familie im Januar 2008.

Eines der letzten Bilder von Pappy mit seinen Eltern,
bevor seine Mama im Jahr 2020 unerwartet starb.

Pappys erste Rückkehr in sein Dorf Chiherano im Jahr 2013.
Das Dorf versammelt sich vor seinem Elternhaus.

Pappy zu Besuch in seinem alten Klassenzimmer
in der Schule in Chiherano.

Pappy gibt eine Weiterbildung für junge Menschen im Kongo im Bereich Film und Fotografie.

Pappy mit einem Schulkind, das von seiner Hilfsorganisation Focus Congo e. V. unterstützt wird.

Pappys Fluchtroute in den Jahren 1998 bis 2000.

7

VERHEISSENES SÜDAFRIKA

»Rennt jetzt endlich«, schrie uns der *Inyanga* von der anderen Seite des Zaunes hinterher, bevor er mit unseren Rucksäcken im Dickicht verschwand.

Ich spürte die Anspannung vom Sprung noch in meinen Gliedern. Nach mir war noch Pascal gesprungen, auch er hatte den Zaun nicht berührt. Alle waren wir am Leben. Sofort rannten wir wie die Wilden los, einfach geradeaus, immer der Nase nach. Jeden Moment konnte uns die Grenzkontrolle fassen.

Inzwischen war es stockdunkel geworden, mit bloßen Augen war fast nichts mehr zu erkennen. Pascal war dicht hinter mir, als ich über eine Unebenheit stolperte. Zuerst knallte ich mit dem rechten, dann mit dem linken Knie hart auf den Boden und schlitterte nach vorne. Noch bevor ich mich mit den Händen richtig abfangen konnte, knallte Pascal auf mich drauf. Ich spürte einen heftigen Stoß in die Rippen und wurde zu Boden gedrückt.

»Aaah …«, stöhnte ich vor Schmerzen auf.

»Aua!«, schrie Pascal.

»Was ist los? Habt ihr euch wehgetan?«, stieß Alba hervor, der außer Puste und sofort stehen geblieben war.

»Ich glaube, nicht schlimm.« Pascal versuchte sich aufzurappeln.

Sofort spürte ich, dass ich mir an beiden Knien und den Handflächen Schürfwunden zugezogen hatte. Das bestätigte das heftige Brennen, als ich mit meinen Fingern meine Knie berührte, um sie abzutasten.

»Geht schon«, erwiderte ich und schnappte nach Luft. Auch Olivier hatte gestoppt und tastete nun im Dunkeln nach meinem Arm, um mir aufzuhelfen.

»Ich glaube, wir können aufhören zu rennen«, meinte er. »Lasst uns uns einfach hinlegen und schlafen. Morgen sehen wir weiter.«

Ein aufregender Tag war endlich zu Ende. Zweimal hatte ich Todesängste ausgestanden. Es hätte mein letzter Tag sein können. Ich war dankbar, am Leben zu sein, war aber immer noch völlig von der Rolle und inzwischen voller Wut auf den *Inyanga*. Mein Rucksack war weg. Er war das Letzte, was ich noch von daheim gehabt hatte, abgesehen von den Kleidern an meinem Körper und meinem Rosenkranz. Hätte ich das geahnt, hätte ich wenigstens mein Heft mit den Familienbildern in die Hosentasche gesteckt. Auch wenn es im Limpopo klatschnass geworden war. Der *Inyanga* hatte mir etwas vom Letzten genommen, was mich noch an zu Hause erinnerte.

Im Kreis gelaufen

»Dieser Baum kommt mir bekannt vor. Seht ihr diese ineinander verschlungenen Wurzeln, die aus dem Boden ragen?« Olivier zeigte mit dem Finger auf einen der Bäume.

»Ja, und?«, fragte Alba zurück. Er begriff nicht ganz, was Olivier uns damit sagen wollte.

»Ich glaube, wir sind hier schon mal vorbeigelaufen«, gab Olivier genervt zur Antwort und wischte sich über die Stirn. Der Schweiß rann ihm nur so die Schläfe hinunter.

»Wir laufen die ganze Zeit im Kreis.« Auch mich stresste der Frust.

»Genau das wollte ich sagen.« Ernüchtert ließ sich Olivier zu Boden fallen und klagte:»Ich brauche eine Pause.«

Ich ließ mich neben ihn fallen und wirbelte dabei etwas Staub auf, so trocken war der Boden unter uns. Mit dem Rücken lehnte ich mich an die knorrige Baumrinde. Wir alle hatten eine Pause nötig und ruhten uns ein bisschen im Schatten des Baumes aus. Viele Bäume gab es nicht, eher Büsche. Manchmal lagen vor uns riesige karge Flächen und wir sahen fast nichts außer orangebraunem Erdboden mit vereinzelten Grasbüscheln.

Ich hob mein T-Shirt an und wischte mir damit über das Gesicht. Pascal zog sein T-Shirt ganz aus. Ich sah jede einzelne seiner Rippen und seine hervorstehenden Schulterblätter, als er sich umdrehte. Jetzt fiel mir erstmals auf, wie abgemagert wir alle inzwischen waren. Die paar Tage reichhaltiges Essen beim *Inyanga* hatten die letzten zwei Jahre des Vor-sich-hin-Darbens nicht wettgemacht. Die Sonne brannte erbarmungslos auf uns herunter, es herrschte eine sengende Hitze. Auch Alba ließ sich zu Boden fallen, zog seine Beine an, stütze seine Arme darauf ab und senkte den Kopf. Mit matter Stimme meinte er:»Wer hat noch mal gesagt, dass das hier das verheißene Land sein soll?«

»Das habe ich mir auch anders vorgestellt«, winkte Pascal ab und schüttelte seinen Kopf. Seine Stimme klang schwach und verzweifelt. Tatsächlich gab es hier nichts, das auch nur annähernd verheißungsvoll aussah. Der *Inyanga* hatte gemeint, wir sollten immer geradeaus laufen, dann würden wir auf Menschen treffen. Doch seit wir den elektrischen Zaun überlebt hatten, waren wir keiner Menschenseele begegnet.

Zwei Nächte hatten wir bereits unter freiem Himmel verbracht und inzwischen völlig die Orientierung verloren. Nach einigen Stunden waren wir wieder genau an derselben Stelle angekommen, an der wir schon einmal gewesen waren. Morgens, wenn die Sonne aufging, wussten wir noch, wo Osten war, doch sobald sie im Zenit stand, drehten wir uns wie irr im Kreis und hatten keine Peilung. Es gab nichts, keine Anhaltspunkte, an denen wir uns hätten orientieren können.

Wir merkten, wie unsere Kräfte schwanden, und in unserer Verzweiflung waren wir gereizt. Alba sprach aus, was jedem von uns inzwischen klar war: »Wir sind verloren. Richtig verloren.«

Auch wenn er immer ein Spaßvogel war, lief ihm jetzt eine Träne über die Wange. Seitdem wir gemeinsam unterwegs waren, war es das erste Mal, dass einer von uns weinte. »Wären wir doch in Simbabwe geblieben. Dann würden wir zumindest nicht in der Einöde verdursten.«

Keiner wusste, was er sagen sollte. Wir blieben still. In den vergangenen zwei Jahren hatten wir zwar oft nicht gewusst, wo wir uns befanden, waren aber zumindest immer in der Nähe von Zivilisation gewesen. Wenigstens nahe einer Verkehrsstraße, der wir folgen konnten. Oder wir hatten uns Menschen angeschlossen, die sich auskannten und uns den Weg zeigten. Jetzt wussten wir nur, dass wir in irgendeinem Naturreservat gelandet waren, das schon vor der Grenze in Simbabwe begonnen hatte und offensichtlich auch über den Limpopo hinaus weiterging. Seit zwei Tagen waren wir keiner Menschenseele begegnet. Eher würden wir von einem wilden Tier gefressen werden, als von jemandem gefunden zu werden. Es war geradezu ein Wunder, dass wir bisher noch keinem Tier begegnet waren. Die Angst davor saß uns allen genauso im Nacken wie damals am Sambesi.

Doch um Herzrasen und das große Zittern zu bekommen, waren wir alle mittlerweile zu schwach. Der Durst machte uns träge, manchmal genervt und dann wieder gleichgültig. Es vergingen teilweise Stunden, in denen keiner von uns ein Wort sagte. Wir schleppten uns nur noch mühsam vorwärts und wünschten uns, von den Grenzkontrollen gefunden zu werden, vor denen wir vor zwei Tagen davongerannt waren. Egal was sie mit uns machen würden, wir würden sicher nicht verdursten oder als Fressen für wilde Tiere enden.

Nach uns suchen würde kein Mensch. Selbst vermissen würde uns niemand. Unsere Familien vermissten uns schon seit über zwei Jahren und warteten auf ein Lebenszeichen von uns. Vielleicht würden sie nie mehr eins bekommen. Ich hatte nicht mal mehr ein Bild von ihnen bei mir. Ich hatte alles verloren. Meine Heimat war sogar noch ein Stück weiter in die Ferne gerückt.

Schließlich zogen wir nach der kurzen Pause weiter. Oder trotteten vielmehr halb beduselt vorwärts. Manchmal fiel es mir schwer, geradeaus zu laufen. Immer wieder kam einem von uns ein *Mungu atusaidiya* (Gott, hilf uns) oder ein *Mungu atuonyeshe njiya* (Gott, zeige uns den Weg) über die Lippen.

Es gab wirklich nichts in dieser wüsten Landschaft, von dem wir uns hätten ernähren können. Ganz anders als zu Hause im Kongo und auch auf großen Strecken in Sambia, wo wir es gewohnt gewesen waren, Früchte direkt von den Bäumen und Palmen zu pflücken, um den schlimmsten Hunger zu stillen. Es war der dritte Tag und wir hatten nichts Fruchtbares gesehen.

Auch zu trinken gab es nichts. Nach unserer ersten Lektion hatten uns unsere Plastikflaschen und Wasserquellen auf dem Weg irgendwie immer durchgetragen. Hier gab es nicht mal eine Pfütze auf dem Boden. Mein Hals war so trocken wie die rissige Erde, auf der wir uns bewegten. In meinem Rachen hatte ich noch ein Kratzen von ein paar Blättern, die wir in unserer Verzweiflung inzwischen von den Bäumen rupften und aßen. Uns war es egal, ob sie giftig waren. Hauptsache, unser Bauch war mit irgendetwas gefüllt. *Wir werden hier wohl umkommen*, dachte ich.

Und auch Olivier sagte mit schwacher Stimme »*Maisha yetu iko mu mikono ya mungu* – Unser Leben ist in Gottes Hand«, als sei er dabei, mit allem abzuschließen.

Ich war davon überzeugt gewesen, bereits zu wissen, was es bedeutete, Hunger und Durst zu leiden. Das hier lehrte mich eine neue Lektion und ich fragte mich, ob es vielleicht die letzte wäre: Es geht immer noch eine Stufe schlimmer.

So war es auch gewesen, als Alba auf einmal zielstrebig und schnellen Schrittes auf einen Baum zugegangen war. Im ersten Moment hatte ich gehofft, er hätte etwas entdeckt. Doch dann pflückte er ein Blatt und versuchte, es mit seinen Händen zu falten. Was hatte er vor? Er warf es frustriert zu Boden, riss das nächste ab und machte sich wieder daran zu schaffen. Wir standen etwas weiter weg und schauten unserem Freund verdutzt zu. Als er fertig war, pinkelte er in das Blatt, presste seine Augen zusammen und schluckte seinen Urin hastig herunter. Wir anderen verzogen das Gesicht und drehten uns angewidert um. Dennoch machten wir es letztlich genauso wie Alba. Es war ekelhaft, erniedrigend und jedes Mal eine Überwindung. Aber es ging ums nackte Überleben.

Licht in der Nacht

»Ich glaube, ich halluziniere.«

Im Halbdunkel sah ich, wie Pascal verblüfft seinen Kopf schüttelte.

»Was siehst du denn?«, fragte Alba zurück.

Pascal zeigte mit seinem Finger nach rechts in die Ferne. Der Mond stand groß und halbrund am Himmel, bald würde er voll sein. Die Sterne leuchteten bereits und der Nachthimmel war hell und klar.

Vor uns lag die dritte Nacht, seit wir den Limpopo überquert hatten und seither erfolglos umhergeirrt waren. Wie die Abende zuvor würden wir bald irgendwo unser Nachtlager aufschlagen. Na ja, uns einfach irgendwo hinlegen. Außer dem, was wir anhatten, ich dazu mit meinem Rosenkranz in der Hosentasche, hatten wir ja sonst nichts mehr bei uns.

»Entweder ich halluziniere auch oder ich sehe da vorne tatsächlich ein Licht.« Alba kniff seine Augen zusammen, um besser zu sehen. Wir waren alle stehen geblieben.

»Da schimmert es wirklich!« Auch Olivier konnte etwas am Horizont ausmachen.

»Wenn, dann kann es nur ein Feuer sein«, meinte ich zu meinen Freunden.

Wir konnten es kaum fassen. Der klitzekleine Lichtschein mobilisierte unsere letzten Kräfte und wir versuchten, einen Zahn zuzulegen. Unsere Hoffnung, auf irgendetwas oder gar Menschen zu stoßen, war auf einmal wieder neu geweckt. Gleichzeitig hatten wir aber Angst vor einer Enttäuschung.

Nur sehr langsam wurde der helle Punkt größer. Entweder liefen wir wieder im Kreis beziehungsweise in Schlangenlinien oder er war wirklich so weit entfernt. Inzwischen war es stockfinstere Nacht. Nach einer gefühlten Ewigkeit konnten wir endlich die deutlichen Umrisse eines Feuers vor uns erkennen.

»Vielleicht ist es ein Buschmann«, flüsterte Pascal, obwohl wir noch zu weit entfernt waren, als dass uns jemand hätte hören können.

»Mir ist alles egal. Hauptsache, wir bekommen etwas zu trinken«, erwiderte Alba.

»Es sieht nach großen Zelten aus. Das wäre ein ganz schön reicher *Inyanga*«, meinte Olivier. Je mehr wir uns näherten, desto besser erhellte das Feuer die Umgebung.

»Nicht nur Zelte, da ist auch ein Gebäude.« Ich zeigte nach vorne, auch wenn meine Freunde meine Handbewegung im Dunkeln sicher nicht ausmachen konnten. Es dauerte nicht mehr lange, bis wir fast davorstanden. Was sich da genau abspielte, konnten wir immer noch nicht wirklich erahnen. Aber Alba hatte recht, es konnte uns egal sein. Hauptsache, uns würde geholfen werden.

Endlich trinken!

»Wasser«, unterbrach Olivier die Runde.

Die vier Männer hatten uns nicht kommen sehen. Sie saßen ums Feuer und unterhielten sich. Nun drehten sich alle zu uns um. Derjenige, der mit dem Rücken zu uns saß, schnellte geradezu in die Höhe. In seinen Augen spiegelte sich das flackernde Licht des Lagerfeuers. Es knisterte und sprühende Funken verglühten in der Luft.

Wir waren langsamer geworden, als wir zum Lager gekommen waren und uns zwischen zwei Zelten den Männern genähert hatten. Sie trugen derbe Schuhe. Ihre T-Shirts und Pullover waren in ihre Hosen gesteckt. Unsicher und etwas schüchtern blieben wir in sicherer Distanz stehen.

»Kommt her.« Mit einer Handbewegung winkte uns der Mann, der aufgestanden war, zu sich.

Wir näherten uns vorsichtig. Die Männer musterten uns und für eine Weile war es still.

»Was macht ihr hier?«, fragte uns schließlich einer der vier in gebrochenem Englisch.

Olivier war derjenige von uns, der antwortete. »Wir suchen nach Wasser.«

»Woher kommt ihr?«

Olivier warf uns einen kurzen Blick zu, wandte sich aber sofort wieder dem Mann zu. »Kongo.«

»Kongo?« Er war sichtlich überrascht, musterte uns noch eingehender und schaute dann auf seine Kameraden, die ums Feuer herum saßen.

»Jojojo«, einer schüttelte ungläubig seinen Kopf.

Ein anderer gab einen erstaunten leisen Pfiff von sich.

Noch einer fragte erneut: »Kongo?«

»Ja. Bukavu.«

Vielleicht merkten sie, dass wir harmlos und völlig am Ende unserer Kräfte waren, denn mit einer Kopfbewegung deutete einer der Männer auf das Gebäude, schaute dann seinen Kollegen an und gab ihm den Auftrag: »Bring etwas Wasser.«

Der Mann stand auf und verschwand im Gebäude.

»Kommt, setzt euch«, gab uns ein anderer zu verstehen.

Alle Männer rückten etwas zur Seite. Wir ließen uns am Feuer entkräftet zu Boden sinken. Mein Blick wanderte zu dem Gebäude, in dem der Mann verschwunden war. Hätte meine trockene Zunge nicht schon am Daumen geklebt, wäre mir umgehend das Wasser im Mund zusammengelaufen, als er mit übereinandergestapelten Bechern in der einen und einem vollen Wasserkanister in der anderen Hand zurückkam.

Dann streckte er uns den Becherstapel entgegen, wir nahmen jeder einen, er schenkte ein, und ohne noch einmal Atem zu holen, schütteten wir das frische und saubere Wasser in uns hinein. Es war wie Balsam für die Kehle! Ein unbeschreibliches Gefühl. Wir hielten ihm den Blechbecher erneut hin, als wir leer getrunken hatten. Der Mann schenkte großzügig nach. Erst nach einer dritten Runde waren wir schnaufend zu einem »Vielen Dank« fähig.

Ich bemerkte auf einmal, dass es still war und die Männer uns beobachteten, als hätten sie noch nie jemandem beim Trinken zugesehen. Wahrscheinlich hatte sie unsere Gier überrascht. Dann stellte der Mann den Kanister zu Boden, lief erneut in das Haus und kam mit einem Kochtopf in der Hand zurück. Er gab ihn mir. Der Inhalt war weiß und dickflüssig, soweit ich es im Licht des Feuers erkennen konnte. Ich nahm einen Schluck. Es war zuckersüße Milch! Wir reichten den Topf herum, bis er leer war, und schleckten ihn anschließend mithilfe der Finger aus.

»Fantastisch!« Olivier lächelte selig.

»Vielen Dank!« Ich gab dem Mann den ratzeputz leer geschleckten Topf zurück.

Als wir nun auf diese Weise gestärkt waren, stellte uns der Mann noch mal ungläubig dieselbe Frage: »Ihr seid wirklich aus dem Kongo?«

»Ja«, antworteten wir einstimmig. Diese Frage hatten wir alle verstanden.

»Wie habt ihr es hierhergeschafft?«, fragte der Mann weiter.

Alles zu erklären, hätte zu lange gedauert, also gab Olivier ihm zur Antwort: »Wir sind gelaufen.«

Wieder schüttelten die Männer den Kopf. »Das ist eine lange Reise. Wie seid ihr über die Grenze gekommen?«

»Limpopo und ein Sprung durch den Zaun.«

Wieder pfiff einer leise durch die Zähne. »Das ist gefährlich.«

Das Wort Gefahr kannten wir inzwischen alle. Wir nickten mit dem Kopf und antworteten alle auf einmal mit einem »Ja«.

»Viele Menschen sterben dabei«, wandten die Männer ein.

»Ja, aber wir haben überlebt«, gab Olivier zurück.

»Wo wollt ihr hin?« war die nächste Frage und Olivier zuckte mit den Schultern. »Heute Nacht bleibt ihr hier. Kommt mit.« Einer stand auf und winkte uns, mit ihm zu kommen. Die anderen Männer blieben sitzen.

Wir folgten ihm über das Lager bis ins Gebäude. Es hatte einen langen Gang in der Mitte. Erhellt wurde er vom gedämpften Licht einer Glühbirne, die an einem Kabel von der Decke hing. Die gegenüberliegenden Türen reihten sich parallel entlang des Ganges. Der Mann öffnete die letzte Tür und wir traten in ein kleines Zimmer. Auf dem Boden lag rechts und links jeweils eine durchgelegene dünne Matratze mit einem brüchigen Lederbezug. Am Ende von jeder lag eine ordentlich gefaltete Decke.

»Das ist euer Zimmer für die Nacht.«

»Danke«, antworteten wir wieder einstimmig.

Dann legten wir uns schlafen, jeder an einem Ende der beiden Matratzen, und wickelten uns in die Decke ein. Nicht unbedingt, weil es kalt war, sondern weil wir schon lange nicht mehr solch einen Luxus gehabt hatten.

Noch immer wussten wir nicht, wo wir waren. Doch die Männer waren unsere Rettung und freundlich gewesen. Das genügte fürs Erste. Wir schliefen auf der Stelle ein, diesmal auf dankbare Weise erschöpft und nicht mehr verzweifelt.

Strammstehen und Kniebeugen

»Aufstehen! Antreten!«, gellte es laut in unseren Ohren.

Das Gebrüll ging mir durch Mark und Bein. Bevor ich überhaupt wusste, was los war, saß ich senkrecht auf meiner Matratze. Ich kam aus dem Tiefschlaf und riss erschrocken meine Augen auf. Neben mir blickte ich auf zwei Füße in schweren dunklen Stiefeln.

Sie stampften auf den Boden, dann schlugen die Fersen hart gegeneinander und blieben still stehen.

Ich hob meinen Kopf und sah unverkennbar einen Mann in Armeeuniform. Ein Soldat! Mein Herz rutschte mir in die Hose. Wo waren wir denn hier gelandet? Der Mann salutierte stramm, die Hand an der Schläfe. Auf dem Kopf trug er ein Barett, wie die Soldaten bei uns zu Hause. Sein starrer Blick war nach vorne auf das Fenster gerichtet. Es war immer noch stockfinstere Nacht und unser Zimmer wurden nur wenig durch die Glühbirne vom Gang erhellt. Brüllend wiederholte der Soldat seine Worte.

Ich sprang erschrocken auf, ebenso wie die anderen, die sichtlich genauso überrascht und verwirrt waren. Wir standen auf unseren Matratzen mit dem Rücken zur Wand und blickten den Soldaten an. Ich war etwas wackelig auf den Beinen und musste erst noch meine Balance finden. Olivier auf der Matratze gegenüber warf mir einen fragenden Blick zu. Ich zuckte zusammen, als der Mann wieder losbrüllte. Er verharrte immer noch in seiner Position und wir begriffen erst jetzt, dass wir an der Reihe waren, zu salutieren.

Wir versuchten, dabei so stramm wie möglich zu stehen. Nun sah ich die Abzeichen auf der Brust des Mannes. Die Männer letzte Nacht hatten doch keine Uniformen getragen? Der Mann vor uns brüllte noch einmal voller Inbrunst. Ich zuckte erneut zusammen. Wir verstanden nicht, was er sagte, doch aus seinen Bewegungen konnten wir folgern, dass wir Kniebeugen machen sollten. Völlig perplex streckten wir alle unsere Arme in die Mitte des Raumes und gingen in die Knie.

»Schneller«, brüllte der Mann und zählte dabei mit. »… achtzehn, neunzehn, zwanzig …«

Er hörte nicht auf zu zählen und meine Oberschenkel schmerzten bereits. Es war anstrengend. Nur mit Mühe und Not konnte ich dem Tempo folgen. Der kurze Schlaf und die Stärkung am Abend zuvor reichten nicht aus, um den Tag mit Morgensport zu beginnen. Immer noch war ich verwirrt. Die anderen neben mir keuchten ebenso wie ich und bemühten sich, alles richtig zu machen.

Auf einmal ging die Tür auf und ein anderer Soldat stand im Türrahmen. Ich meinte, das Gesicht einer der Männer vom Lagerfeuer zu erkennen. Er gab uns ein Zeichen, dass wir aufhören sollten. Wir waren über die Verschnaufpause mehr als froh. Die beiden sprachen miteinander und verließen das Zimmer.

Wir schauten uns verdutzt an.»Was war das denn?«, fragte ich die anderen.

Doch bevor einer antworten konnte, stand der Soldat schon wieder im Zimmer. Bei sich hatte er einen Stift und Papier. Er fing an, uns die gleichen Fragen zu stellen wie die Männer am Abend zuvor, und notierte alles präzise. Woher kommt ihr? Warum seid ihr von zu Hause weg? Wohin geht ihr? Wie seid ihr hierhergekommen? Name? Alter? Ausweispapiere?

Als die Antwort»Kongo« fiel, horchte er genauso erstaunt auf wie die Männer gestern. Hätten wir am Abend vorher schon geahnt, wo wir gelandet waren, wären unsere Antworten vielleicht nicht so ehrlich ausgefallen! Doch jetzt konnten wir nichts anderes mehr behaupten.

Wäsche am Bach

Als wir schließlich in den Flur und aus dem Gebäude traten, merkten wir erst so richtig, wo wir gelandet waren. Es war ein Militärcamp mitten im Naturreservat. Vor dem Gebäude, in dem wir die Nacht verbracht hatten, waren vier große Zelte aufgeschlagen. Auf der anderen Seite standen einige Geländefahrzeuge in Reih und

Glied nebeneinander. Etliche Soldaten waren geschäftig unterwegs, die meisten in Uniform. Sie waren bewaffnet, allerdings nicht mit Maschinengewehren, sondern mit einfachen Pistolen.

Ich schüttelte fassungslos den Kopf und konnte es nicht glauben, dass wir ausgerechnet hier gelandet waren. Die letzte Begegnung mit einem Soldaten war auf der Fähre Richtung Sambia gewesen. Seither waren wir keinen bewaffneten Männern mehr begegnet, vor denen ich Angst haben und flüchten musste. Es verwirrte mich, dass die Soldaten gestern Abend so freundlich gewesen waren. Ich war mir nicht sicher, ob wir jetzt Glück hatten, auf sie gestoßen und nicht verdurstet zu sein, oder vielmehr Pech, weil wir direkt in die Arme derer gelaufen waren, vor denen wir eigentlich geflohen waren.

Diese Soldaten hier mussten die Grenzpatrouille sein, vor der der *Inyanga* uns gewarnt hatte. Spätestens seit der Soldat uns mit Fragen durchlöchert und alles protokolliert hatte, war uns klar, dass wir so einfach nicht davonkommen würden. Nun saßen wir auf einer kleinen Holzbank, die an der Hauswand stand. Wir trauten uns nicht zu reden, wollten keine Aufmerksamkeit auf uns ziehen und warteten ab, was als Nächstes passieren würde. Meine innere Anspannung stieg jedes Mal, wenn sich uns jemand näherte. Die meisten aber liefen einfach an uns vorbei und beachteten uns nicht. Bis einer uns mit einem Fingerwink zu sich zitierte.

Uns blieb nichts übrig, als zu gehorchen. Der Soldat führte uns um das Gebäude herum, wo hinter einer abgetrennten Wand volle Eimer mit Wasser standen, daneben ein Becher.

»Dusche«, gab er uns zu verstehen und verschwand.

»Ich verstehe das alles hier nicht.« Olivier war verwirrt, genauso wie wir alle. Unsere letzte Dusche war der Limpopo gewesen.

»Nach der Morgengymnastik eine Dusche?« Auch Alba konnte es nicht glauben.

»Mir soll's recht sein.« Ich schüttete das Wasser über meinen Körper und trank immer wieder einen Schluck davon.

Wenige Minuten später saßen wir wieder auf unserer Holzbank und warteten. Eine ganze Weile danach winkten uns drei Soldaten zu sich herüber und forderten uns auf mitzukommen. Gemeinsam verließen wir das Lager zu Fuß. Mein Blick wanderte zu meinen Freunden. Ganz wohl war mir bei der Sache nicht. Auch wenn die Männer bisher freundlich gewesen waren, fragte ich mich doch, was sie im Schilde führten.

Jeder von ihnen trug einen riesigen Plastiksack auf den Schultern. Nach etwa einer halben Stunde trauten wir unseren Augen kaum, als wir sahen, was darin war.

»Das darf nicht wahr sein!« Alba schüttelte den Kopf. Keinen einzigen Tropfen Wasser hatten wir auf unseren Irrwegen in den vergangenen Tagen gesehen und jetzt standen wir an einem kleinen Bach. Die Soldaten leerten ihre Plastiksäcke aus und auf den Boden fielen drei riesige Berge dreckiger Wäsche. Die drei begannen, die Uniformen und T-Shirts zu waschen. Unsere Aufgabe war es, die Kleider danach mit frischem Wasser auszuspülen und auf Büschen und Steinen zum Trocknen auszubreiten.

Wir arbeiteten stillschweigend und waren damit ein paar Stunden beschäftigt. Als einige der Kleidungsstücke bereits von der Sonne getrocknet waren, packten wir alles wieder zusammen. Es war bereits Nachmittag, als wir wieder im Camp ankamen und auf der gleichen Holzbank wie am Vormittag landeten.

Irgendwann kam der Mann, der uns am Abend zuvor mit Wasser und Milch versorgt hatte, mit zwei großen Tellern auf uns zu. Darauf waren Reis und Bohnen mit jeweils zwei Löffeln. Dankend nahmen wir die Teller entgegen und aßen alles blitzschnell auf.

Doch schon bald sollte unsere Zeit im Militärcamp vorbei sein. Ein Auto kam den Weg zum Camp entlanggefahren.

Nächster Halt Polizeistation

Es war am späten Nachmittag, als wir das Camp verließen.

Eng zusammengepfercht hockten wir in dem blau-weißen Polizeibus. Die Fenster waren vergittert, es fühlte sich an, als wären wir Schwerverbrecher. Während wir tagsüber beschäftigt gewesen waren, Wäsche zu waschen, hatten Soldaten der Grenzpatrouille Flüchtlinge aufgegriffen, die wie wir illegal die Grenze nach Südafrika überquert hatten. Auf der Ladefläche des Militärwagens, bewacht von einem Soldaten mit gezückter Waffe, wurden sie zum Camp gefahren. Immer mehr Flüchtlinge hatten sich zu uns auf die Holzbank gesellt. Jetzt hatten wir auch verstanden, warum wir da die ganze Zeit hatten warten müssen. Im Camp befand sich wohl die Sammelstelle für Flüchtlinge.

Irgendwann war der Polizeibus gekommen und die Soldaten hatten uns den Polizisten übergeben. Alle Flüchtlinge wurden auf einmal in den Bus gestopft, wir stiegen zuletzt ein. Die Soldaten reichten der Polizei auch die Protokolle, unterhielten sich noch eine Weile und bald saßen wir sozusagen mit der Ausbeute des Tages im Bus Richtung Polizeistation.

Ich schaute mich um und fragte mich, woher diese Menschen wohl alle kamen. Wie lange waren sie schon unterwegs? Waren sie auch so umhergeirrt wie wir? Waren sie durch das gleiche Loch gesprungen? In meinem Kopf rasten die Gedanken. Um mich herum herrschte betretene Stille. Jeder fragte sich wohl, was als Nächstes passieren würde. Wohin brachten sie uns? In ein Flüchtlingslager? Zurück nach Simbabwe? Oder gar in den Kongo? War die ganze Reise auf einmal zu Ende und umsonst gewesen?

Auch wenn die Soldaten uns freundlich gesinnt waren, waren wir jetzt in den Händen der Polizei. Doch ich war innerlich ganz ruhig und hatte diesmal keine Angst. Erklären konnte ich mir das nicht. Vielleicht, weil es hier im Polizeibus nicht mehr um Leben und Tod ging, so wie es die Tage zuvor gleich mehrmals gewesen war. Das Schlimmste für mich wäre gewesen, in ein Flüchtlingslager zu kommen. Davor graute es mir am meisten.

Nach einer langen Fahrt, die sicher über zwei Stunden dauerte, kam der Wagen mit einem harten Ruck zum Stehen und die Schiebetür des Transporters öffnete sich.

»Aussteigen«, befahl der Polizist.

SAPS Polokwane war in blauen Druckbuchstaben an der Hauswand zu lesen. Darunter der goldene Stern der südafrikanischen Polizei. Es war die Polizeistation von Polokwane, zu der wir gebracht worden waren. Weil wir drei zuletzt in den Bus gestiegen waren, wurden wir als die ersten Insassen von zwei Polizisten in den Empfangsraum der Dienststelle geführt. Dort sollten wir uns hinsetzen. Die anderen Flüchtlinge wurden hart angefasst, ins Gebäude gezerrt und den Flur entlanggetrieben. Es entstand ein großes Tohuwabohu. Einige stellten sich der Polizei entgegen, ließen sich absichtlich auf den Boden fallen. Andere fingen lautstarke Diskussionen an, die grob unterbunden wurden. Es dauerte einige Zeit, bis Ruhe einkehrte und sie hinter einer Tür verschwanden.

»Warum sitzen wir immer noch hier?« Pascal wurde ungeduldig und nervös.

»Das wüsste ich auch gerne. Was wollen sie mit uns machen?«, fragte Olivier.

»So langsam bekomme ich es mit der Angst zu tun. Was, wenn alles umsonst war und sie uns in den Knast schicken?« Auch Alba war sichtlich verunsichert.

»Wir sind keine Kriminellen«, beruhigte ich meine Freunde. »Sondern wir sind einfach dahin gegangen, wo uns die Leute hingeschickt haben. Warten wir's ab und hoffen, dass es irgendwie gut geht. So war es ja bisher auch immer.«

Ich gab Alba einen ermunternden Klaps auf seinen Oberarm. Immer noch wusste ich nicht, warum, aber irgendetwas stimmte mich hoffnungsvoll. Hinter der Glasscheibe im Empfangsraum saß ein Polizist, der uns stets im Blick behielt. Mit seinem Kollegen, der im Militärcamp mit den Soldaten gesprochen hatte, hatte er sich einige Zeit unterhalten. Dann war dieser verschwunden. Inzwischen war es draußen dunkel geworden und wir saßen immer noch im Empfangsraum der Polizeistation.

»Kommt mit!« Zwei Polizisten forderten uns endlich auf, ihnen zu folgen. Wir verließen die Polizeistation stillschweigend zu Fuß, einer der Männer hatte eine Papiertüte bei sich. Keiner von uns traute sich etwas zu sagen, nur die Blicke wanderten zwischen uns hin und her. Nur wenige Male bogen wir ab, liefen die meiste Zeit entlang einer Straße mit einigen Geschäften, die bereits geschlossen hatten. Nicht wenige Menschen schauten uns hinterher, als sie sahen, dass wir von Polizisten begleitet wurden.

Nach nicht einmal zehn Minuten erreichten wir den Bahnhof. Die Polizisten liefen schnurstracks zu einem Gleis und sprachen mit dem Führer des bereits wartenden Zuges. Es gab einen kurzen Wortwechsel. Dann öffnete sich die Tür des Zuges.

Einer der Polizisten hielt uns die Papiertüte entgegen. »Nehmt das mit. Und steigt in Johannesburg aus.« Wir stiegen in den Zug und die Polizisten machten sich aus dem Staub.

»Ich fasse es nicht!«

Nicht nur Alba, sondern wir alle schauten uns ungläubig an. Damit hatte auch ich nicht gerechnet. Pascal öffnete die Tüte. Die Polizisten hatten uns Essen mit auf den Weg gegeben. Wir waren völlig perplex.

Die zweite Zugfahrt meines Lebens verlief definitiv angenehmer als die erste. Keine Angst vor einer Kontrolle, frisch geduscht und mit Proviant – allerdings ohne meinen Rucksack.

Vielleicht doch nicht so schlecht, das verheißene Land, dachte ich. *So lässt es sich leben.* Doch wieder einmal sollten wir bald eines Besseren belehrt werden.

Joburgs Straßen

Wir schreckten zurück und blieben wie angewurzelt hinter der Ecke des Gebäudes stehen. Nur langsam traute ich mich, um die Ecke zu schielen. Ich versuchte, meinen Atem zu kontrollieren, und zuckte schnell wieder zurück aus Angst, ich könnte entdeckt werden. Olivier, Alba und Pascal standen dicht hinter mir, drückten sich flach mit dem Rücken an die Hauswand und verharrten still. Ein zweites Mal wagte ich einen vorsichtigen Blick.

»Geld her. Sofort!« Aggressiv bedrohte der junge Mann jemanden vor sich mit seiner Waffe. Er stand mit dem Rücken zu mir, trug weite Hosen und darüber ein viel zu großes, ärmelloses Sporttrikot. Der Bedrohte war wesentlich älter und hielt seine Hände ergeben und abwehrend in die Höhe. Er war sichtlich verstört.

»Ich sagte: Geld her!« Die Stimme des Angreifers wurde wesentlich aggressiver.

Der junge Mann rückte bedrohlich einen Schritt näher an sein Opfer heran und fuchtelte hektisch mit seiner Waffe hin und her. Mein Blick wanderte kurz über die Straße. Nur wenige Menschen waren unterwegs. Wer mitbekommen hatte, was passiert war, wandte meist den Blick ab und änderte die Laufrichtung, um Reißaus zu nehmen. Nur wenige schauten dem Geschehen tatenlos und fast gleichgültig weiter zu, als würden sie die Szene auf einem Bildschirm verfolgen. Ich wusste nicht, was ich tun sollte, und beobachtete vorsichtig weiter aus der Deckung.

»Sofort!«

Noch einmal schreckte der Bedrohte einen Schritt zurück. Er griff nach seinem Portemonnaie in der Brusttasche seines Jacketts, das ihm der Angreifer hektisch entriss.

»Taschen leeren!«

Das Opfer griff sich in die Hosentasche und förderte ein paar zusammengefaltete Geldscheine zutage. Auch sie wurden ihm rabiat abgenommen. Umgehend verschwand die Waffe unter dem Trikot und wurde in die Hose gesteckt. Der junge Mann lief weiter, als sei nichts geschehen. Das Treiben auf der Straße ging normal weiter.

Ich lehnte mich gegen die Hauswand, an die sich meine Freunde immer noch mucksmäuschenstill drückten. »Lasst uns einfach nur weg von hier.«

Wir gingen zurück in die Richtung, aus der wir gekommen waren, und suchten weiter nach einem Platz, wo wir die Nacht über bleiben konnten. Inzwischen waren wir in der harten Realität von Joburgs Straßen gelandet, wie die Stadt von den Einheimischen genannt wurde.

Spät in der Nacht waren wir in Johannesburg angekommen und hausten seitdem auf den Straßen des CBD, des Central Business Districts, der das Zentrum der Stadt ausmachte. Nichts war vom angeblichen verheißenen Land zu spüren in diesem Hochhausdschungel, der von Straßengangs regiert wurde.

Der freundliche Empfang in Südafrika war somit nur von kurzer Dauer gewesen. Uns war schnell klar geworden, dass in Johannesburg ein anderer Wind wehte. In keiner Großstadt, in der wir bisher gewesen waren, hatte sich die Kriminalität so offensichtlich und vor unseren Augen abgespielt wie hier. Zum Leben und Überleben auf der Straße schienen Diebstahl und Bedrohung dazuzugehören.

Darauf waren wir nicht vorbereitet gewesen und es machte uns Angst.

Einige Male wurden wir nachts durch Schüsse geweckt, die auch tagsüber immer wieder zu hören waren. Ich erschrak jedes Mal. Das Geräusch abgeschossener Kugeln vergisst man wohl auch nach Jahren nicht und so ließ es auch bei mir jedes Mal die bösen Erinnerungen neu aufleben.

Doch die täglich neuen Herausforderungen schoben inzwischen die Gedanken an mein Zuhause immer mehr beiseite. Mit meinem Rucksack und den wenigen Habseligkeiten hatte ich das letzte Stück Heimat zurückgelassen. Inzwischen waren wir in einer anderen Welt angekommen und versuchten, uns wie immer mit Betteln durchzuschlagen.

Nach einigen Woche traf ein Obdachloser den Nagel auf den Kopf und führte uns ein neues Ziel vor Augen. Wir hatten ihn gefragt, wo wir hier in Johannesburg am besten leben und unterkommen könnten. »Joburg ist verrückt. In Joburg lebt man nicht. Hier versucht man zu überleben. Geht nach Kapstadt, Jungs.«

8
AUF KAPSTADTS STRASSEN

Olivier, Pascal und ich klebten mit der Nase an der Scheibe des Zuges. Alba hing schief über zwei Sitzen und döste vor sich hin. Sein Kopf wackelte im Rhythmus des ratternden Zuges hin und her.

Über zwanzig Stunden waren wir bereits unterwegs, seit wir Johannesburg verlassen hatten. Auch ich war langsam müde und hatte Mühe, meine Augen offen zu halten. Doch bei dem Anblick, der sich uns bot, war an Schlaf nicht zu denken. Hunderte, wenn nicht gar Tausende kleiner Häuser und Hütten mit Wellblechdächern zogen an uns vorbei, so weit das Auge reichte. Die Behausungen standen kreuz und quer dicht aneinandergedrängt. Der Anblick erschreckte mich.

Das müssen Flüchtlingslager sein, dachte ich. Auf so dichtem Raum und in kleinsten Baracken hatten sich bei uns im Kongo nur die Flüchtlinge aus Ruanda nahe der Grenze niedergelassen. Hatten sie die Flüchtlinge in Polokwane vielleicht in ein solches

Lager gesteckt? Nachdem die Polizei uns dort wundersamerweise auf freien Fuß gesetzt hatte, wollte ich auf keinen Fall noch einmal erwischt werden und möglicherweise in ein solches Lager kommen.

»Schaut euch das an«, sagte ich kopfschüttelnd.

Pascal neben mir nickte langsam. Auch er blickte erstaunt und etwas fassungslos auf die vorbeirauschende riesige Siedlung. Wir hatten einige Großstädte hinter uns gelassen, doch nichts war hiermit vergleichbar gewesen. Auch meine Heimat, an die ich plötzlich erinnert wurde, war ganz anders gewesen. Im Gegensatz dazu war hier alles flach. Kein üppiges Grün in Wäldern und auf Hügeln. Kein Platz zwischen den Häusern für weitläufige Felder, wie die zwischen uns und unseren Nachbarn in Chiherano. Wie hoch wohl inzwischen der Avocadobaum gewachsen war, den ich mit Papa gepflanzt hatte? Ich erschrak etwas über mich selbst, da ich Mühe hatte, mir manches Detail in Erinnerung zu rufen.

»Wo sind wir denn hier gelandet?« Alba war aufgewacht. Er klang verschlafen und doch etwas entrüstet. »Kein Hochhausdschungel, sondern ein Hüttenmeer. Das sieht genauso wenig verheißungsvoll aus wie Johannesburg.«

Auch nach einigen Kilometern zog immer noch Wellblechdach neben Wellblechdach an unseren Augen vorbei. Einige Dächer waren mit Autoreifen und großen Steinen beschwert. Zwischen einzelnen Baracken, deren Wände mehr einem Stückwerk als sauberer Wand glichen, hingen Wäscheleinen mit frisch gewaschener Kleidung und Laken.

Ich erhaschte ein paar Blicke auf Kinder, die einem Ball nachrannten, und auf Bewohner, die auf Plastikstühlen vor ihren Häusern saßen. Ein paar wenige Hunde irrten umher, ebenso ein paar Hühner, die auf dem erdigen Boden herumpickten. Zwischen den Häusern ragten Telefonmasten empor, verbunden durch einen Kabelwirrwarr. Das kannte ich bereits aus Bukavu und anderen

Großstädten auf unserer Durchreise. Alles war so eng, dass ich mich fragte, wo es dazwischen Wege und Straßen gab. Insgesamt sah es aus wie eine Decke aus zusammengeflickten Stoffresten. Nur weniger bunt als die von Mama.

Meine Mama. An sie wurde ich durch eine Begegnung im Zug jäh und schmerzlich erinnert, als eine Mutter uns gegenüber saß, die ihr Kind mit einer Banane fütterte. Es war eine traute Zweisamkeit. Wie bei Mama, die auch ständig eine meiner Schwestern oder einen meiner Brüder auf dem Schoß gehabt hatte. Ob ich inzwischen weitere Geschwister bekommen hatte, von denen ich nichts wusste?

Ich beobachtete, wie das Kind mit vollen Backen kaute. Es war kaum auszuhalten! Am liebsten hätte ich ihm die Banane sofort aus der Hand gerissen.

Natürlich waren wir auch in Johannesburg ohne Ticket auf den Zug gesprungen. Woher nehmen, wenn nicht stehlen? Nicht dass es überhaupt möglich gewesen wäre, Fahrkarten zu stehlen. Aber auch wenn es in Johannesburg kriminell zugegangen war, hatten wir bisher nicht gestohlen. Durchbetteln, das war immer noch unsere Strategie. Denn pleite waren wir, seit wir am Limpopo zum ersten Mal unseren Fuß auf südafrikanisches Territorium gesetzt hatten.

So waren wir jetzt nicht nur blinde, sondern auch hungrige Passagiere. Neben der Tatsache, dass wir ständig Angst hatten, kontrolliert und möglicherweise wieder der Polizei übergeben zu werden, zog der Hunger die endlose Fahrt noch mehr in die Länge.

Ich sah aus dem Fenster und blickte immer noch auf zahlreiche Häuser. In weiter Ferne lag endlich ein Stück Natur. Ein Berg! Auch wenn er sicher so hoch war wie Nidunga, war dieser nicht kugelrund und grün am Gipfel, sondern flach und felsig, als hätte man ihn abgeschnitten.

Wir waren nun in Kapstadt angekommen und wussten noch nicht, dass uns die härteste Zeit noch bevorstand und diese ärmlichen Elendsviertel keine Flüchtlingslager, sondern sogenannte Townships waren, in denen auch wir hausen würden. Noch ein paar Jahre sollte es dauern, bis ich den platten Berg vor mir besteigen würde, dann aber mit einem ganz anderen Blick auf die Welt.

Am Ende Afrikas

Der Zug kam mit einem lauten Pfeifen zum Stehen. Der Bahnsteig war überfüllt, wie alle, auf denen wir bisher ein- und ausgestiegen waren. Fahrgäste drängten mit ihrem Gepäck zu den Türen. Wir hatten nichts, nicht einmal mehr einen Rucksack auf dem Rücken.

»Endlich sind wir da!« Olivier war erleichtert, so wie wir alle. Er schlüpfte zwischen den Passagieren durch und winkte uns, ihm zu folgen.

Aufgeregt sprangen wir aus dem Zug und bahnten uns einen Weg in den Bahnhof. Wie auch in Bulawayo war es ein ziemliches Gewusel. Es schien, als wüssten alle eilig herumlaufenden Reisenden genau, wo sie als Nächstes hinwollten. Nur wir nicht. Wir hatten keine Ahnung, in welche Richtung wir laufen sollten. So standen wir mal wieder da und beobachteten. Ich staunte nicht schlecht über die uralte Lokomotive, die mitten in der Bahnhofshalle ausgestellt war. Noch mehr überraschten mich allerdings die vielen weißen Menschen. Nicht, dass ich noch nie Weiße gesehen hätte. Aus Chiherano kannte ich Xavier Bierno, den belgischen Priester. Doch in keinem der Länder auf unserer Reise waren wir so vielen Weißen begegnet wie hier in Südafrika. Einigen bereits in Johannesburg, aber nie so vielen auf einmal wie hier am Bahnhof in Kapstadt. Es wirkte fremd auf mich, fast so, als wäre es ein anderes Afrika.

Ich freute mich zwar, so viele verschiedene Menschen zu sehen. Gleichzeitig fürchtete ich mich davor, was uns hier erwartete und ob uns die Menschen freundlich gesinnt sein würden. Dann wanderte mein Blick – wohin sonst – zum Essen. Viele Menschen hatten sich an den kleinen Imbissbuden etwas gekauft. Ich sah auf ihre Teller und entdeckte gegrilltes Fleisch und *Ugali*!

»Mir läuft das Wasser im Mund zusammen!«, rief ich meinen Freunden zu, die sofort verstanden, was ich meinte. Ich beobachtete einen Mann, der die Speise gerade bestellte, und begriff schnell, dass *Ugali* hier offensichtlich *Pap* hieß. Mein Magen knurrte. Doch leider mussten wir mit leeren Bäuchen so schnell wie möglich das Weite suchen, weil wir bereits einige Polizisten durch den Bahnhof hatten patrouillieren sehen.

Der Bahnhof befand sich mitten im Zentrum Kapstadts. Es war schon gegen Abend und wurde langsam dunkel. Ob es kälter als in Johannesburg werden würde? Seit der Überquerung des Limpopo konnte ich meine Habseligkeiten an einer Hand abzählen: den Rosenkranz, das bereits löchrige T-Shirt, meine Hose mit dem leeren Geldversteck am Bund und meine Plastikschuhe, die guten alten *Bon Samaritain*. Sie hatten mich Tausende von Kilometern getragen und trotz vieler Blasen gute Dienste geleistet. Inzwischen waren sie aber mehr als lädiert. Einige Male hatte ich sie auf der Reise notdürftig repariert, wie ich es von zu Hause kannte. Dazu hatte ich sie über ein Feuer gehalten, um die Risse wieder zusammenzuschmelzen.

Als wir nun aus dem Bahnhof traten, sahen wir am Straßenrand auf der gegenüberliegenden Seite einige junge Männer zusammensitzen. Offenbar sahen wir ziemlich suchend und verloren aus, denn sie winkten uns zu sich herüber. Skeptisch warf ich Olivier,

Alba und Pascal einen kurzen Blick zu. Dann steuerten wir auf die Gruppe zu.

»Wo kommt ihr denn her?«, sprach uns einer der jungen Männer an. Er hatte seine Haare zu dicken langen Zöpfen nach hinten gebunden, trug eine rote Daunenweste über einem Shirt und zerschlissene Hosen.

»Aus dem Kongo«, antwortete ihm Olivier.

»Kongo?« Er pfiff durch seine Zähne, wie schon die Soldaten im Militärcamp. Ich verstand nicht ganz, warum das hier in Südafrika alle erstaunte. »Und wo wollt ihr hin?«, fuhr er fort.

»Wissen wir nicht. Vielleicht reisen wir bald wieder weiter«, erklärte Olivier.

»Weiter? Wohin?« Der Typ lachte laut auf. »Wisst ihr denn nicht, wo ihr hier seid? Von hier geht es nicht mehr weiter. Ihr seid am südlichsten Zipfel Afrikas angelangt.«

Er kramte eine zerknitterte Karte aus seiner Tasche hervor und rollte sie auf. Es war lange her, seit ich eine Landkarte gesehen hatte. Noch bevor ich mich orientieren konnte, zeigte der Typ mit dem Finger auf Kapstadt. Tatsächlich war weiter südlich nichts als Ozean. Ende Gelände, wortwörtlich. Noch während ich auf die Landkarte starrte, sprach er weiter: »Entweder ihr bleibt hier oder geht zurück.«

Bleiben? Und wenn sich auch Kapstadt als Pleite entpuppte? Zurück? Auf gar keinen Fall! Nicht ohne Grund waren wir hier gelandet. Kapstadt würde also erst mal wohl oder übel unsere nächste Bleibe werden. Auch eine neue Heimat?

»Ich bin übrigens Tabo.« Er streckte uns seine Hand entgegen. Auch die anderen in der Gruppe stellten sich vor und gaben uns die Hand. Wir setzten uns in die Runde und blieben bis zum späten Abend bei ihnen. Ihre Kleider sahen nicht besser aus als unsere.

Offensichtlich waren sie auch obdachlos und uns verband dasselbe Schicksal.

»Es wird Nacht. Wohin geht es für euch?«, fragte uns Tabo. Wir schauten einander an und zuckten mit den Schultern. »Besser, ihr kommt mit uns. Kapstadt ist nicht ganz ungefährlich«, meinte er.

So folgten wir Neuankömmlinge ihnen unter eine Brücke, die unsere erste Schlafstelle in Kapstadt wurde. Immerhin hatten wir etwas über dem Kopf, auch wenn uns das nicht vor der beginnenden Kühle der Nacht schützte. Es war kälter als in Johannesburg und mich fröstelte es in meinem T-Shirt. Zum Zudecken hatten wir nichts.

Unter der Brücke hatten bereits andere Obdachlose ihr Nachtlager aufgeschlagen. Sie lagen auf dünnen, zerschlissenen Matten oder Zeitungen. Es war das zweite Mal nach dem Jesus-Film in Simbabwe, dass wir die Nacht mit anderen verbrachten. Im Dunkeln konnte ich nicht viel erkennen, aber mir fiel eine Familie mit zwei kleinen Mädchen auf. Eins war immer noch wach und schaute unter ihrer löchrigen Decke zu mir hoch. Sie war etwa im gleichen Alter wie meine Schwester Ombeni, als ich mein Zuhause verlassen hatte. Wie es ihr jetzt wohl ging, nach allem, was passiert war? Ich vermisste sie. Die langen Afrohaare des Mädchens schienen zerzaust und lange nicht mehr gepflegt worden zu sein. Sie tat mir leid. Wenigstens hatte sie ihre Eltern bei sich. Ihre Mutter lag neben ihr. Ich sah, wie sie ihre Tochter zudeckte. So wie es Mama damals bei mir tat.

Ich vermisste Mama und fühlte mich allein. Wo meine Familie heute Nacht wohl schlief? Würde ich sie eines Tages wiedersehen? Waren alle noch am Leben? Eine schreckliche Frage, deren Antwort ich gar nicht wissen wollte. Besonders jetzt nicht in der dunklen Nacht, die inzwischen richtig kalt geworden war. Ich war müde vom

Tag. Müde von der Reise. Zu müde, um weiter nachzudenken. Ich kauerte mich zusammen und schlang die Arme um meine Beine. Wir vier rückten nahe zusammen, um uns gegenseitig zu wärmen. Wenigstens hatte ich meine Freunde. Wer hätte gedacht, dass wir es gemeinsam bis ans Ende unseres Kontinents schaffen würden?

Stadt der Gegensätze

Als ich aufwachte, spürte ich die Druckstellen vom harten Boden, und mein Magen knurrte laut. Ich reckte mich und hielt Ausschau nach der Familie mit den zwei Mädchen. Wie alle anderen war sie bereits weg. Mit ihnen ihre Habseligkeiten. Es sah so aus, als sei nie jemand hier gewesen. Nur Tabo und zwei seiner Freunde saßen noch da.

Sie führten uns zu einer *food bank*, einer Essenstafel. So etwas kannten wir noch nicht, aber es war eine super Sache – Essen umsonst! Tabo erklärte uns, dass es dort Essensreste von Restaurants und abgelaufene Nahrungsmittel von Supermärkten gab. Unsere Bettelausbeute auf Märkten war oftmals verdorben gewesen, aber wir hatten bisher alles genommen, was wir kriegen konnten. Auch wenn uns manches Gemüse nicht immer schmeckte, waren wir auch hier dankbar für alles.

Neben Essen bekamen wir an dem Tag auch noch wärmere Kleidung und eine Decke zum Schlafen für die kühlen Nächte. Es war ein guter erster Tag in Kapstadt, der jedoch eine Ausnahme blieb. Die *food bank* war nicht immer offen und hatte oft nicht genug für alle. Auf sie allein konnten wir uns nicht verlassen.

Somit war der Hunger auch in Kapstadt unser ständiger Begleiter und die Löcher im Bauch genauso groß wie an anderen Orten zuvor. Es blieb uns irgendwann nichts anderes mehr übrig, als auch die Abfalleimer der Stadt zu durchsuchen. Wir wühlten in Mülltonnen hinter Restaurants oder in Containern von privaten Häuseranlagen.

»Affen«, riefen uns die Bewohner hinterher, wenn sie sahen, wie flink wir die Tonnen durchsuchten und uns sofort die Abfälle in den Mund stopften. Anfangs wussten wir gar nicht, was uns da nachgerufen wurde, bis wir die Sprache besser verstanden. So unbekannt und außergewöhnlich war diese Beleidigung für uns alle drei nicht. *Mon Singe* (mein Affe) war die französische Bezeichnung, die die Belgier während der Kolonialzeit den Einheimischen gegeben hatten. Das hatten wir in der Schule gelernt. Daraus hatten die Kongolesen irgendwann das Schimpfwort *musenji* gemacht.

Aus mir war also ein *musenji* geworden. Wenn das meine Eltern gewusst hätten! Sie hätten sich geschämt. Auch ich schämte mich. Aber ich musste es über mich ergehen lassen, eine andere Wahl hatte ich nicht. Essen bedeutete Überleben und dafür nahmen wir vieles in Kauf. Schlussendlich war Affe nur eine von vielen Bezeichnungen, die man uns nachrief, wenn man uns wegscheuchte. »Dumme Kinder«, sagten die Leute, an deren Haustüren wir klopften, um nach Essen zu fragen, bevor sie uns die Tür vor der Nase zuknallten. Schnell lernten wir, was *Kaffir* bedeutete, nämlich so viel wie Dummkopf oder Idiot auf Afrikaans, eine der vielen Sprachen in Südafrika.

So lernten wir auf unseren Essensfeldzügen langsam die Straßen Kapstadts kennen und erkundeten die verschiedenen Viertel und Gegenden. Damit hatten wir etwas zu tun und waren beschäftigt. Wir lernten, von wo wir uns lieber fernhielten und wo es die meisten Chancen gab, um über die Runden zu kommen.

Schnell begriffen wir, dass Kapstadt geteilt war. Es gab Viertel für die weißen Südafrikaner und Viertel für die *Coloureds*, die Menschen mit gemischter Hautfarbe. Dort wurde Afrikaans gesprochen. Die meiste Zeit hielten wir uns in den Vierteln der Schwarzen auf, wo man Zulu oder Xhosa sprach. Die gemeinsame Sprache in Südafrika war Englisch. Es war ein einziger Sprachenwirrwarr in meinem Kopf. Wir versuchten, so gut es eben auf der Straße ging, unser Englisch zu verbessern und auch einige Wörter, Floskeln und Sätze in Zulu und Xhosa aufzuschnappen.

Man tat gut daran, nicht als Ausländer enttarnt zu werden, denn Rivalität, Eifersucht und Fremdenhass waren groß. Viele andere afrikanische Flüchtlinge waren hierhergekommen, wie wir wohl in der Hoffnung auf ein besseres Leben. Dabei kämpften viele Südafrikaner in den Elendsvierteln täglich selbst ums Überleben.

Wir hatten Kapstadt irgendwann im Jahr 2000 erreicht. Sechs Jahre also nachdem die Rassentrennung durch Präsident Nelson Mandela aufgehoben worden war und die schreckliche Zeit der Apartheid ein Ende hatte. Von Nelson Mandela hatte ich bereits in der Schule in Bukavu gehört. Inzwischen war er nicht mehr Präsident, aber trotzdem überall in Kapstadt zu finden. Sein Bild war auf Hauswänden, Postkarten, Plakaten und T-Shirts, die auf der Straße verkauft wurden.

Doch die Trennungen, die auf dem Papier aufgehoben waren, gab es im praktischen Leben immer noch. Die Gegensätze in Kapstadt waren aber nicht an der Hautfarbe, sondern vor allem an den Wohngegenden auszumachen. In den vielen Elendsvierteln lag der Müll auf den Straßen und es roch nach Gosse. Eine kriminelle Karriere war dort wahrscheinlicher, als einer geregelten Arbeit nachzugehen oder eine Schule zu besuchen. Es war der komplette Kontrast zu den Luxusvierteln mit riesigen Villen und Anlagen sowie dem Stadtzentrum mit den vielen Einkaufsstraßen, schicken Hotels, Restaurants und Promenaden. Für uns waren das tagsüber die Orte zum Betteln und Essensuchen. Nachts schliefen wir weiterhin unter Brücken, in Seitenstraßen oder auch direkt auf den Gehwegen vor den Einkaufsläden.

Die extremen Gegensätze wurden mir erst so richtig bewusst, als wir zum ersten Mal in Kapstadt am Strand standen und das Meer vor uns sahen. Ich war überwältigt und sprachlos. Von so viel Wasser war ich das letzte Mal auf dem Tanganjikasee zwischen Burundi und Sambia umgeben gewesen. Doch das hier war noch einmal großartiger.

»Wow, schaut euch das an. Da fehlen einem die Worte.«

Beeindruckt stand ich neben Olivier, Alba und Pascal. Auch sie staunten über das riesige Meer, das vor uns lag. Es war wild und schlug hohe Wellen. Die untergehende Sonne tauchte den Himmel in ein kräftiges Orange und schien bald im Meer zu versinken. Es war endlos und es schien, als ob hinter dem Horizont das Ende der Welt läge. Hinter uns befanden sich die Strandpromenade und der majestätische Tafelberg, der langsam von einer Wattedecke aus Wolken umhüllt wurde. Wunderschön. Paradiesisch. Zumindest auf den unzähligen Bildern, die die Menschen neben uns mit ihren Kameras schossen.

Hinter den Kulissen und schönen Fassaden von Kapstadt lag dagegen eine andere Welt, die unsere Realität war. Auf dem Meer tobten die Wellen, in der Stadt tobte der Kampf ums Überleben. Wir waren in Kapstadt gestrandet, wo sich ein weiterer Tag dem Ende neigte.

Ohne Moos nix los

»Verschwindet und kommt nicht wieder! Ihr verscheucht mir meine Kundschaft.«

Ich spürte einen Tritt gegen meinen Oberschenkel und sprang schnell auf. Mit mir Olivier, Alba und Pascal. Wieder ein Ladenbesitzer, der uns morgens unsanft vor seinem Laden weckte und wegscheuchte. Nach einiger Zeit auf den Straßen im Zentrum Kapstadts hatten wir immer noch keine dauerhafte Bleibe oder Beschäftigung gefunden, die uns etwas Geld einbrachte. Und das brauchten wir allmählich dringend. Betteln auf Dauer genügte nicht und unsere Hoffnung, wir könnten doch etwas zum Arbeiten finden, schwand langsam dahin.

Das verheißene Land war Südafrika wohl nur für die Reichen oder zumindest für die, die eine Arbeitsstelle hatten. Diese zu finden war ohne ausreichende Sprachkenntnisse und Papiere für uns unmöglich. Um Englisch zu lernen, hätten wir eine Schule besuchen müssen. Dafür bräuchten wir Papiere. Und dafür müssten wir uns als Flüchtlinge melden. Auch wenn uns die Behörden in Südafrika bisher wohlgesinnt gewesen waren, graute uns davor. Wir hatten gehört, dass wir als minderjährige und unbegleitete Flüchtlingskinder mehr Nachteile als Vorteile hätten. Als solche würden wir nämlich in südafrikanische Pflegefamilien kommen und von denen hörte man auf der Straße überhaupt nichts Gutes. Im Gegenteil, viele der Flüchtlingskinder wurden dort schlecht behandelt und nicht selten als Haushalts- und Arbeitssklaven missbraucht.

Wir hatten also die Qual der Wahl: entweder Essen und ein Dach über dem Kopf, dafür aber nicht mehr frei sein und möglicherweise missbraucht werden. Oder weiterhin ein Leben auf der Straße mit Hunger und ohne Obdach, dafür aber in Freiheit. Wir entschieden uns für Letzteres.

Nach zwei Jahren waren wir zwar angekommen, aber weiterhin auf der Flucht vor Menschen in Uniformen. Pascal war derjenige von uns, der ein besonderes Auge für sie hatte. Er entdeckte die

Polizei immer als Erster, warnte uns schnell und rannte am flinksten davon. Er bekam von uns deshalb einen neuen Spitznamen. Aus Pascal wurde *Flic*, im Französischen der umgangssprachliche Ausdruck für Polizisten, den wir von zu Hause aus dem Kongo kannten.

Irgendwann wurde das Bewachen von Autos an öffentlichen Parkplätzen unsere vorrangige Beschäftigung und bescherte uns von da an ein paar Groschen. Wenn die Besitzer zu ihren parkenden Autos zurückkamen, verlangten wir Geld von ihnen. Es war eine aufgezwungene Überwachung, die niemand eingefordert hatte, aber sie funktionierte. Jedenfalls manchmal.

Wir stellten uns dafür zu viert auf dem Parkplatz auf. Jeder an einer anderen Ecke. Ganz selten kamen ein paar Kriminelle, um Autos aufzubrechen. Gegen sie konnten wir allerdings in der Regel nichts ausrichten. Meistens herrschte auf den Parkplätzen aber Ruhe. Wir hingen tagelang herum, langweilten uns und schlugen die Zeit tot.

Nachmittags nach Schulschluss kam es oft vor, dass Eltern mit ihren Kindern zu ihren Autos zurückkehrten. Einmal kam eine Mutter, die ihren Sohn an der Hand hielt. Als ich sie sah, setzte ich mein freundlichstes Gesicht auf, lief auf sie zu und streckte ihnen meine Hand entgegen: »*Mister, Misses*, ich habe nach Ihrem Auto geschaut. Es ist alles in Ordnung.«

Die Frau drückte mir eine Münze in die Hand. Der Junge war etwa in meinem Alter. Er hatte seinen Schulranzen auf und verschwand schnell auf dem Rücksitz des Autos. Sehnsüchtig schaute ich ihnen nach, als sie wegfuhren. Ich stellte mir vor, wie es sein musste, morgens geweckt zu werden, zu frühstücken, von den Eltern in die Schule gefahren und nachmittags von ihnen abgeholt zu werden. Nichts hätte ich mir mehr gewünscht, als einfach ein ganz normales Leben zu führen! So, wie es dieser Junge offenbar tat. Doch hier war ich und wusste nicht, was die Nacht und der morgige Tag mit sich bringen würden und ob ich jemals wieder in eine Schule gehen konnte.

Das Parkplatzbewachen war eine beliebte Beschäftigung unter den Obdachlosen. Dementsprechend groß waren die Konkurrenz und das Gerangel um die besten Parkplätze. Je belebter und besser die Gegend, desto mehr Betrieb und reicher die Autobesitzer und umso größer die Ausbeute. Einige Obdachlose hatten ihre festen Territorien, da zogen wir vier Kinder den Kürzeren und bekamen die unbeliebten Plätze.

Wenn die Einnahmen für mehr als unser Essen reichten, kauften wir Sonnenabdeckungen für Windschutzscheiben und verkauften diese dann teurer weiter. An Tagen, an denen wir keine Parkplätze ergattern konnten, stellten wir uns an Ampeln, warteten auf die Rotphase und putzten die Frontscheiben der Autos mit Lumpen und alten Eimern, die wir zusammengesammelt hatten. Manchmal kurbelte ein Fahrer die Scheibe herunter und gab uns eine Münze. Alles in allem war es jedoch kein gutes Geschäft.

So trennten sich allmählich tagsüber unsere Wege. Wir teilten uns zu zweit auf oder zogen auch allein in unterschiedliche Richtungen an verschiedene Parkplätze und Ampeln. Anfangs fühlte ich mich nackt und schutzlos, nachdem wir jahrelang unzertrennlich gewesen waren und Tag für Tag miteinander verbracht hatten. Aber inzwischen war ich fünfzehn Jahre alt. Wir waren Teenager und längst keine Kinder mehr. Das Leben auf der Straße hatte uns abgehärtet. Und wenn einer von uns erfolglos blieb, konnten wir wenigstens darauf hoffen, dass ein anderer mehr Glück hatte.

Am Ende des Tages teilten wir uns die gemeinsame Ausbeute. Am liebsten kaufte ich mit meinem Teil dann *Chicken Pie*, Hühnchen in einer Teigtasche. Die gab es bereits für etwa zehn südafrikanische Rand und nicht für einhundert Dollar wie in Sambia! Es war das Erste, was ich mir immer gönnte, wenn ich ein bisschen

Geld verdient hatte. Bald sollte ich mir davon noch viel mehr leisten können.

Kleine bunte Pillen

Mit großen Augen schaute ich auf die vielen farbigen Pillen in Tonys Hand. So nannte er sich, in Wirklichkeit hieß er sicher anders. Wie ich war er kein Südafrikaner und auch nicht der Größte, obwohl er sich so aufführte. Das merkte man an der Art, wie Menschen auf ihn reagierten und still wurden, wenn er aufkreuzte. Sein Auftreten schaffte Eindruck und das demonstrierte er mit seinen schicken teuren Autos.

Das erste Mal war er mir an einem Parkplatz aufgefallen. Dass er Geld hatte, merkte ich nicht nur an seinem Fuhrpark und weil er mir immer etwas zugesteckt hatte. Man sah es ihm schon von Weitem an seinen Klamotten an, mit denen er sich zur Schau stellte. Die dunklen, engen Hosen und schicken Stiefel passend zum Gürtel. Am Arm trug er eine fette Uhr und seine Finger waren voller Ringe.

Sein Lebensstil wirkte anziehend auf mich. Er konnte sich offensichtlich etwas leisten und war respektiert. So ein Leben wollte ich auch einmal führen und endlich wieder eine Uhr am Handgelenk tragen.

»Junge, willst du mehr Geld verdienen als hier?« So hatte er mich das erste Mal am Parkplatz angesprochen. Zuerst verkaufte ich Levis-Jeans für ihn. Es waren die begehrtesten Hosen zu der Zeit und ich hatte ein Händchen dafür, sie an den Mann zu bringen. Mit den Jeans über meinem Arm lief ich Kapstadts Straßen auf und ab und verkaufte sie an Passanten. Es war wesentlich reizvoller und ertragreicher, als den lieben langen Tag an einem Parkplatz abzuhängen.

Das einzige Problem war, dass die Polizei diese Art von Straßenverkauf nicht erlaubte. Inzwischen erkannte ich Polizisten aber genauso schnell wie Flic und konnte ebenso flink wegrennen. Doch heute brachte Tony keine neuen Hosen, sondern streckte mir etwas anderes entgegen. Die kleinen runden Dinger in seiner Handfläche sahen interessant aus. Sie waren bunt und hatten Prägungen mit Schmetterlingen, Dollarzeichen, Smileys und anderen Symbolen. Offensichtlich war er zufrieden mit meinen Verkäufen und ich in seiner Achtung gestiegen, denn er machte mir ein besonders gutes Angebot.

»Kennst du die Long Street?«, fragte er mich.

»Ja, natürlich.«

Jeder kannte die belebte Straße voller Klubs, Bars und Einkaufsläden direkt im Zentrum Kapstadts. Ich starrte immer noch auf Tonys Hand, während er eindringlich weitersprach: »Mit diesen Pillen verdienst du viermal so viel wie mit den Jeans.«

»Wirklich?« Ich blickte ihm ungläubig in die Augen.

»Die Leute in den Klubs auf der Long Street lieben sie, um nachts Party zu machen. Ich gebe sie dir, du verkaufst sie heute Abend. Einen Teil des Geldes darfst du wieder behalten. Den Rest gibst du morgen Abend an mich zurück. Dann bekommst du neue Pillen.«

Die ganze Erklärung hätte er sich sparen können. Natürlich würde ich sie verkaufen. Viermal so viel Geld? Zudem konnte man sie sich in die Hosentasche stecken. Sie waren nicht so auffällig und schwer wie die Jeans auf dem Arm. Das hier kam gerade richtig! Es klang nach dem Versprechen auf ein besseres Leben, auf das ich die ganze Zeit gewartet hatte. Damit wäre ich nachts damit beschäftigt und tagsüber frei. Jetzt verstand ich auch, wie Tony zu seinen Autos kam, wenn man auf diese Weise gutes Geld machen konnte.

Endlich würde ich mir etwas leisten können! Genug Essen. Vielleicht bald nicht mehr auf der Straße leben. Vielleicht so werden wie er und kein sinnloses Gossenleben mehr führen. Warum also nicht diese Gelegenheit am Schopf packen? Ich steckte die Pillen in meine Tasche.

Die Ecstasy-Pillen, um die es sich dabei handelte, waren mir bis dahin fremd gewesen. Sie versetzten Partygänger in eine glückliche Stimmung. Irgendwann verlangten meine Abnehmer auch Marihuana, was Tony mir ebenso zur Verfügung stellte. Das wiederum kannte ich von zu Hause und es erinnerte mich nach langer Zeit wieder einmal an meinen Onkel und meine Zeit im Busch bei den *Mudundu 40*. Er und seine Männer waren oft high gewesen. Das Marihuana hatte sie in einen Rauschzustand versetzt und ihre rot geränderten und glänzenden Augen besonders kalt blitzen lassen. Die Drogen hatten sie noch brutaler und unzurechnungsfähiger gemacht. Selbst die Kindersoldaten in der Gruppe rauchten dieses Zeug.

Mein Vater hatte mir damals eingebläut, die Finger davon zu lassen. Jetzt hatte ich seine Stimme und Worte wieder in den Ohren: »So etwas tut ein anständiger Junge nicht.«

Allerdings war mein Leben inzwischen alles andere als anständig und normal, so wie meine Eltern es mir vorgelebt hatten, zumindest vor dem Krieg. Niemals hätten sie geduldet, was ich jetzt tat. Wenn sie hier gewesen wären, hätte ich sicher eine Moralpredigt darüber gehört, was ich zu tun und zu lassen hätte. Doch was blieb mir in meiner Situation anderes übrig? Dauernd unterwegs und auf der Hut, jeden Tag auf der Suche nach Essen, keine saubere Kleidung zum Wechseln. So konnte es nicht weitergehen. Also verdrängte ich den Gedanken an zu Hause schnell. Ich beruhigte mein Gewissen damit, dass ich das Zeug schließlich nur verkaufte und nicht selbst nahm.

Ab da machte ich illegale Geschäfte. Auch Olivier, Alba und Flic waren dabei. Wir gingen überall dorthin, wo die Weißen und bessergestellten schwarzen Afrikaner Party machten. Es waren die besten Orte, um die Pillen zu verticken. Natürlich kamen wir als Straßenkinder nicht in die Klubs rein. Unser Dresscode und die Türsteher hielten uns davon ab. Die Partys spielten sich aber oft auch schon in den Straßen ab. Die Long Street war immer voller feiernder Leute. Besonders am Wochenende hingen sie draußen vor den Bars und Klubs ab. Alle paar Meter hörte man laute Musik bis auf die Straße hinaus.

Ein ähnliches Szenario spielte sich an der Alfred & Victoria Waterfront ab, einem restaurierten Hafenviertel und einer bekannten Touristenzone, die mit Läden und Bars gespickt war. Von dort war es nicht mehr weit zu den Sandstränden, an denen auch ausgelassen gefeiert wurde, mit Musik aus Gettoblastern und mitgebrachtem Alkohol. Die Leute tanzten am Strand oder lagen berauscht im Sand und verloren jegliche Kontrolle über sich. Sie waren verrückt nach Ecstasy und so lief das Geschäft für uns ziemlich gut.

Ich merkte, dass ich damit gut Geld machen konnte, wurde immer cleverer und besser im Verkaufen. Aus einem vorsichtig fragenden »Willst du etwas?« wurde ein selbstbewusstes »Ich hab was für dich«. So brachte ich die Pillen und das Marihuana erfolgreich an den Mann und die Frau. Ich mochte das Nachtleben und seine Geschäftigkeit und genoss es, die Musik zu hören. Die zugedröhnten Leute stießen mich eher ab, waren aber gute Kunden. Je berauschter sie waren, desto mehr nahmen sie mir ab. Es schien, als führten sie ein normales Leben unter der Woche, um dann am Wochenende ihr Geld für Alkohol und Drogen auszugeben. Mir sollte es recht sein, Hauptsache, das Geschäft lief.

Finger am Abzug

Endlich verdienten wir etwas mehr Geld und konnten ein besseres Leben führen. Zumindest für unsere Verhältnisse. Wir lebten trotzdem weiterhin auf der Straße und von der Hand in den Mund. Immerhin konnten wir uns aber Essen leisten und liefen nicht mehr dauernd mit knurrendem Magen umher. Ich kaufte mir *Chicken Pie*, sooft ich wollte. Manchmal wechselte ich zu *Fish 'n' Chips*, einem anderen typischen Essen in Kapstadt. An guten Abenden gönnte ich mir sogar *Ugali* und gegrilltes Fleisch.

Das Geld reichte auch, um uns neu einzukleiden. Damit stiegen wir im Rang derer auf, die auf der Straße lebten. Wir waren nicht mehr die wehrlosen, bettelarmen Straßenkinder mit zerschlissenen Hosen, sondern im Kreis der Kriminellen angekommen, mit denen man sich nicht mehr so schnell anlegte. Das gab uns zumindest etwas Sicherheit, wenn man davon auf Kapstadts Straßen überhaupt sprechen konnte.

Vor der nächtlichen Vertick-Tour mussten wir zu Tony nach Hause, um ihm seinen Teilbetrag abzugeben und neue Ware zu holen. Manchmal kam er noch in derselben Nacht zu den Klubs, um sich sein Geld sofort zu holen. Man wusste nie, in welchem Zustand man ihn antraf. Mal war er aufgedreht und übermütig, manchmal barsch und sehr kurz angebunden. Ihm ging es einzig und allein ums Geld. Aber er schien zufrieden mit mir. Ich fühlte mich immer sicherer, bis ich eines Tages wohl übermütig wurde und einem Abnehmer vor einer Bar in der Long Street die Pillen auf Kredit ausgab. Er war knapp bei Kasse gewesen und versicherte mir, das Geld am nächsten Abend zur gleichen Zeit am gleichen Ort zurückzugeben. Dort wartete ich eine Nacht lang vergebens und hatte weder Geld noch Pillen.

Einige Tage ging ich daher dem Besuch bei Tony aus dem Weg, doch irgendwann musste ich wieder zu ihm. Ich brauchte dringend neue Ware. Tony wohnte mit seiner Familie etwas außerhalb, im Woodstock-Viertel. Die Gegend war anders als der Rest Kapstadts. Ein farbiger Mix aus alten, renovierten Kolonialhäusern und bunten Neubauten. Hier lebten tatsächlich Menschen jeglicher Hautfarbe, Nationalität und Religion zusammen. Geschäftsleute, Künstler und solche wie Tony, die ihr Geld mit kriminellen Machenschaften verdienten, daneben aber mit ihrer Familie ein normales Leben führten.

Tony wohnte mit seiner Frau und zwei Kindern in einer kleinen Seitenstraße in einem Wohnblock. Ich klingelte und seine Frau öffnete die Tür. Sie war so, wie man sich eine afrikanische Mama vorstellte. Sie war immer sehr freundlich zu mir, vielleicht tat ich ihr leid.

»Pappy«, rief sie erfreut und bat mich herein. »Möchtest du etwas essen, mein Junge?« Ohne meine Antwort abzuwarten, ging sie in die Küche und stellte einen Teller auf den Tisch.

»Vielen Dank.« Ich setzte mich und aß den Reis mit Huhn mit Genuss, auch wenn die bevorstehende Begegnung mit ihrem Mann mir Bauchschmerzen bereitete. Sie wusste, dass ich ihr selbst gekochtes Essen liebte. Es war nicht ungewöhnlich, dass ich einige Zeit in der Küche verbrachte und auf Tony wartete. Wegen seiner Frau und ihren Kochkünsten ging ich sehr gerne dahin, weniger jedoch wegen ihm. Meistens war er kalt und geschäftig, kein Mann vieler Worte. Besonders für uns Teenager hatte er wenig freundliche Worte übrig. Generell fackelte er nicht lange. Er wollte einfach nur sein Geld kassieren.

Kaum hatte ich das Essen verschlungen, kam Tony nach Hause. Als er in die Küche kam, stand ich sofort vom Stuhl auf. Ich wollte alles daransetzen, höflich zu sein.

»Sieh mal einer an«, sagte er scharfzüngig und zog eine Augenbraue hoch. Dann wandte er sich absichtlich von mir ab und tat so, als sei er mit etwas anderem beschäftigt. Er stand mit dem Rücken zu mir, als er mich fragte: »Wo ist mein Geld, auf das ich schon seit vorgestern warte?«

Das war ganz Tony. Er redete nicht lange um den heißen Brei herum. Ich hätte es eigentlich wissen müssen und mir wurde bewusst, was für eine dumme Idee es gewesen war, ohne Geld bei ihm zu Hause aufzukreuzen.

»Ich habe keins«, antwortete ich fast flüsternd.

Es war einen Moment mucksmäuschenstill. Dann nahm Tony ein Glas vom Tisch und schmetterte es mit voller Wucht auf den Boden. Es zersprang in tausend kleine Scherben. Ich erschrak ungemein und zuckte zusammen, genauso wie seine Frau, die wortlos etwas weiter weg von mir stand. Dann drehte sich Tony ganz langsam um. Sein Gesicht war voller Wut und Zorn. Ich wusste nicht, was ich machen sollte, und fiel auf die Knie und bettelte ihn an.

»Ich bringe es morgen. Versprochen.«

Er biss seine Zähne zusammen und ich sah, wie seine Wangenmuskeln sich spannten. Seine Augen verengten sich. Dann brüllte er fuchsteufelswild los: »Gib mir die Pillen oder mein Geld zurück oder ich bringe dich um!«

Tony meinte es tatsächlich ernst. Er zog eine Waffe aus seinem Hosenbund, packte mich am Kragen und hielt sie mir an die Schläfe. Ich spürte das kalte Eisen an meinem Kopf und schloss die Augen. Er würde nicht lange warten, sondern abdrücken, ohne mit der Wimper zu zucken.

»Tu es doch.«

Meine Stimme war ruhig. Ich war selbst überrascht über die Worte, die über meine Lippen kamen. Aber ebenfalls auszurasten hätte die Situation nur noch mehr eskalieren lassen. Wenn mich das Leben bisher eines gelehrt hatte, dann war das, ruhig zu bleiben. Tatsächlich meinte ich es aber auch aufrichtig. Es war mir alles egal in dem Moment. Für was würde es sich lohnen, noch am Leben zu bleiben? Ich hatte schon alles verloren. Zu verlieren gab es nichts mehr.

Jetzt schaltete sich seine Frau ein und flehte ihn an: »Tony, hör auf. Lass den Jungen gehen. Bitte. Das ist es nicht wert.«

Sie zerrte an ihrem Mann, versuchte, auf ihn einzureden. Ihre Stimme war anfangs noch bettelnd, dann wurde sie etwas energischer. Am Anfang unterhielten sie sich noch auf Englisch. Irgendwann wechselten sie in ihre Muttersprache. Dann verstand ich gar nichts mehr. Ein paar Minuten ging es hin und her. Tony hatte mich weiter fest im Griff mit der Pistole an meiner Schläfe. Seine Frau zerrte immer noch an ihm und es wurde lauter. Auf einmal stieß er mich weg und ich fiel zu Boden.

Seine Frau hob die Hände zum Himmel und jammerte verzweifelt. Fluchend verließ Tony die Küche.

Hätte er mich umgebracht, wäre ich sang- und klanglos verschwunden. Niemand außer Olivier, Alba und Flic hätten nach mir gefragt. Doch bald wäre für sie das Leben weitergegangen. Nicht nur der Krieg war unberechenbar und brutal. Auch die Straßen Kapstadts. Es war ein Kommen und Gehen. Was heute war, konnte morgen schon wieder anders sein. Ich wäre nicht der Einzige gewesen, der an dem Tag von einer Kugel getroffen worden wäre. Mein Tod wäre keine Ausnahme gewesen. Auch wenn wir sonst niemand kannten, hörten wir oft von Menschen, die plötzlich verschwanden oder umgebracht wurden. So etwas spricht sich auf den Straßen schnell herum. Für Tony hätte es keine Konsequenzen gehabt. Ich war nur ein Straßenkind und ohne Familie. Zudem ein Flüchtling, von dem keiner wusste, dass er überhaupt im Land war.

Das Leben konnte jeden Moment zu Ende sein. Das war die Realität, im Kongo wie auch hier. Wegen Tonys Frau kam ich mit dem Leben davon. Sie und ihren Mann sah ich danach allerdings nicht mehr wieder. Ich mied ab da die Orte, von denen ich wusste, dass Tony sich dort oft aufhielt.

Damit war das Drogenverticken zu einem schnellen Ende gekommen. Auch Olivier, Alba und Flic ließen davon ab. Auf einmal standen wir wieder mit nichts da und es ging von vorne los: *food bank*, betteln, Autos bewachen und waschen oder auf andere Weise Essen beschaffen.

Essen von Allah

»Soll ich wirklich?«, fragte ich meine Freunde, bevor ich an die Tür der Moschee klopfte.

»Ja, mach schon«, meinte Flic.

Wir waren hungrig. Wie schon während unserer Anfangszeit in Südafrika klopften wir wieder an Türen. Diesmal auch bei Kirchen. Traurigerweise blieben uns die Türen dort verschlossen. Ich war enttäuscht. Damit hätte ich nicht gerechnet, wo es im Gottesdienst früher doch immer um Nächstenliebe und Barmherzigkeit gegangen war.

»Dann versuchen wir es halt bei den Moslems«, hatte Alba zuerst im Scherz gemeint. Als wir aber immer verzweifelter wurden, entschieden wir uns, genau das zu tun.

Jetzt standen wir vor der gelben Moschee im Stadtteil Maitland. Während meiner Zeit in Bukavu hatte ich jeden Morgen den Ruf des Muezzins über das Megafon gehört. Ich hatte aber niemals eine Moschee betreten. Wenn meine Eltern gewusst hätten, wo wir gerade standen, hätten sie mir die Leviten gelesen. Da war ich mir sicher. Es war der Hunger, der uns vor dieses Gotteshaus getrieben hatte. Wenn die Gläubigen uns etwas zu essen geben würden, dann würden wir es nicht abschlagen. Und siehe da, die Tür öffnete sich. Ein Mann mit Bart, bodenlangem weißem Gewand und Kopfbedeckung lächelte uns freundlich entgegen.

»Kommt herein«, sagte er. Er forderte uns auf, ihm zu folgen, und führte uns in einen großen Saal, auf dem kleine Teppiche am Boden lagen. Einige Menschen hatten sich bereits dort versammelt und knieten nieder. Auch der Mann setzte sich nun. Wortlos schaute er uns an, und ohne weitere Fragen zu stellen, machten wir das Gleiche, was er tat. Jetzt beugte er seinen Kopf so weit nach unten, bis seine Stirn den Boden berührte. Dabei murmelte er »Allahu akbar« und etwas in einer mir fremden Sprache. Das Gleiche wiederholte er und beugte sich immer wieder zum Boden. Wir taten es ihm andächtig nach, auch wenn wir nichts verstanden.

Beim Niederbeugen blickten wir uns untereinander unauffällig an und zuckten mit den Schultern. Im Stillen dachte ich nur: *Bitte lass am Ende was zu essen rausspringen!*

Das Ende ließ leider lange auf sich warten. Das Auf und Ab, unterbrochen von Gesängen, Gebeten und Stillsitzen, dauerte einige Stunden. Doch danach wurde unsere Hoffnung nicht enttäuscht, denn wir bekamen tatsächlich etwas zu essen. Ab da suchten wir die Moschee täglich auf. Oft gab es nur etwas zu essen, wenn wir als Gegenleistung mit ihnen mitbeteten. Also ließen wir es über uns ergehen. Es gab vor allem süßes Gebäck und frittierte Bällchen, sogenannte *Fatcooks*. Aber das war uns egal, Hauptsache, wir hatten etwas im Bauch.

Nach über zwei Wochen begriffen wir die Rituale und den Glauben der Muslime immer noch nicht. Wir lernten immer mehr auswendig, aber verstanden genauso wenig wie am Anfang. Es blieb alles fremd für uns. Die Sprache, die Schrift an den Wänden, die

Kleidung der Gläubigen, die Gebete und Gesänge, die keine richtigen Lieder zum Mitsingen und Tanzen waren. Sie gaben uns zwar Bücher mit, allerdings verstanden wir mit unserem Englisch nicht einmal die Hälfte. Was wir hörten, war uns unbekannt. Zwar tauchten einmal kurz die Namen von Mose und Abraham auf, aber die Geschichten waren anders als die der Bibel.

»*Wende na Yesu* – Geh mit Jesus«, das waren Mamas letzte Worte an mich gewesen. Das hier hatte sie damit sicher nicht gemeint. Hier wurde zu einem anderen Gott gebetet, das war mir klar. Es fühlte sich nicht richtig an. Meinen Freunden ging es ebenso. Ich bekam fast ein schlechtes Gewissen. Nicht nur gegenüber meinen Eltern, sondern auch dem Gott gegenüber, den ich bisher gekannt hatte. Ich fragte mich allerdings immer noch, warum er uns nicht aus unserer Misere half, wir seit Jahren dahindarbten und immer vom Regen in die Traufe kamen.

In der Moschee bekamen wir zwar Essen, aber nicht das, wonach wir auf Dauer suchten, um ein sinnhaftes Leben weg von der Straße zu führen. Die Zwei-Wochen-Exkursion in die Moschee endete genauso schnell, wie sie begonnen hatte. Als sowohl wir als auch die Muslime merkten, dass kein aufrichtiges Interesse bestand, gaben alle auf. Auch wenn die Menschen dort immer nett zu uns gewesen waren und das Loch im Magen mit süßem Gebäck gestopft hatten, zog es uns weiter an andere Orte. Das waren allerdings Orte, vor denen es mir bisher immer gegraut hatte.

Ein eigenes Zuhause

Ich setzte den Topf mit Wasser auf das Feuer in unserer kleinen Baracke. Als es kochte, gab ich das Mehl dazu und rührte es mit unserem selbst gemachten Kochlöffel aus Holz um. Es gab *Pap*, das in Südafrika mit Maismehl und nicht, wie unser *Ugali*, mit Cassavamehl zubereitet wurde.

Endlich konnten wir unser Essen selbst zubereiten! Es gab uns ein kleines Gefühl von Heimat, auch wenn es außerhalb unserer Baracke nicht den Anschein machte. Wir ernährten uns fast nur von *Pap*, was normalerweise als Beilage serviert wird. Aber Wasser und Mehl füllten den Magen, das war die Hauptsache.

»Mmh, heute mit Tomatensoße«, freute sich Flic. Ja, es war beinahe ein Fest, wenn es Soße dazu gab. Es war eine Dose Tomatenmark, die ich mit Wasser verdünnte. Immerhin besser, als den *Pap*, so wie sonst, nur in Salzwasser zu tunken.

»Und sogar ein Ei«, rief ich meinen Freunden zu. Die Eier hatte ich im Supermarkt gekauft, sie kosteten nur wenige Rand. Ich formte die Klöße und gab jedem einen auf seinen Teller. Dann setzte ich mich zu Olivier, Alba und Flic auf die einzige Matratze am Boden. Letztendlich waren wir doch in einem Township gelandet. Nach dem Vorfall mit Tony waren wir nach mehreren Monaten auf der Straße wieder am gleichen Punkt wie ganz zu Beginn unserer Zeit in Kapstadt gewesen. Nur fühlten wir uns jetzt noch unsicherer. Schließlich hatten wir doch den Gang zur Behörde gewagt und uns als Flüchtlinge registrieren lassen. Um nicht in Pflegefamilien gesteckt zu werden, hatten wir angegeben, älter zu sein. Auf dem Papier war ich nun achtzehn Jahre alt, in Wirklichkeit jedoch erst fünfzehn.

Als Flüchtlingen wurde uns die Hütte frei zur Verfügung gestellt. Wir waren im Township Gugulethu gelandet. Die Bretterbude war nicht groß, etwa drei mal drei Meter. Eine Wand schloss direkt an die des Nachbarn an. Wie wir es bereits aus dem Zug gesehen hatten, war auch unser Wellblechdach mit Steinen beschwert, sodass es der Wind nicht wegwehen würde. Inzwischen hatten wir auch in Kapstadt schon einige Stürme miterlebt, die alles wegbliesen, was nicht niet- und nagelfest war.

Unsere Behausung hatte eine Tür, die man allerdings nicht absperren konnte. Einen festen Boden hatte sie nicht und so lag die Matratze auf der nackten Erde. Nachts quetschten wir uns quer nebeneinander darauf, wie Sardinen in der Dose, mit dem Oberkörper auf der Matratze und den Beinen auf der Erde. Im Gegensatz zur Straße hatten wir immerhin einen Unterschlupf und Rückzugsort, der uns vor Regen schützte.

Zumindest waren es nach Jahren unsere ersten vier Wände, in denen wir endlich unser eigenes Essen kochen konnten. Das war auf der Straße nicht möglich gewesen. So hingen wir zu viert auf der Matratze und mampften genüsslich unser *Pap* mit Tomatensoße und Ei. Ein seltener Glücksmoment, wenn das Essen nicht knapp war und wir einen vollen Magen hatten.

Im Township lernten wir das Leben in Südafrika noch mal von einer anderen Seite kennen. Unweit unserer Hütte war eine von vielen *Shebeens*, so wurden die Bars der Townships genannt. Tagein, tagaus hörten wir die Musik, die dort laut gespielt wurde. Das Lied *Thanayi* von Hugh Masekela war immer noch sehr angesagt. Ich kannte es bereits von meinen nächtlichen Pillen-vertick-Touren aus den Bars der Stadt. Auch in Gugulethu lief es rauf und runter und ich liebte es.

Die Musik, der Rhythmus und die ausgelassene Stimmung ließen mein Herz höher schlagen und mich melancholisch werden. Ich erinnerte mich an meinen Papa und an die Zeiten vor dem Krieg. Wie er sonntags stundenlang auf dem Sofa gesessen und der Musik zugehört hatte. Wir Kinder, die dazu tanzten. Die Idee meiner Tanzgruppe, die an einem dieser Sonntage entstanden war. Ich sah wieder Papas glückliches Gesicht vor mir und wie er mit den Füßen zum Takt wippte. Manchmal nahm er Mama an die Hand und tanzte mit ihr, was mich immer zum Schmunzeln brachte. Jetzt machte es mich wehmütig. Man hätte meinen können, dass der Krieg uns damals zu Hause die Lust auf Musik und Tanzen genommen hätte. Aber so war es nicht gewesen. Im Gegenteil, es hatte etwas Vertrautes für uns gehabt. So konnten wir die Welt ums uns herum zumindest für einen kurzen Moment vergessen, während draußen der Krieg tobte.

So ähnlich ging es mir auch hier in Gugulethu. Wenn ich Musik hörte, vergaß ich für einen Moment, wo ich war. Dann war die Welt für kurze Zeit in Ordnung. Ich hörte der Musik der *Shebeens* gerne zu und mochte es, wenn Menschen zusammenkamen, um sich zu unterhalten und zu feiern. Im Gegensatz zu den Bars im Zentrum durften wir Kinder in die *Shebeens* hinein. Oft mischte ich mich unter die Menschen und fühlte mich nicht mehr so allein. Drinnen war die Musik noch lauter und es wurde getanzt.

Auch vor den *Shebeens* war immer etwas los. Da gab es einen riesengroßen, oft selbst gebauten Grill, einen *Braai*, wie man es in Südafrika nennt. Fleisch zu grillen wurde richtiggehend zelebriert. Wunderbar, wie ich fand. Auch wenn ich es mir selten leisten konnte. Besonders am Wochenende platzten die *Shebeens* aus allen Nähten und es herrschte ein lauter Stimmenwirrwarr.

In Gugulethu sprach man Xhosa, was wir versuchten uns anzueignen, um von den Einheimischen akzeptiert zu werden. Anerkannt wurden wir besonders von den Kindern, die tagsüber immer wieder mit uns Fußball spielten. Das war ja schon vor Jahren eine Leidenschaft von mir gewesen. Olivier, Alba und Flic waren dagegen nicht richtig dafür zu begeistern. Das Einzige, was ich mir von Tonys Geld außer Essen und Kleidung je wirklich gegönnt hatte, waren ein Paar Fußballschuhe und ein Fußball gewesen.

Die Gemeinschaft mit meinen drei Freunden, die *Shebeens*, der *Braai* und das Fußballspielen waren so ziemlich das Einzige, was das Leben in Gugulethu lebenswert machte. Abgesehen davon hatte die Akzeptanz der Einheimischen ihre schmerzhaften Grenzen.

Schlechter Umgang

Das Leben und der Alltag in Gugulethu funktionierten nach ihren eigenen Regeln und die wurden bestimmt von den *Tsotsis*. Das waren Jugendliche und junge Erwachsene, die sich zu Gangs zusammenrotteten und vor Diebstahl, Prügel und noch Schlimmerem keinen Halt machten. Kam ihnen jemand bei ihren Machenschaften in die Quere, schreckten sie auch nicht davor zurück, wen auch immer mundtot zu machen. Ohne Geld und Bildung war Kriminalität für sie die einzige Perspektive, etwas, das wir durchaus gemeinsam hatten.

Anfangs waren wir noch so etwas wie Verbündete. Von ihnen lernten wir, ohne Fahrkarte auf einen fahrenden Zug aufzuspringen, um damit ins Zentrum zu kommen, wo wir zwischenzeitlich wieder auf Parkplätzen und an Straßenampeln unser Geld verdienten. Diese Fahrten waren der pure Stress. Wir sprangen von Abteil zu Abteil, um nicht erwischt zu werden. Einmal war ich zu langsam und der Kontrolleur packte mich. Bevor ich noch ein Wort zu meiner Verteidigung sagen konnte, stieß er mich aus dem fahrenden Zug. Ich knallte auf dem harten Boden auf und kam irgendwo zwischen Gugulethu und Kapstadt wieder zu Bewusstsein. Außer ein paar Schrammen war mir zum Glück nichts Schlimmeres passiert.

Es waren auch die *Tsotsis*, die uns die besten Tricks für Diebestouren in Einkaufsläden zeigten. Die Zeit des Um-Essen-Bettelns hatte damit ein Ende und wir konnten uns bei dem wenigen Geld, das wir auf Parkplätzen verdienten, mehr leisten. Im Gegensatz zu den *Tsotsis* schreckten wir aber davor zurück, Menschen zu bedrohen, um an Geld zu kommen. So etwas, wie wir es in Johannesburg miterlebt hatten, hatten wir uns nie getraut.

So verbrachten Olivier, Alba und Flic und ich die Tage im Zentrum Kapstadts und die Nächte in Gugulethu. Allerdings ging jeder inzwischen immer mehr seine eigenen Wege. Oft kam es vor, dass wir nicht zu viert in unserer Baracke übernachteten, weil es einer nicht auf den Zug zurück nach Gugulethu geschafft hatte und die Nacht irgendwo auf der Straße verbrachte.

Mit der Zeit wurde Gugulethu immer gefährlicher für uns. Ausländerfeindlichkeit unter den schwarzen Afrikanern erlebten wir fast täglich. Man nannte uns *Makwirikwiri*, das war ein abwertender Begriff für Ausländer und illegale Einwanderer. Für die meisten waren wir Störfaktoren und Fremdlinge, die den Einheimischen die Unterkunft und Arbeit wegnahmen.

Die *Tsotsis* mochten uns immer weniger und waren hinter uns her. Wir wurden mehrmals von ihnen attackiert, verprügelt und gerieten in brenzlige Situationen, die von der einen auf die andere Sekunde eskalierten. Einige Male wurden wir mit Waffen bedroht, wenn sie uns in unserer Hütte überraschten und unser weniges Geld verlangten. In unseren ersten eigenen vier Wänden fühlten wir uns nicht sicher. Die Ungewissheit, was als Nächstes passieren könnte, saß uns ständig im Nacken.

So entschieden wir uns nach etwa sechs Monaten, wieder auf die Straßen Kapstadts zurückzukehren. Doch bald darauf wagten wir den törichten Schritt und zogen für einige Zeit in eins der größten Township Kapstadts: Khayelitsha. Keine Ahnung, wie wir auf die Idee kamen, es könnte dort besser werden. Es war fünfmal so groß wie Gugulethu und mindestens genauso gefährlich. Die *Tsotsis* waren auch hier in Gangs organisiert und es herrschten sogar unter ihnen Revierkämpfe.

Unser Leben in Kapstadt befand sich in einer Abwärtsspirale, die immer noch ein Stück tiefer führte. Für Alba wurde es irgendwann zu viel. Er begann, die Drogen zu nehmen, die wir einst verkauft hatten. Irgendwann verlor ich den Überblick, was er sich alles reinzog und einwarf. Auch wenn wir alles versuchten, konnten wir ihn nicht davon abhalten. Wir wurden alle älter, trafen unsere eigenen Entscheidungen und schlugen mehr und mehr eigene Wege ein. Alba hatte sich wohl für einen falschen Weg entschieden.

Doch auch ich ging meinen eigenen Weg und bald entschied ich mich, Kapstadt zu verlassen. Den Traum von einem besseren Leben hatte ich noch nicht aufgegeben und hoffte, außerhalb der Stadt weiter östlich im Landesinneren mein Glück zu finden.

Ich weiß nicht, ob es meine Sturheit, Verzweiflung, Gleichgültigkeit oder eine Mischung aus allem war, die mich dazu veranlassten, meine Freunde und jahrelangen Weggefährten zu verlassen. Doch eines Tages sprang ich einfach auf den Zug, ohne jemandem etwas zu sagen.

9
ALLEIN UNTERWEGS

Wieder einmal kam es anders als geplant.

Eigentlich hatte ich nach Paarl gewollt, was etwa eine Stunde östlich von Kapstadt entfernt lag. Jetzt war ich irgendwo dazwischen in einem Ort namens Muldersvlei gelandet. Wie immer hatte ich kein Ticket. Als ich wieder mal vor dem Kontrolleur flüchten musste, sprang ich aus dem Zug und wartete nun am Bahnhof auf den nächsten.

Da sprach mich auf einmal jemand in Swahili an: »Bruder, was machst du hier?«

Ich war mehr als erstaunt, meine Muttersprache zu hören. Woher wusste er, dass ich Swahili sprach? »Ich will nach Paarl. Woher kommst du?«, fragte ich skeptisch zurück.

»Aus dem Kongo.«

Jetzt war ich noch mehr von den Socken. Es stellte sich heraus, dass der Mann tatsächlich aus Bukavu kam. Wir unterhielten uns eine ganze Weile, bis ich ihm irgendwann meine Situation schilderte. »Eigentlich bin ich auf der Suche nach Arbeit und einem Platz, wo ich bleiben kann.«

Pacifique, so war sein Name, machte mir ein Angebot: »Komm einfach mit mir. Ich arbeite und wohne für die Saison bei einer Bauernfamilie. Da kannst du sicher auch mithelfen.«

Also ging ich mit ihm. In der Gegend östlich von Kapstadt wurden viel Wein und Gemüse angebaut. Pacifique arbeitete auf einer Gemüsefarm und wohnte in einem kleinen Anbau neben dem Haupthaus der Gutsfamilie. Sie waren sehr freundlich und erlaubten mir, zu bleiben und bei den Arbeiten zu helfen. Ich musste die Kühe füttern, die Pflanzen düngen und auf den Feldern Mais, Karotten und Frühlingszwiebeln ernten. Ich verdiente zwar nichts, hatte aber einen Ort zum Schlafen und genug zu essen. Es war das erste Mal nach Monaten, dass ich mich wieder sicherer fühlte.

Das Landleben war wesentlich ruhiger und vorhersehbarer als die Townships und Straßen Kapstadts. Die Mahlzeiten nahmen wir zusammen mit der Familie ein, was ich sehr genoss. Die Frau des Hauses kochte wunderbar. Sie hatten Kinder und ich fühlte mich irgendwie zugehörig. Tatsächlich ein bisschen wie ein Teil der Familie.

Am Sonntag gingen sie in die Kirche und ich durfte mit. Seit ich den Kongo verlassen hatte, war ich das erste Mal wieder in einem Gottesdienst. Er war zwar komplett anders als zu Hause, aber es gefiel mir. Ich begann sogar, wieder ab und zu zu beten, was ich schon lange nicht mehr getan hatte. In dieser Zeit dachte ich so oft an meine Familie wie schon lange nicht mehr. Insbesondere an unser Familienleben.

Als die Saison nach ein paar Monaten zu Ende ging, verließ Pacifique die Farm. Auch für mich gab es nichts mehr zu tun und so musste ich schweren Herzens weiterziehen. Planlos hing ich wieder auf der Straße herum. Ohne die leiseste Ahnung, dass ich bald schon wieder in eine schreckliche und ausweglose Situation geraten sollte.

Einsame Schreie

Einmal mehr rüttelte ich vergeblich an dem Gitter vor dem Fenster. Seit Tagen schon saß ich in diesem Haus fest. Einem Haus, das noch im Entstehen war und eher einer Baustelle glich. Die Wände waren fertig gemauert und die Böden bereits gelegt. Es gab auch Fenster und Türen, doch die waren fest verschlossen und boten keine Fluchtmöglichkeit. Ich war gefangen und hatte keine Ahnung, wann der Typ, der mich hier eingesperrt hatte, zurückkommen würde.

Immer wieder fragte ich mich, warum ich nur mit ihm mitgegangen war. Dass man Fremden nicht trauen konnte, wusste ich eigentlich. Er hatte versprochen, mich dafür zu bezahlen, dass ich ein Haus bewachte, in dem ich gleichzeitig wohnen könnte. Damit wären für mich zwei Fliegen mit einer Klappe geschlagen gewesen: Arbeit und ein Dach über dem Kopf. Deshalb war ich ihm gutgläubig gefolgt.

Die Baustelle befand sich im Township Khayelitsha. Ich war also wieder dort gelandet, von wo ich ursprünglich weggewollt hatte. Der Typ hatte die Tür geöffnet und mir das Haus gezeigt. Es war groß, hatte viele Räume, aber noch keine Möbel, mit Ausnahme eines einzelnen Herdes. Darauf hatten wir sogar noch *Pap* gekocht und es gemeinsam gegessen. Doch danach verhärtete sich plötzlich sein Blick, er verließ das Haus, schloss von außen ab und ging.

Alles passierte so schnell, dass ich kaum reagieren konnte. Als ich merkte, dass er mich gerade eingesperrt hatte, rannte ich gegen die Tür und schlug dagegen. Ich konnte es kaum glauben! Überall suchte ich nach Fluchtwegen. Die Fenster waren so weit oben, dass ich nicht herankam. Es war ausweglos.

Die folgenden Tage schlug ich immer wieder gegen die Tür und schrie mir die Seele aus dem Leib in der Hoffnung, jemand würde mich hören. Wie bereits im Naturreservat an der Grenze war bald nicht nur der Hunger, sondern vor allem der Durst mein größtes Problem. Es gab nirgends Wasser. Würde das hier wirklich mein Ende sein, nach all dem, was bereits hinter mir lag? Mutterseelenallein zu verhungern und zu verdursten? Oder würde der Typ doch zurückkommen? Was würde er dann mit mir tun? Ich hatte Angst. Jeden Tag schrie ich, bis ich nicht mehr konnte. Meine Kehle war wund und trocken, meine Kräfte und auch meine Hoffnung schwanden immer mehr.

In dieser Situation fing ich an zu beten. Es war das Einzige, was mir noch blieb. Nicht mal meinen Rosenkranz hatte ich mehr. Er war mir irgendwann abhandengekommen. Die Zeit verging zäh, jede Minute erschien mir wie eine Ewigkeit.

Plötzlich hörte ich Stimmen an der Tür: »Was machst du da drin?« Das musste einer der Bauarbeiter sein.

Mit letzter Kraft rief ich zurück: »Ich bin seit Tagen hier eingesperrt. Bitte hilf mir raus.«

Daraufhin hörte ich, wie mehrere Leute an der Tür hantierten und sie schließlich aufbrachen. Die drei Männer sahen sofort, wie schwach ich war. Einer der Bauarbeiter reichte mir seine Wasserflasche, dessen Inhalt ich hastig in mich hineinschüttete. Meine Befreier gaben mir sogar noch etwas Geld, damit ich den Zug nehmen und das Township so schnell wie möglich verlassen konnte.

So saß ich bald wieder im Zug nach Osten. Warum dieser Typ mich in dem Haus eingesperrt hatte, blieb mir ein Rätsel.

Gefährlicher Job

Endlich kam ich nach Paarl, wie ich es schon länger geplant hatte. Die Stadt war wesentlich kleiner als Kapstadt und ich versuchte mich zuerst wieder im Autobewachen. Die Konkurrenz an Parkplatzwächtern war zwar kleiner als in Kapstadt, trotzdem brachte es mir auch diesmal nicht viel Geld ein. Doch bald tat sich eine neue Verdienstmöglichkeit auf. Ein Ladenbesitzer, mit dem ich auf der Straße Bekanntschaft geschlossen hatte, bot mir eines Tages an, für ihn zu arbeiten. Er handelte mit gestohlenen Mobiltelefonen, die er weiterverkaufte.

Warum nicht, wenn es Geld einbringt?, dachte ich mir. Es schien jedenfalls weniger hektisch, als Drogen zu verticken, und weniger langweilig, als mir die Beine auf Parkplätzen in den Bauch zu stehen.

Der Mann schaffte die gestohlenen Mobiltelefone herbei und zeigte mir, was ich zu tun hatte. Ich lernte schnell und fing an, die Mobiltelefone zu »reparieren«. In Wirklichkeit tat ich natürlich nur so und wechselte stattdessen die gestohlenen Mobiltelefone einfach auf einen anderen Anbieter. Dann verklickerte ich dem Käufer, über welchen Anbieter das Handy funktionieren würde. Manchmal kamen auch Kunden mit Mobiltelefonen, die sie selbst gestohlen hatten, und bezahlten mich dafür, sie freizuschalten.

Ernüchtert und frustriert stellte ich bald fest, dass das viel weniger einbrachte, als mit Drogen zu handeln. Doch obwohl diese Arbeit dafür wesentlich entspannter war, eskalierte die Situation eines Tages.

Ein Kunde hatte mir sein Telefon zur angeblichen Reparatur gebracht. Anstatt es ihm nach getaner Arbeit zurückzugeben, verkaufte ich es weiter. Natürlich tauchte er irgendwann im Shop auf und wollte sein Telefon zurück. Das hatte aber bereits einen neuen Besitzer.

Leider war ich zu der Zeit allein im Laden, mein Chef war gerade unterwegs. Der Kunde war außer sich, machte eine riesige Szene, drohte mit der Polizei und zwang mich schließlich, mit ihm mitzukommen. Ich hatte keine andere Wahl und folgte ihm. Der Typ führte mich in einen Hinterhalt, wo uns niemand sehen konnte, und prügelte mich windelweich. Mit seinen Fäusten schlug er mir ins Gesicht und in die Rippen.

Bald lag ich am Boden. Wehren konnte ich mich nicht. Er war ein ausgewachsener Mann, ich ein magerer Teenager. Doch er kannte keine Gnade. Zwischen seinen Tritten und Schlägen dachte ich wie schon so oft: *Gleich ist es vorbei mit mir.* Wieder einmal würde es keiner mitbekommen.

Nachdem er eine gefühlte Ewigkeit auf mich eingeschlagen hatte, ließ der Mann von mir ab. Ich lag eine Weile zusammengekrümmt da und spürte, wie das Blut aus meinem Mund tropfte. Meine Rippen schmerzten, als wären sie gebrochen. Jeder Atemzug tat höllisch weh. Nach einiger Zeit schleppte ich mich zur Straße. Ich konnte kaum noch laufen und brach erneut zusammen. Leise wimmerte ich vor mich hin.

Ein Engel namens Hilda

Als ich meine Augen öffnete, fiel mein Blick auf zwei Füße in Sandalen und einen bodenlangen dunklen Rock.

Ich sah langsam an der Person hoch und erblickte eine Haube. Das war eine Ordensschwester, wie ich sie aus dem Kongo kannte. Dort trugen sie dieselben Gewänder und Kopfbedeckungen. Sie beugte sich über mich.

»Wer bist du denn, mein Junge?«, fragte sie mit ruhiger Stimme. Sie half mir beim Aufstehen, was nur unter größten Schmerzen möglich war.

»Mein Name ist Pappy«, brachte ich mit Mühe und Not heraus.

»Ich bin Schwester Hilda.« Sie schaute mich mit einem liebevollen Blick an und nahm mich mit in ihren Orden Sankt Augustin, der sich nicht weit entfernt befand. Für mich war sie in dem Moment eine barmherzige Samariterin und ein Engel zugleich.

»Der hat dich ja ganz schön zugerichtet«, meinte Hilda, während sie mich behutsam verarztete. Sie fragte nicht gleich nach, was genau passiert war. Darüber war ich ganz froh. Stattdessen gab sie mir etwas zu essen und eine Bleibe für die Nacht.

Schwester Hilda war Inderin und der freundlichste Mensch, dem ich seit Langem begegnet war. Erst am nächsten Tag wollte sie Genaueres wissen. Sie hatte ein echtes und aufrichtiges Interesse. Die Annahme, die sie mir entgegenbrachte, war Balsam für die Seele. Ich musste ihr gar nicht alle Details erzählen. Ihr war die Realität von Straßenkindern und unbegleiteten minderjährigen Flüchtlingen durchaus bewusst, denn wie ich später erfuhr, hatte sie immer wieder mit ihnen zu tun. Sie hörte mir still zu.

Erst als ich zu Ende erzählt hatte, erwiderte sie: »Du hast doch noch eine ganze Zukunft vor dir, du bist noch so jung. Dein Leben muss nicht so enden wie gestern auf der Straße.« Es klang bestimmt und hoffnungsvoll. Ein bisschen beschämt schaute ich sie an und wollte zu gern glauben, was sie sagte.

So ging ich zwar zurück auf die Straße, besuchte aber von da an sonntags und oft auch an den Samstagabenden den Gottesdienst des katholischen Ordens. Ich genoss die Atmosphäre in der Kirche und fühlte mich von Schwester Hilda angenommen. Vieles erinnerte mich wieder an meine Familie und an unsere Kirche im Kongo, auch wenn der Gottesdienst etwas ruhiger war und nicht so viel getanzt wurde. Aber die Gebete und Liturgie waren ähnlich. In Sankt Augustin lernte ich das Vaterunser auf Englisch. An einem Sonntag schenkte mir Hilda einen Rosenkranz, dabei wusste sie nicht mal, dass ich meinen verloren hatte.

Unter der Woche brachte Schwester Hilda mir in einem Klassenzimmer des Ordens Englisch bei, während sie gleichzeitig älteren Frauen das Lesen und Schreiben erklärte. Hilda half mir sogar, eine Unterkunft zu finden. Sie bezahlte für mich ein kleines Zimmer in Mbekweni, einem kleinen Township in Paarl. Das Zimmer war in einem Haus, in dem außer mir noch ein Witwer und eine Familie lebten. Die Küche teilten wir uns, doch trotzdem war ich dort ziemlich oft allein, denn die anderen gingen entweder einer Arbeit nach oder zur Schule. Ab und zu organisierten die Schwestern des Ordens Tagesausflüge für Kinder und Jugendliche. Manchmal fuhren sie mit einem ganzen Bus nach Kapstadt an den Strand und nahmen mich mit. Mit anderen Kindern zu spielen ließ mich für kurze Zeit vergessen, dass ich ein Straßenkind war. Ich fühlte mich dann für einen Moment, wonach ich mich eigentlich die ganze Zeit sehnte: ein ganz normaler Junge zu sein.

Eines Tages sprach mich Schwester Hilda nach einer Englischstunde auf meine Familie und meine Heimat an. Ich erzählte ihr einiges, aber nicht alles, was ich bereits erlebt hatte. Sie hörte mir aufmerksam zu und verstand meine Not. Nach der nächsten Stunde kam sie nochmals auf mich zu und erzählte mir, dass der Orden Sankt Augustin auch Kontakte zur katholischen Kirche im Kongo hätte.

Dann fragte sie mich: »Pappy, soll ich versuchen, etwas über deine Eltern in Erfahrung zu bringen?«

Ich wusste gar nicht, was ich dazu sagen sollte. Ich war überwältigt. Die Gedanken an meine Familie und wie es ihr wohl ging, hatte ich immer mehr verdrängt. Sie führten stets zu dem traurigen Schluss, dass es wohl unmöglich wäre, jemals wieder mit ihnen in

Kontakt zu kommen. Es sei denn, ich würde zurückreisen. Doch das war unmöglich ohne Pass und ohne Geld. Meine Eltern hatten nicht mal ein Mobiltelefon besessen, als ich von zu Hause weggegangen war. Kontakt zu jemandem aus meinem Dorf, Bukavu oder überhaupt jemandem im Kongo hatte ich nicht.

Schwester Hildas Frage ließ meine Gedanken im Kopf nur so umherwirbeln. Wenn sie überhaupt noch am Leben waren, dann hatten sie Chiherano inzwischen bestimmt verlassen. Wenn dem so war, dann wären sie jetzt sicher in Bukavu. Würde man sie da unter den Tausenden von Menschen überhaupt ausfindig machen können? Wenn, wenn, wenn. So vieles war unsicher und doch war es seit Jahren ein erster Funken Hoffnung.

»Ja, bitte versuche, meine Familie zu kontaktieren, Schwester Hilda.«

Ich war voller gemischter Gefühle. Voller Hoffnung und Sehnsucht. Gleichzeitig voller Angst vor einer Enttäuschung und der traurigen Wahrheit.

Ein Lebenszeichen

Wieder einmal war ich auf dem Parkplatz unterwegs. Da sah ich Schwester Hilda auf mich zukommen. Das war sehr ungewöhnlich. Ich wurde nervös und lief ihr entgegen.

Sie lächelte bereits: »Pappy, ich habe gute Nachrichten für dich. Wir konnten deine Familie ausfindig machen.«

Ich konnte kaum glauben, was ich da hörte. Mir fehlten die Worte. Ich wusste nicht, was ich sagen oder wie ich reagieren sollte. Stille Freudentränen liefen meine Wangen hinunter.

Schwester Hilda erzählte weiter: »Deine Familie ist noch am Leben. Deine Mama hat gerade erst ein kleines Mädchen auf die

Welt gebracht. Du hast noch eine kleine Schwester bekommen, Pappy. Mehr Informationen habe ich leider nicht.«

Meine Tränen flossen weiter. Meine Eltern waren am Leben und sie wussten, dass ich lebte! Das war für mich in dem Moment genug. Unfassbar. Ich fand immer noch keine Worte. Schwester Hilda nahm mich in den Arm. Sie hatte es tatsächlich geschafft, über einen Priester im Ostkongo meine Familie zu kontaktieren.

»Pappy, du könntest ihnen einen Brief schreiben, was meinst du?«, schlug Hilda vor.

»Ist das möglich?«, fragte ich sie mit großen Augen.

»Wir können es versuchen«, nickte sie und lächelte.

Aufgewühlt und überglücklich machte ich mich an dem Abend in meinem Zimmer ans Schreiben. Ich weiß nicht, wie viele Entwürfe ich bereits auf Papier hatte und dann doch wieder zerriss. Es fiel mir so schwer, Worte zu finden!

Am Ende entschied ich mich, einen Brief und eine Karte zu schreiben. Die Karte schrieb ich auf Swahili, den Brief auf Französisch. Denn offizielle Briefe schrieb man im Kongo auf Französisch, das hatte ich so in der Schule gelernt. Und die Gratulation zu meiner kleinen Schwester war natürlich eine offizielle Sache!

Von meiner Situation und was ich alles durchgemacht hatte, wollte ich ihnen auf keinen Fall schreiben. Ich wollte es ihnen nicht noch schwerer machen. *Famille Rwizibuka*, schrieb ich als Einleitung. Ich dankte meinen Eltern, dass sie mir das Leben geschenkt hatten, und für ihre Liebe. Ich versicherte ihnen, dass Gott alles unter Kontrolle hätte, dass er auf uns aufpassen und uns versorgen würde. Es war das Einzige, mit dem ich sie ermutigen konnte. Dann wünschte ich ihnen Glück und Segen zur Geburt meiner Schwester. Zwar hätte ich kein Geschenk für sie, dafür aber einen Namen: Sie sollte den Zunamen Hilda erhalten. Natürlich schrieb ich auch, dass ich sie sehr vermisste und liebte. Ich unterschrieb mit: *Votre fils Pappy – Euer Sohn Pappy.*

Mir schnürte es die Kehle zu beim Schreiben und dem Gedanken, wie meine Eltern wohl reagieren würden. Ich stellte mir meinen Vater vor, wie er zuerst den Brief öffnen würde, und wie meine Mama ihn ihm dann aus der Hand reißen würde, um selbst zu lesen.

Lange wartete ich sehnsüchtig auf eine Antwort von meiner Familie. Jedes Mal, wenn ich Schwester Hilda im Gottesdienst oder im Englischunterricht sah, hoffte ich, sie hätte Neuigkeiten. Doch ich hoffte vergebens und die Zeit ging ins Land.

Das Parkplatzbewachen lief zäh wie immer. Unter der Woche besuchte mich Hilda immer wieder in meiner Unterkunft und brachte mir Essen und Süßigkeiten. Sie war eine wunderbare Frau, doch manchmal fühlte ich mich ein bisschen kontrolliert und eingeengt. Das passte mir immer weniger. Auch fühlte ich mich in meinem Zimmer oft allein. Mein Leben war ruhig geworden, was ich nicht gewohnt war. Ich vermisste Olivier, Alba und Flic immer mehr und sogar das Leben auf der Straße. Auch wenn es unberechenbar und nichts sicher war, war zumindest immer etwas los.

So kam es, dass ich eines Tages mein Zimmer verließ und wieder auf die Straße ging. Diese Entscheidung führte nur wenig später zu einer weiteren dramatischen Situation.

Hinter Gittern

Sie stießen mich in die Zelle hinein. Mir sackte das Herz in die Hose. Es war einer der schlimmsten Orte, die ich je gesehen hatte. Der Raum war klein, die dicken Mauern hatten bereits Risse und das Fenster glich mehr einem winzigen Loch.

Darin waren bestimmt um die zwanzig Männer auf engstem Raum zusammengepfercht. Alle saßen oder lagen auf dem dreckigen Boden mit wenigen Matten. Mehr gab es in dem Zimmer nicht. Ein paar Männer hoben ihre Köpfe, als die Wärter mich hineinschoben. Ich blickte in kalte und berechnende Augen. Andere starrten mit hoffnungslosem Blick ins Leere, fast bewegungslos.

Bestimmt sind einige von ihnen Mörder. Auf jeden Fall Schwerverbrecher. Wahrscheinlich schlimmere Typen als Tony, dachte ich schockiert und fragte mich, wie lange sie wohl schon hier waren. Einige wahrscheinlich schon sehr lange, wie ihr Gesichtsausdruck vermuten ließ. Es war Furcht einflößend, mit ihnen in einem Raum eingesperrt zu sein.

Ich war mit ein paar gestohlenen Mobiltelefonen unterwegs gewesen und von der Polizei erwischt worden. Die Polizisten hatten mich ins Allandale-Gefängnis von Paarl gebracht und direkt in die Zelle zu den erwachsenen Männern gesteckt. Offiziell war ich ja schon achtzehn Jahre alt.

Meine Gedanken kreisten wie wild. *Was, wenn ich hier niemals wieder rauskomme?* Keine Nacht wollte ich hier verbringen. Aus lauter Sorge war mir der Appetit vergangen. Noch dazu stank es ungeheuerlich. Nicht nur nach Schweiß und ätzender Luft. Die Toilette war ein Loch auf dem Boden, das sich im Nebenzimmer ohne Tür befand. Alle konnten zusehen, wenn jemand sein Geschäft verrichtete. Es war beschämend, es gab überhaupt keine Privatsphäre.

Doch obwohl ich nicht allein war, fühlte ich mich völlig einsam. Jeder schaute hier nur auf sich und kümmerte sich einen Dreck um die anderen. Jetzt war ich also ein Krimineller. Ein Verbrecher im Knast.

Die Tage im Gefängnis vergingen sehr langsam. Ich saß die meiste Zeit an der Wand, nur wenn ich nicht mehr sitzen konnte, stand ich kurz auf. Ins Freie durften wir nicht. In der Zelle waren

Coloureds und schwarze Südafrikaner. Sie sprachen Zulu, Xhosa oder Englisch. Ich hatte versucht, ihnen klarzumachen, dass ich unschuldig war. Sie lachten mich aus und antworteten spöttisch: »Wir sind auch alle unschuldig.« Äußerst selten unterhielt ich mich mit anderen Insassen. Erstens hörte jeder alles, was gesprochen wurde. Zweitens hatten manche das Sagen und tolerierten die anderen nur, wenn diese sich schön unterwürfig benahmen. Um nicht weiter in Schwierigkeiten zu kommen, blieb ich still.

Nach zwei Wochen gab es einen Lichtblick. Jeder Insasse hatte das Recht auf einen Anwalt und so wurde auch mir einer zugeteilt.

Als ich in einen anderen Raum gebracht wurde, wo ich den Anwalt traf, sagte er sofort zu mir: »Was machst du hier, deine ganze Zukunft liegt doch noch vor dir?« Er sprach englisch. Mit ihm war auch ein Übersetzer gekommen. Weil ich als Flüchtling gemeldet war, kannten sie meine Muttersprache Swahili. Damit hatte ich nicht gerechnet, aber war froh darüber.

»Wenn du hier rauskommen willst, musst du machen, was ich dir sage«, sagte der Dolmetscher. Er fügte den Übersetzungen immer noch weitere Informationen für mich hinzu, die nur ich verstand. »Sag niemandem, dass du Englisch verstehst. Tu so, als würdest du es gar nicht sprechen. Dann hast du bessere Chancen, hier bald rauszukommen«, raunte er mir eindringlich zu.

Sie verhörten mich zu dem, was vorgefallen war. Der Anwalt notierte sich alles, dann verließen die beiden Männer den Raum. Ich kam zurück in die Zelle. Man sagte mir, dass ich bald wieder etwas hören und der Anwalt vielleicht noch mal kommen würde. Das machte mir Hoffnung, doch gleichzeitig wusste ich nicht, wem man hier etwas glauben konnte und wem nicht. Ich hatte keine Ahnung, ob und wann ich hier wirklich rauskommen würde. Die Welt hinter Gittern war eine andere.

Zurück nach Kapstadt

Nach drei langen Wochen wurde ich aus der Zelle gerufen und in ein anderes Zimmer geführt. Man sagte mir, ich sei für unschuldig befunden worden, weil zu wenig Beweise gegen mich vorlägen. Und schließlich seien meine Englischkenntnisse bei der Festnahme zu schlecht gewesen, als dass ich den Sachverhalt richtig hätte erklären können. Dem Rat des Übersetzers zu folgen war also klug gewesen.

Mir wurde gesagt, dass jemand Geld für mich bezahlt und meine Strafe beglichen hätte. Jemand hatte mich quasi freigekauft. Später erfuhr ich, dass John aus dem Senegal die Kaution für mich bezahlt hatte. Er war eine flüchtige Straßenbekanntschaft aus Paarl gewesen und ich hatte für kurze Zeit seine Handtaschen auf der Straße verkauft. Er hatte irgendwie mitbekommen, dass ich im Knast war, und Mitleid mit mir gehabt. Ich war John unglaublich dankbar. Endlich wieder in Freiheit!

Kaum war ich draußen, arbeitete ich wieder für John. Doch ich war nicht erfolgreich und gab es schließlich auf. Das Heimweh nach Olivier, Alba und Flic wurde immer größer. So entschied ich mich schließlich, wieder nach Kapstadt zurückzugehen.

Es war nicht schwer, die drei zu finden. Ich traf meine Freunde auf einem der Parkplätze an, den wir oft gemeinsam bewacht hatten. Ich war voller Freude, wieder bei ihnen zu sein, und auch sie waren überglücklich, mich unversehrt wiederzuhaben. Wir fielen einander um den Hals und umarmten uns.

»Pappy, was hast du dir nur dabei gedacht? Wir haben uns solche Sorgen gemacht«, meinte Olivier und boxte mir lachend auf die Brust. Er erzählte mir, dass sie Plakate aufgehängt hätten, um mich zu suchen, nachdem ich plötzlich einfach verschwunden war.

Ich hatte einiges zu berichten. Bei ihnen dagegen war das tägliche Geschäft gleich geblieben: Parkplätze bewachen, Autos an

Ampeln putzen und sich durchklauen. Alba hatte immer noch einen Trip nach dem anderen und war ständig zugedröhnt.

Sie nahmen mich mit nach Woodstock, wo sie inzwischen ein Haus mit anderen teilten. Etwa fünfzehn Leute wohnten zu der Zeit darin. Es lag hinter einem Shop an der Hauptstraße und hatte drei Zimmer. In einem konnte ich mit meinen drei Freunden schlafen. Zu jeder Tages- und Nachtzeit war in dem Haus etwas los. Es war ein ständiges Treiben. Frauen kamen und gingen. Drogen wurden verkauft und mit gestohlener Ware gehandelt.

Der Boss des Hauses war ein Kongolese aus Bukavu. Er verdiente sein Geschäft vor allem mit einem Telefonanschluss für Auslandsanrufe, den er anderen gegen Gebühr zur Verfügung stellte. So kamen immer viele Ausländer, die ihre Familie in der Heimat anriefen, oder jemand aus dem Ausland rief an. Es war wie ein kleiner Ameisenhaufen, immer plärrte Musik und es wurde herumgeschrien.

Eines Tages saßen wir im Wohnzimmer und schauten fern, als wir plötzlich lautes Geschrei hörten. Dann fiel ein Schuss. Wir rannten sofort aus dem Haus und sahen einen Typen auf dem Boden hinter dem Shop liegen. Er blutete aus dem Kopf und war offensichtlich tot. Es war nichts mehr zu machen. Wahrscheinlich hatte es wieder Streit um Geld oder Drogen oder um beides gegeben. Außer dem Toten war niemand mehr zu sehen. Jemand aus dem Haus rief die Polizei, die alles aufnahm und jeden befragte.

Ich schaute auf die Leiche dieses Mannes und wurde an Mushagalusa, meinen Schulfreund, erinnert. Auch er hatte am Boden gelegen und Blut war aus seiner Wunde geflossen. Ich fragte mich, ob es auch einmal einen von uns vieren treffen würde. Die Frage war vermutlich nicht ob, sondern eher wann.

Auch wenn Tote auf Kapstadts Straßen zur Normalität gehörten, war es ein Schock für uns alle. Der Mord war fast in unserem eigenen Zuhause passiert, wenn man es überhaupt so nennen konnte. Uns Freunden wurde klar, dass dieses Haus kein Ort zum Bleiben war. Viel zu gefährlich und riskant. Wieder einmal war es an der Zeit, abzuhauen und etwas Neues zu suchen. Doch wohin?

10

ANS VATERHERZ

Was soll ich nur hier? Vor mich hin grübelnd kickte ich mit meinen Füßen ein paar Steinchen über die Straße und sah ihnen nach, wie sie in einer Zickzacklinie über den Asphalt hüpften. Wie so oft saß ich auf einer Bank auf dem Marktplatz in Worcester und hatte wieder einmal viel Zeit zum Nachdenken. Währenddessen bewachte ich in der Nähe parkende Autos.

Es war im September 2002, ich war nun sechzehn Jahre alt. Seit drei Monaten lebte ich in der kleinen Stadt östlich von Kapstadt. Das Ende unserer Zeit in der chaotischen Wohngemeinschaft hatte uns natürlich zurück auf die Straßen geführt, wohin sonst. Doch nach einiger Zeit hatte mich wieder der Frust gepackt und ich war in einer Kurzschlussreaktion erneut auf den Zug Richtung Paarl gesprungen. Auch diesmal hatte ich Olivier, Alba und Flic kein Wort davon gesagt.

Von Paarl aus hatte ich den Bus weiter nach Worcester genommen. Die Straße hatte kilometerlang durch Weinberge und den langen Hugenottentunnel geführt, an dessen Ende der Busfahrer gestoppt hatte wegen ein paar Affen am Wegrand. Ich konnte es nicht glauben, dass die anderen Busreisenden nicht nur wie wild Tausende Fotos von diesen Tieren schossen, sondern auch noch ihren Essensproviant an sie verfütterten. Sie hätten besser daran getan, ihr Sandwich mir zu geben! Ich schüttelte den Kopf bei dieser Erinnerung und die Wut kochte erneut in mir hoch.

Auch am Ende des Hugenottentunnels hatte sich für mich kein Licht aufgetan. Im Gegenteil. Meine Hoffnung wandelte sich mehr und mehr in Wut und Aggression. Sie richtete sich immer stärker auch gegen meinen Vater. Selbst wenn ich dankbar und zu Tränen gerührt war, dass er und meine Familie noch am Leben waren. Ich war inzwischen wütend auf ihn, dass er mich einfach aufgegeben und meinem Schicksal überlassen hatte. Wütend auf ihn, weil ich als Kind zu schwach und ohnmächtig gewesen war, um mich gegen seine Entscheidung zu stellen. Selbst meine Mama hatte nichts dagegen ausrichten können. Wütend, dass er die Worte »Es ist besser, unschuldig zu sterben« so schnell dahingesagt und keine Ahnung gehabt hatte, was das eigentlich für mich bedeutet hatte. Ich hätte bereits hundertmal tot sein können und war doch immer noch am Leben beziehungsweise irgendwie am Überleben.

Zumindest hatte ich in Worcester Platz zum Schlafen gefunden. Thierry, ein Kongolese, den ich kennengelernt hatte, ließ mich ab und zu in dem Zimmer über seinem Barber Shop, einem Friseursalon für Männer, übernachten. Das kleine Zimmer war voller Kongolesen, mit denen ich mich wenigstens verständigen konnte. Doch ich hing dadurch auch im Dunst der Joints, die pausenlos gekifft wurden, während die Frauen bei den Männern ein und aus gingen. Die Bude war unordentlich und schmuddelig. Vieles erinnerte an das Chaoshaus in Woodstock, doch es war immerhin besser, als die kalten Nächte auf der Straße zu verbringen.

Als ich jetzt so auf meiner Parkbank saß, blickte ich hoch und sah zwei junge Männer, die über den großen Marktplatz geradewegs auf mich zuliefen. In dem Moment ahnte ich nicht, dass die Begegnung mit ihnen eine Kehrtwende in meinem Leben auslösen sollte.

Jugend mit einer Mission

»Hallo. Wie geht es dir?« Der junge Mann, der mich zuerst ansprach, war Afrikaner, dem Akzent nach aber nicht aus Südafrika. Er streckte mir die Hand entgegen. »Mein Name ist Eric.«

Ich war etwas überrumpelt und gab ihm nur zögerlich die Hand. Dann stellte sich Erics Begleitung Gabriel vor. Er war Europäer. Sie setzten sich zu mir auf die Bank und wir redeten eine ganze Weile über Gott und die Welt. Es war eine nette Unterhaltung. Sie erkundigten sich über mich, aber ich rückte nicht viel raus. Über sich selbst erzählten sie, dass sie eine internationale Schule in der Nähe besuchten, von der ich noch nie gehört hatte. Beide waren freundlich und versprühten eine gewisse Heiterkeit. Doch ich wunderte mich die ganze Zeit, worauf sie hinauswollten. Bis es mir klar wurde, als sie mich am Ende fragten, ob ich mit ihnen kommen wollte.

Nein danke! Das letzte Mal, als ich jemand Wildfremdem gefolgt war, hatte ich eingesperrt in einem Haus geendet. Ich lehnte ab. Zu meinem großen Erstaunen fragten sie mich als Nächstes, ob sie noch für mich beten könnten. Damit hätte ich nicht gerechnet. Ein zweites Mal ablehnen wollte ich nicht und von einem Gebet hatte ich zumindest nichts zu befürchten.

Eric betete mit Leidenschaft los. Dann verabschiedeten sie sich freundlich mit einem »Der Herr segne dich«. Ich schaute ihnen stirnrunzelnd nach. Mir war schon viel auf den Straßen begegnet, aber so etwas noch nicht.

Wenige Tage später standen die beiden plötzlich wieder vor mir. Das nette Gespräch endete auch diesmal wie das letzte. Ich lehnte wieder ab, mit ihnen zu gehen, und sie beteten für mich. Ich wurde aus den beiden einfach nicht schlau. Wahrscheinlich waren für sie aller guten Dinge drei, denn das Duo kam noch einmal mit gleicher Mission. Diesmal kramte Eric vor der Verabschiedung einen Schmierzettel aus seiner Tasche, schrieb die Adresse der Schule auf und drückte ihn mir in die Hand.

»Hier ist unsere Adresse. Du bist jederzeit willkommen, uns einen Besuch abzustatten«, sagte er. Dann erklärte er mir noch den Weg dahin.

»Danke. Ich werde es mir überlegen.«

Ich ließ den Zettel in meiner Hosentasche verschwinden. Als sie gegangen waren, zog ich ihn wieder heraus und las *YWAM – Youth With A Mission* (*JMEM – Jugend mit einer Mission*).

Einige Tage später stand ich vor der Tür einer Kirche und klopfte an. Ein Mann öffnete.

»Was willst du?«, fragte er.

»Man hat mich eingeladen«, antwortete ich und wedelte mit dem Zettel.

Er warf einen kurzen Blick darauf und gab mir schroff zur Antwort: »Davon weiß ich nichts.« Dann knallte er mir die Tür vor der Nase zu.

Von wegen jederzeit willkommen, ging es mir durch den Kopf, während ich wieder langsam zurückschlenderte. Ich wusste nicht, ob ich enttäuscht, wütend oder inzwischen gleichgültig war, dass wieder eine Tür für mich verschlossen blieb. Mein Blick fiel auf einen kleinen Kiosk gegenüber. Ich griff in meine Tasche, kramte die paar Münzen hervor, die ich noch hatte, und kaufte eine

Packung Erdnüsse. Als ich mich umdrehte, sah ich den hellblauen Schriftzug *YWAM* auf einem anderen Gebäude gegenüber. Er war eigentlich nicht zu übersehen. Seltsam, dass er mir auf dem Hinweg nicht bereits aufgefallen war!

Ich blieb vor dem breiten Tor stehen und klingelte. Der Frau an der Gegensprechanlage erklärte ich, dass ich von Eric und Gabriel eingeladen worden sei. Mit einem surrenden Ton öffnete sich das Tor und ich betrat das große Gelände mit mehreren Gebäuden. Sofort kam jemand auf mich zu, der mich zum Hauptgebäude führte, vor dem ein junger Mann stand. Er lief mir entgegen, als er mich sah, und begrüßte mich.

»Hallo mein Bruder, wie geht es dir?« Sein Name war Stephen aus Namibia. »Wir sind gerade beim Mittagessen. Willst du mitkommen?«

Dazu musste er mich kein zweites Mal auffordern! Zusammen betraten wir einen großen Saal, wo bereits über dreihundert Menschen an ihren Tischen saßen und es sich schmecken ließen. Ich war völlig überrascht, so viele Leute zu sehen. Eric und Gabriel konnte ich jedoch nirgendwo erblicken. Jedenfalls hatten sie recht damit gehabt, dass es eine internationale Schule war. Die Leute hier kamen wohl aus aller Welt, ich hörte ein Gewirr verschiedenster Sprachen.

Stephen holte Essen und wir setzten uns an einen Tisch. Glücklich machte ich mich über mein Tablett her, das er großzügig gefüllt hatte. Mit uns saßen noch andere am Tisch. Keiner schien überrascht zu sein, mich hier zu sehen. Sie stellten sich alle vor und grüßten freundlich. Es war eine angenehme Gemeinschaft und Atmosphäre. Stephen und ich hatten gleich ein gemeinsames Thema: Musik.

Wir unterhielten uns so lange, bis nur noch wenige im Saal waren. Erst am Ende fragte er mich: »Wie bist du eigentlich hierhergekommen?«

»Nach Südafrika bin ich gelaufen. Und hier bei euch bin ich, weil ich eingeladen wurde.«

Er reagierte mit erstauntem Kopfschütteln: »Mein Bruder, ich bin froh, dass du den Weg hierher gefunden hast.«

Jetzt schaltete sich eine Frau ein. Sie hatte die ganze Zeit mit uns am Tisch gesessen und sich zu Beginn mit Seun vorgestellt. Sie konnte sich tatsächlich noch an meinen Namen erinnern: »Pappy, da hast du es weit geschafft. Bist du mit deinen Eltern hier?«, wollte sie wissen.

Ich erzählte ihr, dass ich mit Freunden zusammen gereist war und jetzt über einem Friseurladen in der Stadt wohnte. Als Straßenkind wollte ich mich nicht gleich enttarnen und anfangs noch etwas Eindruck schinden.

»Gehst du in eine Schule?« Sie fragte vorsichtig und ernsthaft interessiert nach.

Als ich ihre Frage verneinte, erkundigte sie sich nach meinem Alter. Diese Frage war nicht so einfach zu beantworten. Auf dem Papier war ich neunzehn Jahre alt. Eigentlich stand ich aber erst kurz vor meinem siebzehnten Geburtstag. Ich entschied mich für die offizielle Variante.

Seun blieb für einen Moment still, dann überraschte sie mich mit einem Angebot: »Bei uns beginnt in ein paar Tagen eine DTS, eine *Discipleship Training School*. Eine Jüngerschaftsschule. Ich glaube, das wäre etwas für dich. Wenn du willst, kannst du hierbleiben.«

»Was für eine Schule ist das?«

»Es ist eine Art Bibelschule, die mein Mann leitet. Sie dauert sechs Monate.«

Eigentlich interessierte mich etwas anderes viel mehr. »Gibt es da auch Essen?«

Seun antwortete schmunzelnd: »Ja, das gibt es jeden Tag und wie alle anderen Schüler kannst du hier auch wohnen. Aber glaube mir, auf dich wartet mehr als nur Essen.« Sie lächelte.

Jetzt blieb ich einen Moment still und antwortete dann: »Gerne, warum nicht.«

Stephen, der immer noch dabeisaß, streckte mir die Hand entgegen. »Willkommen, Pappy. Wir sehen uns wohl bald wieder.« Dann stand er auf und trug mein leeres Tablett zu einem Geschirrwagen.

Inzwischen gehörten wir zu den Letzten, die noch saßen. Die Tische um uns wurden bereits abgewischt. Eric und Gabriel hatte ich die ganze Zeit nicht gesehen und fragte Seun nach ihnen.

»Ein Eric und Gabriel leben hier nicht«, sagte sie. »Sie müssen von dem Missionsteam gewesen sein, das vor wenigen Tagen bereits abgereist ist. Aber komm mit, Pappy. Ich stelle dich noch jemand anderem vor.«

Zuerst führte sie mich zu Atanda, der ihr Mann und der Schulleiter war. Dann ging sie mit mir ins Büro von Stefaan Hugo, dem Hauptleiter des Missionszentrums, und erzählte ihm von dem Plan, mich für die DTS einzuschreiben. Er stellte mir weitere Fragen, die ich nur so knapp beantwortete, sodass er mit meinen Antworten zufrieden war. Einen kleinen Teil meiner Geschichte rückte ich heraus, doch bei Weitem nicht alles. Jeder in Südafrika wusste, wozu Straßenkinder fähig waren. Ich wollte mir meine Chancen auf Essen und eine Bleibe nicht gleich selbst zunichtemachen.

Mit folgenden Worten beendete Stefaan das Gespräch: »Am Samstag reisen alle Studenten der DTS an. Bis dahin sind alle Zimmer gerichtet und du kannst gerne kommen. Am kommenden Montag beginnt die Schule. Willkommen bei Jugend mit einer Mission, Pappy.«

Jüngerschaftsschule

Noch eine letzte Nacht verbrachte ich auf der Straße. Dann begann meine Zeit bei *Jugend mit einer Mission* Worcester.

Als ich ankam, wurde ich bereits erwartet und von den Mitarbeitern der Schule herzlich empfangen. Sie führten mich gleich zu meinem Schlafsaal, einem großen Raum, den ich mir mit über dreißig anderen männlichen Studenten meiner Jüngerschaftsschule teilte. Einige waren schon vor mir angekommen, unter anderem Akiojo aus Nigeria, der über mir im Hochbett untergebracht war. Auch von ihm wurde ich freundlich begrüßt.

Während ich auf meiner Matratze saß, packten die anderen bereits ihre Koffer aus. Ich staunte nicht schlecht, was ich da sah. Nicht nur Kleidung und Schuhe, die man auf der Straße für gutes Geld hätte weiterverkaufen können, sondern auch Mobiltelefone, Discmans und ein paar wenige hatten sogar einen Laptop. Wenn die Studenten das Zimmer verließen, räumten sie ihre Sachen nicht einmal weg. Und diese lagen immer noch an Ort und Stelle, wenn sie zurückkamen! Unvorstellbar auf der Straße. Ich selbst hatte nichts auszupacken. Alles, was ich bei mir hatte, trug ich am Leib.

Die haben wohl keine Ahnung, mit wem sie sich das Zimmer teilen, dachte ich im Stillen. Sollte sich die Schule als Flop erweisen und ich wieder zurück auf die Straße gehen, würden diese Sachen mich eine gute Weile durchbringen. Aber noch gab es keinen Grund, daran zu denken. Solange ich hier eine Mahlzeit bekam und sicher schlafen konnte, war ich zufrieden. Mehr wollte ich nicht.

Meine Erwartungen wurden nicht enttäuscht. An diesem Abend durfte ich mich sogar zweimal am Büfett bedienen. In der ersten Nacht konnte ich tatsächlich ungestört auf einer weichen Matratze schlafen und am nächsten Morgen beim Frühstück erwarteten mich Brot, Erdnussbutter, Marmelade und dazu Kaffee oder Tee.

Dort traf ich auch Stephen wieder, der direkt auf mich zukam. Diesmal hörten wir gemeinsam Musik aus seinem Discman. Jeder hatte einen Stöpsel im Ohr.

Es war ein Sonntag und alle Studenten meiner DTS waren bereits eingetroffen. Die erste gemeinsame Veranstaltung war die Vorstellungsrunde. Diese dauerte eine gute Weile, denn insgesamt waren neunundfünfzig Studenten aus über dreiundzwanzig verschiedenen Ländern angereist, nur um diese Jüngerschaftsschule zu besuchen. Unter ihnen waren alle Kontinente vertreten. Noch nie zuvor war ich in so einer internationalen Runde gewesen. Die gemeinsame Sprache war Englisch. Im Nachhinein war ich über den Englischunterricht bei Schwester Hilda sehr dankbar, denn auch wenn mein Englisch nicht perfekt war, konnte ich mich inzwischen gut verständigen.

Es war eine interessante Runde. Jeder erzählte etwas über sich selbst, seine Familie, seinen Werdegang oder seine Hobbys. Einige waren, so wie ich, in einer christlichen Familie aufgewachsen. Neben der Tatsache, dass ein paar andere Jungs auch noch gerne Fußball spielten, hatten wir aber sonst kaum etwas gemeinsam. Irgendwann war ich an der Reihe und ziemlich nervös. Was hatte ich schon vorzuweisen? Eine erfolglose Karriere auf der Straße! Vielleicht war es die Aufrichtigkeit der anderen, die mich dazu bewegte, so offen wie bisher noch nie meine Geschichte zu erzählen. Details sparte ich aus, das hätte den Rahmen gesprengt. Aber ich erwähnte meine Familie, den Krieg, die Länder, die ich durchreist hatte, sogar etwas aus meinem Leben auf der Straße und wie ich hier vor ein paar Tagen zufällig gelandet war. Nicht einmal Schwester Hilda hatte ich so viel über mich preisgegeben und war in diesem Moment von mir selbst überrascht.

Die Augen der Studenten und auch Mitarbeiter der Schule weiteten sich und ich sah ihr Erstaunen. Manches war für sie so unvorstellbar, dass sie sogar Rückfragen stellten. Doch ich fühlte mich nicht bloßgestellt. Im Gegenteil. Ich wurde in die Runde aufgenommen.

Ich war erleichtert: Ich musste nicht mehr geheim halten, wer ich war, und konnte fast mit offenen Karten spielen. Denn dass ich eigentlich wenig Interesse an den Inhalten der Jüngerschaftsschule hatte, behielt ich für mich. Erst nachdem meine grundlegendsten Bedürfnisse gestillt waren, wurde ich empfänglich für das, was auf mich wartete: Nahrung für meine Seele.

Angenommen sein

Wann ist noch mal Mittagspause? Meine Gedanken schweiften ab, obwohl der Referent vor mir sympathisch und begeistert war von dem, was er lehrte.

Nach der Einführungswoche ging es diese Woche um das Thema *Gottes Plan für die Nationen*. Wir befanden uns irgendwo im Querflug durch die Bibel. Es sollte die Grundlage für die kommenden Unterrichtswochen sein. Jede Woche kam ein neuer Gastredner, der uns in einem anderen Glaubensthema unterrichtete. Alles drehte sich bei der DTS darum, Gott kennenzulernen, dafür waren die drei Monate Unterricht da. Am Ende sollte Gott bekannt gemacht werden, dafür ging es am Ende drei Monate auf Missionseinsatz. So viel hatte ich bisher verstanden.

Die Begeisterung der Mitarbeiter und Missionare bei *JMEM* Worcester war auffallend. Sie schienen begeistert von ihrem Gott und seinem Wort, der Bibel. Sie wussten nicht nur viel und lehrten das im Unterricht, sondern lebten das auch unter der Woche während gemeinsamer Gebets- und sogenannter Lobpreiszeiten, in denen wir Lieder zur Ehre Gottes sangen. Glaube war für sie mehr, als nur einmal in der Woche in die Kirche zu gehen.

Ich schenkte dem, was gelehrt wurde, allerdings nicht gerade viel Beachtung. Stattdessen hangelte ich mich von Pause zu Pause beziehungsweise von Mahlzeit zu Mahlzeit. Inzwischen kannte ich den Tagesablauf und wusste, was als Nächstes passierte. Teil der Schule zu sein, hatte seinen Preis: Das In-den-Tag-hinein-Leben war bereits am ersten Schultag vorbei gewesen. Das letzte Mal, dass ich einen geregelten Tagesablauf gehabt hatte, war vor dem Krieg gewesen. Das war inzwischen sechs Jahre her.

Der Unterricht fand zwischen dem Frühstück und Mittagessen statt, zweimal in der Woche auch nachmittags. Er war einigermaßen erträglich, da die Atmosphäre locker war, die Schüler abwechselnd Fragen stellten und immer wieder auch gelacht wurde. Wir saßen alle auf Stühlen mit einer kleinen Ablage zum Hochklappen. Vor mir lag eine Bibel, die mir der Schulleiter Atanda geschenkt hatte, zusammen mit einem Notizheft, das bisher allerdings leer war, anders als mein letztes Heft, das ich an der Grenze in Simbabwe zurückgelassen hatte.

Doch das waren nicht die einzigen Dinge, die ich in den letzten zwei Wochen geschenkt bekommen hatte. Jahrelang hatte ich nicht mehr so viel Großzügigkeit gepaart mit Herzlichkeit und Freude erfahren wie in den ersten beiden Wochen durch die Menschen hier. Meine dreckigen Klamotten, die ich während der Vorstellungsrunde zu Beginn noch angehabt hatte, waren längst durch neue Kleidung ersetzt worden. Akiojo, mein Zimmergenosse und Schulkamerad, und auch Stephen hatten mir einiges geschenkt.

Auch andere Mitstudenten beschenkten mich mit dem, was ich brauchte. Von der ersten neuen Zahnbürste seit Jahren bis zu einem neuen Paar Schuhe. Sie bemitleideten mich aber nicht als bedauernswerten Flüchtling und Straßenjungen, sondern sahen mich als Teil ihrer Gemeinschaft, fast schon Teil der Familie, denn so lebte man hier zusammen.

Was ich dort erlebte, war etwas, das ich in dieser Form seit Jahren nicht mehr erlebt hatte. Es war eine herzliche Gemeinschaft, in der das gegenseitige Geben und Nehmen gelebt und das Miteinander regelrecht gefeiert wurde. So fand zum Beispiel jeden Donnerstagabend das *Community Meeting* statt, an dem alle der über dreihundertfünfzig Missionare und Studenten zusammenkamen.

Für diesen Abend hatte ich mich heute besonders in Schale geworfen mit meinem neuen Anzug, den mir mein Mitschüler Ben aus Kanada geschenkt hatte. Stolz zog ich meine Krawatte fest, die von Travis aus Südafrika war. Das Meeting fand in der Glory Hall statt, dem größten Saal des Missionszentrums von *JMEM* Worcester. Tagsüber war sie unser Klassenzimmer. Das *Community Meeting* ähnelte einem Gottesdienst in der Kirche bei uns im Kongo, allerdings ohne Liturgie. Es gab eine Predigt, vorher und nachher wurde ausgiebig und mit Leidenschaft gebetet, gesungen und getanzt. Die Menschen hier feierten ihren Glauben, ihren Gott, und das in Gemeinschaft miteinander. Sie meinten es ernst und gaben sich dem ganz hin.

Anfangs war ich noch ein eher teilnahmsloser Beobachter gewesen, doch die Stimmung war ansteckend. Es war abwechslungsreich und lebendig, keinem wurde vorgegeben, ob er still zu sitzen oder aufzustehen hatte. Je nachdem, welche Studenten oder Mitarbeiter den Abend leiteten, wurden verschiedene Musikstile und Rhythmen gespielt und unterschiedliche Traditionen vorgestellt. Es war irgendwie auch ein Fest verschiedener Kulturen.

Heute führten Zulus aus Südafrika ihren traditionellen Tanz auf, der früher als Kampftanz gegolten hatte. Ihre traditionelle Kleidung und die Trommeln erinnerten mich an meine Tanzgruppe und Auftritte als Kind. Der Rhythmus ließ mein Herz höher schlagen. Ich blühte auf und war ganz in meinem Element. Irgendwann konnte ich nicht mehr still sitzen und begann zu tanzen. Andere schlossen sich meinem Tanz und den Schritten an und um mich formte sich eine Gruppe. Anfangs gab ich die Schritte vor, dann übernahm ein anderer und alle folgten.

Mich überkam eine unbändige Freude. Ich strahlte übers ganze Gesicht. Zum ersten Mal, seit ich von zu Hause weggegangen war, fühlte ich mich frei. In dieser Gemeinschaft zu sein bewegte nicht nur meinen Körper. Auch in mir veränderte sich allmählich etwas, das ich nicht in Worte fassen konnte.

Noch eine andere Sache an diesem Abend ließ mich nicht unberührt. Entlang der Wände der Glory Hall reihten sich die Landesflaggen aller Nationen aneinander, die im Missionszentrum von *JMEM* Worcester vertreten waren. Die meines Landes fehlte noch, da ich der einzige Kongolese auf dem Campus zu der Zeit war. Mir wurde die Ehre zuteil, meine Nationalflagge mitten durch den Saal zu tragen bis zu der Stelle, wo ich sie in die Reihe derer hängen durfte, die bereits die Wände schmückten. Ich war unglaublich stolz, als ich die hellblaue Flagge mit dem roten Streifen und dem gelben Stern zwischen den anderen sah. Die Menschen bei *JMEM* Worcester hatten mich nicht nur aufgenommen, sondern auch angenommen. Mich und mein Land, das trotz aller Schmerzen Teil von mir war und ist. Sie hatten mir an diesem Abend unwissentlich ein Stück Heimat zurückgegeben.

Ins Herz getroffen

Immer wieder hatte ich gemischte Gefühle, wenn mein Blick während des Unterrichts auf meine Flagge an der Wand wanderte. Von dem Frieden, für den das Blau in der Flagge stand, war mein Land noch weit entfernt. Meine Erinnerungen an zu Hause waren genauso blutig und schmerzhaft wie die Kämpfe der Unabhängigkeit, für die der rote Streifen stand. Im Gegensatz dazu symbolisierte der gelbe Stern eine strahlende Zukunft und zum ersten Mal wagte ich den Gedanken, ob es für mich doch irgendwann bergauf gehen könnte.

Inzwischen gab es mehr, das mich beschäftigte, als allein die Jagd aufs Essen. Ich war versorgt mit allem, was ich brauchte, und fühlte mich sicher. Zumindest für sechs Monate. Von daher war in meinem Kopf auf einmal genug Raum für andere Gedanken und ab und zu schenkte ich den Worten von Les Fenner meine Aufmerksamkeit. Er war der Redner dieser Woche.

Der große, sympathische und freundliche Südafrikaner lehrte zum Thema *Das Vaterherz Gottes*. Was ich davon halten sollte, war mir nicht ganz klar. Auf meinen Vater war ich jedenfalls nicht gut zu sprechen. Die Frage, was für ein Vater seinen Sohn so wehrlos ins Verderben schicken konnte, machte mich immer noch wütend und traurig zugleich. Ich hatte noch keine Antwort darauf gefunden, als Les' Worte mich völlig kalt erwischten. Denn auf einmal schien er von meinen Eltern zu sprechen.

»Unsere leiblichen Eltern mögen uns vielleicht von ganzem Herzen lieben, aber sie sind nicht vollkommen und versagen … Das, was unsere Eltern uns vorgelebt haben, war vielleicht nicht immer so, wie Gott es sich für uns gewünscht hätte … Solange wir nur darauf schauen, was wir erlebt und erfahren haben, werden wir nie wirklich begreifen, wie Gott wirklich ist. Wir sehen ihn sonst immer nur durch den Spiegel unserer eigenen Erfahrungen … In seinem ganzen Wesen ist Gott ein liebender Vater, der dich in seine Arme schließen möchte. Gott sagt zu dir: Ich habe dich je und je geliebt, darum habe ich dich zu mir gezogen aus lauter Güte‹

(Jeremia 31,3; LUT) ... Er ist ein Vater, der deine Schmerzen fühlt, wenn du leidest ... Ein Vater, dessen Liebe nicht davon abhängt, was du tust oder getan hast ... Er ist ein Vater, der seinen verlorenen Sohn schon von Weitem zurückkommen sieht, weil er Tag für Tag sehnsüchtig auf ihn wartet ... Er ist ein Vater, der dir vergibt und sich an dir freut: ›Begeistert freut er sich an dir. Vor Liebe ist er sprachlos ergriffen und jauchzt doch mit lauten Jubelrufen über dich‹ (Zefanja 3,17).«

Ich konnte nicht alles auf einmal aufschnappen, zu überwältigt war ich von den Worten. Les Fenner las die Bibelstellen mit einer Wärme und Ergriffenheit, die mich mitten ins Herz trafen. Für mich klangen diese Verse, als hätte sie Gott, mein himmlischer Vater, für mich niedergeschrieben. Auf einmal brachen die Dämme. All das, was sich die letzten Jahre in mir aufgestaut hatte, lief mir in stillen Tränen die Wangen hinunter. Der Abschied und das Getrenntsein von meiner Familie. Die Wut, die ich auf meinen Vater hatte, weil ich ihn dafür verantwortlich machte. Das jahrelange Alleingelassensein als Kind, trotz meiner Freunde. Die Todesängste, die ich in einigen Situationen durchgestanden hatte. Ombeni. Das Kreuz. Das Überleben und die Bedingungen auf der Straße. In all diesen Jahren hatte mein himmlischer Vater über mir gewacht, auch wenn sich mein Glaube an ihn auf Stoßgebete in den brenzlichsten Situationen begrenzt hatte und ich außer meinem Rosenkranz nicht mehr viel davon hatte wissen wollen. Trotzdem war ich die ganze Zeit sein Kind gewesen. Er hatte auf mich geschaut wie ein Vater, weil ich sein Kind und seiner Liebe würdig war. Diese Liebe erfasste mich und erfüllte mein Herz.

Ich hatte meine Augen mit der Hand bedeckt. Den Worten von Les hatte ich schon eine Weile nicht mehr zugehört, merkte aber in dem Moment, dass er aufgehört hatte zu sprechen. Als ich aufblickte, sah ich, wie er auf mich zukam. Er hatte wohl gesehen, was seine Worte in mir ausgelöst hatten. Als er vor mir stand, klappte ich das Tischchen von meinem Stuhl hoch und stand auf. Der große Mann schloss mich in seine Arme. Den kleinen Straßenjungen, der plötzlich ergriffen war von einer überwältigenden Liebe. Im Arm von Les ließ ich meinen Tränen freien Lauf.

Mit jeder Träne war es, als würden das Gewicht und die Schwere der vergangenen Jahre langsam abtropfen. Das erste Mal, dass ich geweint hatte, seit ich meine Familie verlassen hatte, war gewesen, als Schwester Hilda mir auf dem Parkplatz das erste Lebenszeichen meiner Familie überbracht hatte. Die Tränen, die ich jetzt weinte, waren Freudentränen darüber, dass ich nicht verlassen und allein war, sondern einen himmlischen Vater hatte, der mich kannte und trotzdem liebte. Es waren aber auch Tränen der Trauer über die Verletzungen und Verluste, die ich die letzten Jahre hatte ertragen müssen. Darüber zu weinen hatte ich mir nie erlaubt. Stattdessen lautete meine Devise zum Überleben: Stark sein, die Zähne zusammenbeißen, runterschlucken.

»Gottes Kraft ist in den Schwachen mächtig, Pappy.« Les sprach jetzt direkt zu mir, während er mich umarmte. Irgendwann legte er mir seine Hände auf die Schultern, schaute mich an und sprach weiter: »Pappy, du erinnerst mich an Gideon. Der hatte seine Zweifel an Gott. Als die aus dem Weg geräumt waren, hat er den Sieg für sein Volk errungen. Er hat getan, was er erkannt hatte.«

Diese Ermutigung blieb mir für immer im Gedächtnis und ich war überwältigt. Unterdessen hatten sich die anderen Studenten und Mitarbeiter um uns gestellt und beteten für mich. Ich badete in der Liebe Gottes, die durch diese Menschen wirkte.

Mein verrücktes und kaputtes Leben klärte sich nicht in dieser Woche, auch wenn ich mir das gewünscht hätte. Was mein Leben aber veränderte, war das Wissen, dass ich von meinem himmlischen Vater geliebt und getragen war – und das bereits mein ganzes Leben lang, ohne es gewusst zu haben.

Ein neuer Start

Mein Notizheft war fast vollgeschrieben. Ich war mit Eifer dabei und wollte mehr über den lernen, dem ich mein neu gefundenes Leben zu verdanken hatte. In diesen Wochen ging es um die Dreieinigkeit, um Gott, den Sohn und den Heiligen Geist. Und um Jesus, das Kreuz und die Vergebung.

Nicht alles war mir unbekannt. Was Jesus für mich am Kreuz getan hatte, war uns schon als Kind an Ostern erzählt worden. Doch was der Redner gerade erzählte, war leichter gesagt als getan.

»Vergebung ist der Schlüssel zur Heilung. Denn Schmerz führt zu Wut und Wut zum Zorn. Zorn verbittert und Bitterkeit schürt Hass. Dieser führt zum Verderben und nicht zum Leben.«

Ich konnte gar nicht alles so schnell aufnehmen und verstehen, was er sagte. In meinem Kopf rauchte es. Meinem Vater vergeben? Den *Interahamwe* vergeben für das, was sie meiner Schwester angetan hatten? Mir selbst vergeben für das, was ich auf der Straße getan hatte? Vergebung empfangen?

Irgendwo hat doch alles seine Grenzen, dachte ich. Am liebsten wollte ich alles vergessen. Es war einfacher gewesen, alles jahrelang unter den Teppich zu kehren und die Gedanken zu verdrängen, sobald sie aufkamen und ich keine Antworten fand. Jetzt musste ich mich damit auseinandersetzen.

»Pappy, Gott hat keine Angst vor deinen Fragen. Du kannst sie ihm ruhig alle stellen.« Seun schaute mir in die Augen, als wir wieder einmal gemeinsam am Mittagstisch saßen, wo einst alles ins Rollen gekommen war. Seither kümmerte sie sich um mich, fast wie eine Mutter.

»Warum fühlt es sich aber so an, als ließe er mich mit diesen quälenden Fragen allein?«, wollte ich von ihr wissen.

»Lässt er dich wirklich allein oder hast du vielleicht Angst vor den Antworten?«, fragte mich Seun. Ich blieb still und sie setzte hinterher: »Fragen können dich entweder näher zu Gott bringen oder dich weiter von ihm wegziehen. Die Entscheidung, in welche Richtung es geht, liegt ganz bei dir.«

Und ich fällte meine Entscheidung. Ich entschied mich, mich taufen zu lassen. Am Tag der Taufe waren wir drei Täuflinge. Alle aus meiner Schule und einige vom Missionszentrum waren zum nahe gelegenen See gelaufen. Als ich aus dem Wasser auftauchte, blickte ich auf die Bergkette, die Worcester umgab. Neben mir standen meine Schulleiter Atanda und Jacks und sprachen mir die ersten beiden Verse aus Psalm 121 zu: »Pappy, für dich und dein Leben soll gelten: ›Ich schaue hinauf zu den Bergen – woher wird meine Hilfe kommen? Meine Hilfe kommt vom Herrn, der Himmel und Erde gemacht hat.‹«

Ich wollte mein neu gefundenes Leben dem Gott anvertrauen, der nicht nur Himmel und Erde gemacht, sondern auch meine Welt komplett auf den Kopf gestellt hatte. Alle Antworten auf meine Fragen hatte ich noch nicht gefunden. Aber ich wusste, dass Gott der Einzige war, bei dem ich sie jemals finden würde. Sechstausend Kilometer Suche nach einem sicheren und besseren Leben hatten mich hierher zu einer Begegnung mit ihm geführt und mich für immer verändert. Ich war nicht mehr derselbe. Hier in diesem See wollte ich die Last von meinem alten Leben abwaschen und Gottes Vergebung für das, was ich getan hatte, annehmen.

Um meinem Vater und anderen zu vergeben, die mir, meiner Familie und meinem Land so viel Leid zugefügt hatten, lag noch ein langer Weg vor mir. Doch ich wusste, dass ich auf diesem Weg nicht allein unterwegs war, und ich wusste, woher meine Hilfe dabei kam. Meine Taufe war der Startschuss in mein neues Leben, in dem Gott an erster Stelle stehen sollte.

Verändert

»»Macht das Reich Gottes zu eurem wichtigsten Anliegen, lebt in Gottes Gerechtigkeit, und er wird euch all das geben, was ihr braucht‹«, zitierte Stefaan Hugo aus dem sechsten Kapitel des Matthäusevangeliums.

Das *Community Meeting* in der Glory Hall wurde an diesem Donnerstagabend zur *sacrificial giving night*. Einem Abend, an dem jeder im Gebet Gott fragte, was er von seinem Besitz anderen abgeben sollte. Inzwischen hatte ich verstanden, dass keiner bei *JMEM* Geld verdiente. Jeder Missionar lebte allein von dem, was Spender und Unterstützer für die Mission gaben, und im Vertrauen darauf, dass Gott versorgte. Obwohl keiner selbst viel hatte, teilten sie das wenige untereinander, ohne davor Angst zu haben, zu kurz zu kommen.

Am Ende des Abends wurden nicht nur die kompletten Schulgebühren meiner Jüngerschaftsschule bezahlt, sondern es kam auch noch so viel zusammen, dass ich im Anschluss daran eine weitere Schule im Zentrum von *JMEM* Worcester besuchen konnte. Man hätte sie auch die In-neun-Monaten-durch-die-gesamte-Bibel-Schule nennen können, denn genau das war es.

Meine Jüngerschaftsschule verging derweil wie im Flug. Am Ende machte ich einen Anruf, der längst überfällig war.

»Pappy, du bist es!«, stieß Schwester Hilda am anderen Ende der Leitung freudig hervor.

»Ja, ich bin es. Du wirst nicht glauben, wo ich inzwischen gelandet bin und was alles passiert ist ...«, fing ich an zu erzählen.

Am Ende brachte Hilda es auf den Punkt: »Das ist nicht nur wunderbar, das ist ein Wunder, Pappy.«

»Ja, das ist es. Schwester Hilda, hast du inzwischen noch mal von meinen Eltern gehört? Weißt du, ob der Brief angekommen ist?« Die Frage brannte mir schon lange auf der Seele.

»Ich weiß es nicht, ich habe leider nichts mehr von ihnen gehört.«

Wenig später kam mich Schwester Hilda in Worcester besuchen. Sie staunte nicht schlecht, wie die Begegnung mit Gott mein Leben verändert hatte. Meine Geschichte war noch lange nicht zu Ende, aber von Gott neu geschrieben worden. Meine Vergangenheit war Teil von mir, auch wenn sich eine neue Perspektive für die Zukunft aufgetan hatte. Im kommenden Jahrzehnt bei *JMEM* sollte ich durch viel Gebet, lange Gespräche, ernste Worte und mit großzügiger Hilfe von guten Freunden und Mentoren erwachsen und zu dem Mann werden, der ich heute bin. Doch zunächst wurde ich zu Hansdampf in allen Gassen oder, besser gesagt: in allen Gossen. Denn die Straßen und dunklen Orte, die jahrelang mein Zuhause gewesen waren, machte ich mir jetzt zum Missionsfeld.

Bunter Hund auf Mission

»Trevor, kannst du mir dein Kino leihen?«, fragte ich den Kinobesitzer in Worcester. Ich hatte mich mit ihm angefreundet, nachdem mich mein Mitschüler Ben aus Kanada zum ersten Mal dorthin eingeladen hatte. Trevor schaute etwas verdutzt.

»Dein Kino hat nur zwei Tage offen. Für die restliche Zeit steht es leer, richtig?«

Er wusste immer noch nicht, worauf ich hinauswollte, aber er nickte zustimmend.

»Wenn du mir dein Kino für einen Tag in der Woche zur Verfügung stellst, würde ich gerne Filme zeigen für die Straßenkinder, Obdachlosen und Drogenabhängigen von Worcester.«

Seine Augen weiteten sich. »Weißt du, wen du mir da anschleppst? Was habe ich davon?«, fragte er mich zurück.

»Du hast ein volles Kino und machst Menschen für einen Tag in der Woche glücklich. Ich organisiere den Rest, besorge die Filme, trommle alle zusammen, sorge für ein Programm nach dem Film und putze danach auch dein Kino. Keine Angst.« Ich zwinkerte ihm zu. »Wenn du möchtest, kannst du noch Snacks zur Verfügung stellen. Die Menschen, die wir einladen, haben in der Regel Hunger.«

Ich musste ihn noch ein wenig bearbeiten, dann streckte er mir die Hand entgegen: »Deal.«

Die Orte in Worcester, an denen man Straßenkinder, Obdachlose und Drogenabhängige fand, waren mir bekannt und vertraut. Es fiel mir nicht schwer, zu ihnen zu gehen und ins Gespräch zu kommen. Doch ich wusste aus eigener leidvoller Erfahrung: Auch mit der besten Botschaft, die in meinem Herzen brannte, würde ich auf der Straße mit leeren Händen nichts erreichen.

Unterstützung erhielt ich von einem meiner Mentoren, Pastor Brian aus den USA. Dann trommelte ich ein Team zusammen. Mit ihm zog ich los in die Viertel, lud Menschen ein, organisierte die Kinoevents und kochte Essen. Nach dem Film erzählte ich meine Geschichte und verkündete die Botschaft, die mein Leben verändert hatte, oder es sprach ein anderer aus dem Team. Ich konnte nicht schweigen von dem, was Gott für mich getan hatte. Es sprudelte nur so aus mir heraus.

Aus den Kinoevents wurden irgendwann *Community Events*, bei denen wir alle möglichen Menschen aus den schwarzen, farbigen und weißen Vierteln in Worcester in großen Schulhallen zusammenbrachten. Manchmal lud ich ins Missionszentrum ein, bis die Glory Hall aus allen Nähten platzte. Inzwischen war ich in Worcester bekannt wie ein bunter Hund und hatte Kontakte zu Sängern, Tänzern und Poetry Slammern, die bei diesen Events ihre Stücke aufführten. Die manchmal bis zu dreihundert Menschen gingen am Ende mit vollen Mägen und der Botschaft von Jesus nach Hause.

Nicht viel später kam ich auch mit dem Gefängnisdirektor der Vollzugsanstalt *Brandvlei Correctional Services* in der Nähe von Worcester in Kontakt. Bald liefen die Filme über Projektoren an den Gefängnismauern oder Wänden der Gemeinschaftszellen. Zusätzlich zum Essen, das wir den Insassen brachten, versorgten wir sie mit geistlicher Nahrung und Hoffnungsvollem zum Nachdenken. Aus eigener Erfahrung wusste ich, wie viel Zeit es dafür im Gefängnis gab. Es waren nicht nur christliche Filme, die wir zeigten, so wie *Faith like Potatoes*, sondern auch *Ben Hur*, *Die Verurteilten* oder Jahre später *Das Streben nach Glück*. Filme waren für mich ein Missionsinstrument und wurden bald darauf auch persönlich meine große Leidenschaft.

Zukunftspläne

»Traumhaft hier oben. Noch schöner als im Film.«

Ich stand neben meinem Freund und Mentor William aus England zum ersten Mal auf dem Tafelberg und blickte auf Kapstadt. Über uns ein blauer Himmel. Bei klarer Sicht erstreckte sich vor uns die Innenstadt entlang der Atlantikküste. Vor ihr lag Robben Island, die Insel, auf der Nelson Mandela achtzehn Jahre seiner Gefangenschaft verbracht hatte.

Hier oben herrscht die Idylle, während irgendwo da unten Olivier, Alba und Flic weiter ums Überleben kämpfen, dachte ich. Bereits einige Male hatte ich bei Tagesausflügen nach Kapstadt versucht, sie ausfindig zu machen. Leider erfolglos.

»Warum drehst du nicht deine eigenen Filme?« William riss mich aus meinen Gedanken.

»Wie meinst du das?« Ich verstand nicht, was er mir sagen wollte.

»Du meintest gerade, das Panorama sei noch schöner als im Film. Mit deinen Geschichten hast du sicher genug Material, um eigene Videos zu drehen.«

Was mit einer Idee begann, reifte in mir für einige Zeit, bis ich 2005 im *Media Village*, einem Missions- und Ausbildungszentrum von *JMEM*, für mehrere Monate eine Filmschule besuchte.

Muizenberg ist ein Vorort Kapstadts und ein Paradies für viele Surfer. Für mich war es ein Ort, an dem ich mit Fähigkeiten ausgestattet wurde, um meine eigenen Videos für meine Missionseinsätze in Worcester zu drehen. Sozusagen bewegende Botschaften in bewegte Bilder zu verpacken und damit nicht nur mir selbst, sondern auch anderen, die sonst kein Gehör fanden, eine Stimme zu verschaffen.

So filmte ich eines Tages zusammen mit Studenten vom *Media Village* in Kapstadt, als ich von hinten eine Stimme hörte.

»Pappy, was machst du da?«

Ich drehte mich um und sah in ein bekanntes Gesicht, auch wenn ich mich an seinen Namen nicht mehr erinnern konnte. Es war, wenn man so wollte, mein ehemaliger Arbeitskollege. Ein Parkplatzwächter, der mich wiedererkannt hatte. Wir kamen ins Gespräch. Für ihn schien seit drei Jahren alles beim Alten geblieben zu sein. Es machte mich traurig.

Doch bevor wir uns verabschiedeten, fragte ich ihn: »Kannst du dich noch an meine Jungs erinnern? Olivier, Alba und Pascal?«

Er antwortete: »Ja klar. Sie sind inzwischen in Woodstock untergekommen.« Meine Freude war riesig, dass sie noch am Leben waren.

»Wenn du willst, kann ich dir den Weg dahin zeigen«, fuhr er fort.

Wir verabredeten uns gleich für den nächsten Tag. Gemeinsam mit einem Mitarbeiter meiner Filmschule und zwei Mitschülern machten wir uns auf den Weg. Mein Bekannter führte uns in den maroden Teil Woodstocks. Die Gegend ließ alte und ungute Erinnerungen aufleben an die Zeit mit den Jungs und das Chaoshaus, in dem wir damals zusammengelebt hatten.

Diese Behausung setzte allerdings noch eins obendrauf. Noch mehr Betrieb und Menschen auf engstem Raum, noch versiffter und noch heruntergekommener. Ich merkte, wie mir diese Welt inzwischen völlig fremd geworden war.

Olivier sprang auf, als er mich sah: »Mister Pappy«, rief er scherzhaft und umarmte mich. Auch die anderen kamen schnell herbei und die Wiedersehensfreude war groß. Alba war besonders ausgelassen. Er war bereits zugedröhnt, obwohl es erst Mittag war. Flic war gerade aufgewacht und noch etwas verschlafen von seiner Nachtschicht. Inzwischen arbeitete er im Sicherheitsdienst und nahm es des Nachts an fragwürdigen Orten mit den *Tsotsis* auf. Kein ungefährlicher Job. Die anderen beiden bewachten immer noch Parkplätze oder wuschen Autos an Ampeln.

Im Schnelldurchlauf erzählte ich ihnen von meinen letzten drei Jahren und berichtete begeistert von dem Gott, der auch nach sechstausend Kilometern auf Olivier, Flic und Alba wartete. »Es gibt einen Weg raus aus diesem Loch. Kommt mit mir! Wir finden für euch einen passenden Platz bei Jugend mit einer Mission.« Ich war voller Hoffnung für sie, nachdem ich sie endlich wiedergefunden hatte. Umso ernüchterter und niedergeschlagen war ich nach ihrer Antwort.

»Pappy, unser Leben ist hier auf den Straßen. Wir haben uns daran gewöhnt« war Oliviers Reaktion.

Flic schloss sich an: »Ich habe gerade im Sicherheitsdienst angefangen. Das gebe ich so schnell nicht mehr auf.«

»Ich muss erst noch was erledigen. War schön, dich zu sehen, Bruder!« Alba klopfte mir auf die Brust und verabschiedete sich, um sich eine neue Dröhnung zu besorgen.

Wir tauschten unsere Telefonnummern aus. Falls sie es sich anders überlegten, sollten sie mich anrufen. Doch leider wartete ich auf diesen Anruf vergeblich. Alle weiteren Versuche, sie zu *JMEM* zu holen, blieben erfolglos. Während sich die Jungs entschieden hatten, weiterhin in Woodstock zu hausen, führte mein Weg bald wieder zurück nach Worcester.

Dort baute ich mir ein kleines Filmstudio namens *Lightbeam Production* auf. Was mit einer Idee auf dem Tafelberg begonnen hatte, setzte ich in den Anfängen mit dem ersten Laptop, den ich von Benjamin, einem guten Freund aus Holland, bekommen hatte, in die Tat um. Danach kam durch viel Unterstützung noch einiges an Equipment zusammen. Der Vision, mit Filmen Menschen Gehör zu verschaffen und die Frohe Botschaft zu verkünden, schlossen sich noch weitere junge Menschen an und bald hatte ich ein Team zusammen.

»Hey, ich bin Tsepo und das ist meine Welt.«

Bereits zum hundertsten Mal hörte ich heute diesen Satz neben mir. Mein Freund Siya schnitt an einem Kurzvideo über Tsepo, in welchem dieser uns die Welt aus seinen Augen schilderte. Ich war vertieft in meinen eigenen Lebensbericht, den ich zum ersten mal auf Video aufgenommen hatte und bearbeitete.

Wir arbeiteten gerade an einer Serie von Kurzvideos, die unterschiedlichste Menschen in Worcester porträtierten. Vom Bürgermeister über verschiedenste Künstler bin hin zum Drogenabhängigen auf der Straße. Tsepo war einer von ihnen. Er lebte im Township Zwaletemba in Worcester und hatte mit den gleichen Problemen zu kämpfen wie Alba. Die Drogen bestimmten sein Leben. Wir zeigten die Serie bei unseren Kino- und Community-Events, die inzwischen wieder Fahrt aufgenommen hatten.

Ich war Gott unglaublich dankbar, als vor mir meine Lebensstationen abliefen und ich sie innerlich Revue passieren ließ. Und doch wusste ich, dass meine Reise noch nicht zu Ende war.

»Pappy, wann dokumentieren wir die Reise zurück in deine Heimat?«

Damit sprach mein Freund Siya aus, was mir schon lange auf der Seele brannte.

11
HALTE FEST
AN DER LIEBE

Im Dezember 2007 war es so weit.

Erneut lagen sechstausend Kilometer vor mir. Diesmal war ich unterwegs mit klarem Ziel vor Augen: Ich wollte zurück in meine Heimat und meine Familie wiederfinden.

Allein war ich auf dieser besonderen Mission nicht. Mir angeschlossen hatten sich drei Freundinnen aus Südkorea, Simbabwe und Südafrika sowie sechs Freunde aus Angola, Südafrika und dem Kongo. Nicht alle in unserem Team waren von *JMEM*, aber alle waren wir waghalsig genug, diese Reise auf uns zu nehmen.

Inzwischen war ich einundzwanzig Jahre alt. Fünf Jahre war es her, dass ich in Worcester auf der Bank gesessen hatte. Die Begegnung mit Gott hatte mir Halt und eine Perspektive nach vorne gegeben. Doch um mich mit dem, was hinter mir lag, zu versöhnen, musste ich noch einmal den Weg zurück zu meinen Wurzeln gehen. Der Wunsch, meine Familie und mein Land wiederzusehen, war zu einer Sehnsucht geworden. Vor mir lag eine Reise der Versöhnung. Fast ein Jahrzehnt war vergangen, seit ich meine Familie verlassen hatte. Durch die Informationen von Schwester Hilda konnte ich nur vermuten, dass meine Familie sich irgendwo in Bukavu aufhielt. Das letzte Bild von ihnen allen in meiner Erinnerung war noch so frisch, als wäre es gestern gewesen. Wie sie einander an der Busstation in den Armen gehalten und die Kleinen mir zugewinkt hatten, mein Papa, der bis zuletzt seine Tapferkeit gezeigt, und Mama, die ihren Tränen freien Lauf gelassen hatte. Während ich inzwischen in Sicherheit war, hatte ich sie zurückgelassen in einem Land, in dem seither der Krieg tobte.

Ich verbrachte Nächte im Internet, um Artikel und Berichte über mein Land zu lesen und mich über das Geschehen zu informieren. Ein Jahr nachdem ich mein Land verlassen hatte, war der Kongo das Zuhause einer der weltweit längsten, größten und teuersten Friedensmissionen der Vereinten Nationen geworden. Erfolgreich war diese Mission nicht und auch deshalb immer mehr in die Kritik geraten. Auch nach inzwischen über zehn Jahren gab es immer noch über dreißig Rebellengruppen, die im Osten meines Landes ihr Unwesen trieben. Nachdem der zweite Kongokrieg 2003 ein Ende genommen hatte, brodelten die gewaltsamen Konflikte weiter. 2006 war schließlich der dritte Kongokrieg ausgebrochen und aktuell in vollem Gange.

Als unser Team loszog, sollten erneut Friedensverhandlungen stattfinden. Keiner wusste zu diesem Zeitpunkt, dass sie erfolglos bleiben sollten und der Krieg kein Ende finden würde. Sich mit mir auf die Reise zu begeben, rechnete ich allen meinen Freunden hoch an. Denn jeder und jedem Einzelnen war bewusst, dass es nicht ganz ungefährlich war und wir an unserem Ziel auf verheerende Zustände treffen würden.

Doch es ging uns allen nicht nur darum, meine erste Reise zurück in mein Land und hoffentlich zu meiner Familie zu dokumentieren. Wir wollten die Geschichten derer hören, die in diesen grausamen

Krieg involviert und davon betroffen waren. Wir wollten den Menschen Gehör verschaffen, deren Stimme in der vergessenen Krise, wie sie auch genannt wurde, unterging. Dafür wollten wir nicht nur mit den Opfern, sondern auch mit den Tätern sprechen.

Monatelang hatten wir uns auf diese Reise vorbereitet. Wir hatten uns regelmäßig zum Gebet getroffen und uns Inspiration in Dokumentarfilmen über Persönlichkeiten geholt, die durch ihr Wirken die Geschichte ganzer Nationen verändert hatten. Natürlich auch über Nelson Mandela, dessen Versöhnungsbereitschaft das Land, in dem wir alle lebten, verändert und Frieden gestiftet hatte. Wenn es eins gab, das wir in den Kongo tragen konnten, dann war das die Kraft der Versöhnung aus unserem tiefen Glauben heraus.

Außer unserer Kameraausstattung, um die Reise zu dokumentieren, hatten wir insgesamt nur achthundert Dollar im Gepäck. Als Missionare lebten die meisten wie ich von Unterstützung und hatten kein eigenes Einkommen. Es war uns bewusst, dass das Geld nicht ausreichen würde. Wir zogen los im Vertrauen, dass Gott uns zu rechter Zeit Hilfe über den Weg schicken und uns versorgen würde.

Der Plan sah so aus, den gleichen Weg zu nehmen, der mich einst nach Südafrika geführt hatte – nur diesmal in umgekehrter Richtung. Gemeinsam wollten wir nun in einer Woche das schaffen, was mich und meine Weggefährten damals über zwei Jahre gekostet hatte. So zogen wir los, mit Feuer im Herzen und einem Glauben, der Berge versetzen konnte.

Viertausend Kilometer in vier Tagen

Der Tag der Abreise war der Weihnachtsmorgen, der 25. Dezember 2007.

So wie meine Flucht begonnen hatte, startete auch diese Reise in den frühen Morgenstunden und in einem Bus. Diesmal war es ein Bus von *JMEM*, der uns mitnahm zu unserer ersten Station: Johannesburg. Hier übernachteten wir bei einem befreundeten christlichen Hilfswerk. Am kommenden Morgen teilte sich unser Team bis zur nächsten Etappe. Erst in Livingstone, Sambia, würden wir wieder aufeinandertreffen. Je nach Reisepass und Visum war der Weg für manche einfacher und günstiger über Botswana und für andere über Simbabwe. Ich blieb meiner alten Reiseroute treu und reiste mit Joon aus Südkorea, Jennifer aus Simbabwe, Siya, einem Südafrikaner, und meinen Landsleuten Kasky und Gates nach Simbabwe.

Als wir in Beitbridge die Grenzbrücke passierten, fiel mein Blick auf den reißenden Limpopo. Diesmal brauchte ich keine waghalsigen Manöver, um ihn zu überqueren. Ich saß im sicheren Bus und nicht auf dem Rücken eines Buschmannes mit Krokodilen in zwei Meter Abstand. Kein elektrischer Zaun, durch den ich springen musste. Durch die Grenzkontrolle kam ich mit meinem offiziellen Reisepass, den mir die kongolesische Botschaft in Südafrika ausgestellt hatte. Dass ich inzwischen einen Pass hatte, musste ich vor den südafrikanischen Behörden geheim halten, denn sonst hätte ich meinen Flüchtlingsstatus verloren. Eigentlich hätte ich Letzteren aufgeben müssen, sobald ich Südafrika verließ. Auch einreisen würde ich mit meinem Reisepass ohne Aufenthaltsgenehmigung nicht mehr dürfen. Eine Lösung für dieses Problem hatte ich nicht, aber darum würde ich mich auf der Rückreise kümmern. Mein Ziel war jetzt erst einmal, meine Heimat zu erreichen, und dieser war ich inzwischen um ein Land näher.

Auf der simbabwischen Seite stiegen wir in einen Bus, der uns noch am selben Tag quer durch das Land bis an die Grenze zu Sambia brachte. Die Sonne war bereits am Untergehen, als sich vor unseren Augen eines der gewaltigsten Naturspektakel Afrikas eröffnete: die Viktoriawasserfälle. Auf meiner Flucht hatte ich nicht einmal gewusst, dass es diese riesigen Wasserfälle gab. Erst überquerten wir die spektakuläre Eisenbahnbrücke über die Sambesi-Schlucht und hatten dann freie Sicht auf die Wassermassen, die donnernd in die Tiefe stürzten. Auf der anderen Seite kamen wir in Livingstone an, wo wir auf den Rest der Gruppe stießen. Zum Glück gab es Mobiltelefone, die uns wieder mit Anne Louise, Martin und Jerome aus Südafrika und Loy aus Angola zusammenbrachten.

Ich verstand erstmals, was es bedeutete, richtig auf Reisen zu sein. Während wir damals auf der Flucht in der Fremde ums Überleben gekämpft hatten, war das hier für andere ein Spaß- und Vergnügungsort. Touristen stürzten sich per Bungee-Jumping von der Grenzbrücke in die Sambesi-Schlucht. Das war für mich zumindest etwas nachvollziehbarer als River-Rafting- und Safaritouren. Auf eine Begegnung mit wilden Tieren war ich, selbst aus der Ferne, immer noch nicht erpicht. Das beleuchtete Haus, das mir als Kind bei der nächtlichen Überquerung des Sambesi aufgefallen war, war wohl eines der teuren Hotels und luxuriösen Lodges. Doch an eine Luxusübernachtung war für uns nicht zu denken. Ein Großteil unserer achthundert Dollar war bereits für Visa, Bustickets und Wegzehrung aufgebraucht. Wir waren alle unglaublich müde, doch einen Schlafplatz hatten wir nicht.

Doch ich hatte die Sambier zu Recht als freundliche Menschen in Erinnerung. Es war für uns alle ein Wunder Gottes, dass wir auf einen Taxifahrer trafen, der uns umsonst bis ins Zentrum von Livingstone mitnahm, und mehr noch: Als er merkte, dass wir wirklich knapp bei Kasse waren, nahm er uns bei sich zu Hause auf. Seine Frau verpflegte uns alle und seine Kinder räumten ihr kleines Zimmer. Auf den Matratzen am Boden und auf Stühlen verbrachten wir die Nacht.

Am nächsten Tag ging es gleich so weiter. Der freundliche Sambier fuhr uns durch halb Livingstone zur Busstation, wo wir in den Bus nach Lusaka stiegen. Überschwängliche Gastfreundschaft erlebten wir auch in der Hauptstadt Sambias. Wieder auf wundersame Weise begegneten wir diesmal einer Frau, die uns bei sich aufnahm.

Früh am Morgen ging die Busreise weiter nach Mpulungu am Tanganjikasee. An einer der vielen Haltestellen auf dem Weg stiegen katholische Nonnen ein, mit denen wir sofort ins Gespräch kamen. Sie vermittelten uns den Kontakt zu einem Freund in Mpulungu. Es war ein junger Familienvater, der uns eine Nacht beherbergte. Seine Frau servierte frisch gekochten Fisch aus dem Tanganjikasee. Er war köstlich. Ich musste mich nicht mehr wie damals am Hafen herumtreiben und den Fischern etwas von ihrem Fang abbetteln.

Nach viertausend Kilometern, die wir in vier Tagen zurückgelegt hatten, schliefen wir erschöpft und hundemüde, aber satt und dankbar auf dem Boden im Kinderzimmer der Familie ein.

Überfahrt mit Hindernissen

Am nächsten Morgen zeigte ich meinen Freunden und unserem Gastgeber die Plätze in Mpulungu, an denen Olivier, Alba und ich uns damals die Zeit totgeschlagen und zum Schlafen hingelegt hatten. Der einst eher verschlafene Hafenort war inzwischen ein kleines ansehnliches Hafenstädtchen geworden.

Voller Erwartung begaben wir uns zum Hafengelände Richtung Fähre, die uns nach Burundi bringen sollte. Am Ticket- und Visaschalter ging eine intensive und hitzige Diskussion mit den Beamten los: Wir hatten nicht mehr genug Geld, um weiterzukommen. Es schien aussichtslos.

Da brach Joon plötzlich in Tränen aus. »Das kann es doch nicht gewesen sein! Wir können nicht einfach wieder umdrehen. Wir müssen es in den Kongo schaffen«, schluchzte sie.

Ein Beamter war sichtlich über ihren Gefühlsausbruch irritiert. Joon hatte wohl etwas in ihm ausgelöst, denn langsam gab er nach und bemühte sich, uns zu helfen. »Wie viel Geld habt ihr noch bei euch?«, fragte er mich. Die Ausbeute in meiner Hosentasche war nicht ergiebig. Es waren nicht einmal mehr einhundert Dollar. Er sah das Geld und schüttelte den Kopf: »Unmöglich. Damit kann ich euch nicht durchlassen.«

Doch auf einmal zückte unser Gastgeber ein paar Scheine aus seiner Tasche und hielt sie dem Beamten entgegen. Schon wieder ein unverhoffter Segen zur rechten Zeit! Zusammen mit unserem Geld waren es jetzt etwas über einhundert Dollar. Dann ging die Diskussion zwischen unserem großzügigen Bekannten und den Beamten weiter. Sie sprachen in der lokalen Sprache, die keiner von uns verstand. Wir alle standen daneben und beteten im Stillen um ein weiteres Wunder.

Und tatsächlich – der Beamte nahm das Geld entgegen und stellte uns die nötigen Visa und Tickets kommentarlos aus. Ich nahm die Tickets entgegen. Als Zielort war Kigoma angegeben. Das Geld hatte nicht gereicht für die ganze Fahrt nach Burundi. Aber auch der Zwischenstopp in der tansanischen Hafenstadt Kigoma brachte uns dem Ziel einen Schritt näher. Wir hatten trotzdem nur einen Bruchteil dessen bezahlt, was die Fahrt normalerweise für zehn Personen gekostet hätte.

Unsere Freude war riesig, obwohl wir quasi pleite waren. Dankbar verabschiedeten wir uns von unserem Bekannten und Sambia. Wir bestiegen die Fähre nicht als blinde, dafür aber als abgebrannte Passagiere. Diese Rolle war mir nicht ganz unbekannt. Wie auch die Situation nicht, in der wir uns bald befanden.

Einer im Team hatte tatsächlich noch einen Notgroschen in der Tasche, der gerade für unsere Verpflegung an Bord ausreichte. Wir würden nämlich den ganzen Tag und die kommende Nacht auf dem Schiff verbringen. Gerade hatten wir uns ein paar *Sambusas* an Bord gekauft und genossen die leckeren frittierten Teigtaschen bei wunderschöner Aussicht. Zum allerersten Mal seit Jahren blickte ich wieder auf mein Land am Ufer gegenüber. Mein Kongo. Meine Heimat oder besser gesagt: meine fremde Heimat, die jetzt wieder fast zum Greifen nahe war.

Die wunderschöne Landschaft sah friedlich aus, auch wenn ich wusste, dass der Schein trog. Ich war voller Vorfreude, aber gleichzeitig auch angespannt, und im Wechsel überkamen mich Anflüge von Betrübtheit, Verletzbarkeit, Ohnmacht und Ratlosigkeit. Wie würde es sein, der Realität des Krieges in die Augen zu blicken? Wie ging es meiner Familie? Würde ich sie wiederfinden? Wie wäre das erste Wiedersehen? Was war ihnen inzwischen alles zugestoßen?

Ich wurde jäh aus diesen Gedanken gerissen, als es plötzlich hinter mir laut wurde. Loy war gerade dabei, Fotos von der malerischen Landschaft Tansanias an der anderen Uferseite zu schießen, als ein uniformierter Soldat ihn am Arm packte.

Er entriss ihm die Kamera und herrschte ihn an: »Was du da machst, ist verboten!«

Loy erschrak und verstand nicht, was das Problem war. Die Soldaten waren zu zweit und offensichtlich aus Tansania, denn sie sprachen Swahili, ihre Landessprache und auch meine Muttersprache.

Es war ein Déjà-vu, das sich plötzlich vor meinen Augen abspielte. Ungute Erinnerungen für mich. Doch diesmal stand ich nicht wort- und hilflos daneben, gerade dem stickigen Maschinenraum entkommen. Sie drohten nicht damit, Loy über Bord zu schmeißen, wie die burundischen Soldaten uns damals. Ich kam ihm zur Hilfe und mit mir Gates und Kasky, meine Landsmänner, die auch Swahili sprachen.

Wieder entstand eine lautstarke Diskussion. Es ging hin und her. Ohne dass es Loy bewusst gewesen war, hatte er Bilder einer Militäranlage am Ufer geknipst. Ein absolutes Tabu. Es dauerte eine Weile, bis das Missverständnis geklärt war und die Situation sich beruhigte. Der Soldat drückte Loy die Kamera wieder in die Hand und wies ihn an, die Bilder zu löschen. Die hitzige Diskussion ging über in ein freundliches Gespräch. Hinter der Uniform verbarg sich ein besorgter Familienvater, der diesen Job angenommen hatte, um seine Kinder in die Schule schicken zu können. Wir freundeten uns sogar an und blieben auch nach der Reise noch in Kontakt.

Eine Weile später ging ich zum Schiffspersonal und fragte, ob wir den Maschinenraum besichtigen dürften. Gemeinsam stiegen wir hinab in die für mich damals dunkle und heiße Hölle, in der ich über einen Tag ausgeharrt hatte. Es war so laut, dass Jennifer sich die Ohren zuhielt.

»Pappy, wie hast du es da mehr als eine Stunde ausgehalten?«, rief Jerome mir fragend zu.

»Ein Wunder, dass du hier drin so lange überlebt hast.« Martin stand neben mir und legte mir die Hand auf die Schultern.

Schnell wollten alle wieder raus aus dem Loch. Statt wie damals im Maschinenraum schlief ich diesmal auf einer Bank an Deck, wo wir von der aufgehenden wärmenden Sonne am nächsten Morgen geweckt wurden. Bald war die Etappe an Bord geschafft.

Schreck an Silvester

Das Jahr neigte sich dem Ende zu. Wir erreichten Kigoma am zweitletzten Tag des Jahres. Ohne Geld und ohne Plan, wohin es nun gehen sollte, denn geplant war der Zwischenstopp in Tansania nicht.

Auf gut Glück kontaktierte Anne Louise einen befreundeten tansanischen Missionar, der uns an einen lokalen Pastor vermittelte. Er stellte uns seine Kirchenbänke als Schlafplatz zur Verfügung. Am nächsten Morgen ging Joon zum Bankautomaten und hob Geld ab, von dem wir den Rest der Reise zehrten.

Die Weiterreise mit dem Schiff war zu teuer, also kontaktierte unser Gastgeber einen ihm bekannten Taxifahrer, der sich bereit erklärte, uns an die Grenze zu Burundi zu fahren. Sein Auto war ein normaler Fünfsitzer, den wir zum Zehnsitzer machten. Das Gepäck, das nicht mehr in den Kofferraum passte, wurde mit Schnüren auf dem Dach festgezurrt.

Nach mehreren Stunden zusammengepfercht im Taxi purzelten wir völlig erschöpft an einem Grenzposten aus dem Wagen und streckten erst einmal unsere verrenkten Glieder. Im Stockdunkeln passierten wir die Grenze zu Burundi, wo uns schon bald das nächste Abenteuer erwartete.

Die zwei Grenzbeamten in ihrem kleinen Grenzhäuschen waren freundlich und empfahlen uns ein Hotel in der Nähe. Um Geld für ein Taxi zu sparen, machten wir uns zu Fuß auf den Weg. Gut, dass wir Taschenlampen hatten, die uns den Weg leuchteten!

Müde und entkräftet starteten wir unseren Fußmarsch, der jedoch abrupt gestoppt wurde, als wir auf einmal im Schein mehrerer Lichtkegel standen. Drei Männer waren wie aus dem Nichts hinter den Büschen aufgetaucht und hielten nicht nur Taschenlampen in der Hand. Sie waren bewaffnet und trugen Uniformen. Wir alle erschraken fürchterlich. Schnell war allen unausgesprochen klar, dass das Rebellen sein mussten.

Die Männer packten uns grob an den Armen und demonstrierten uns mit der Spitze eines Maschinengewehrs, vor ihnen herzulaufen. Jennifer, Joon und Anne Louise brachen in Tränen aus. Die Rebellen sprachen Kirundi miteinander. Kasky war der Einzige, der ihre Sprache verstand, und startete den Versuch, mit ihnen zu reden.

»Sei still«, wurde ihm barsch der Mund verboten. »Lauf weiter!«

Kasky zitterte und stolperte vorwärts. Auch wir anderen folgten den Anweisungen. Wehrlos zu sein war ein furchtbares Gefühl. Genauso schlimm wie die Angst in mir. Kasky flüsterte mir zu, was er von dem Gespräch der Rebellen verstanden hatte. Die drei Frauen wollten sie in den Busch bringen, uns Männer an einen anderen Ort. Ein kalter Schauer lief mir über den Rücken. Ich wusste genau, was das bedeutete. Mit stillen Stoßgebeten bestürmten wir den Himmel, während wir durch die Dunkelheit liefen.

»Lasst von diesen Leuten ab.« Die durchdringende Stimme aus dem Nichts klang bestimmt.

So plötzlich, wie die Rebellen aufgetaucht waren, standen auf einmal fünf weitere Männer vor uns. Ich erkannte nicht viel im blendenden Schein der Taschenlampen, die wild um uns herumgeschwenkt wurden, und kniff meine Augen noch fester zusammen, um etwas zu erkennen. Drei von ihnen waren auch bewaffnet, die anderen zwei standen vor uns in langer Robe und Piuskragen.

Ich glaubte, meinen Augen nicht zu trauen: Ein älterer burundischer Priester war mit dem Kaplan und drei Männern seines Dienstpersonals zu unserer Rettung geeilt! Später erfuhren wir, dass ein Unbekannter unsere Gefangennahme durch die Rebellen beobachtet und beim Priester Alarm geschlagen hatte. Der Geistliche hatte prompt seine Silvestermesse unterbrochen und wurde unsere Rettung in letzter Minute.

Es war wohl die Autorität des geistlichen Würdenträgers, der die Rebellen abschreckte. Sie ließen von uns ab und zogen von dannen. Nur langsam begriffen wir, was geschehen war. Der Schock saß allen in den Gliedern. Dankbar, aber sichtlich verstört folgten wir dem Priester, der seine Messe noch zu Ende brachte. Mitsamt unserem Gepäck drückten wir uns in die hinteren Bänke der Kirche. Nach dem Gottesdienst nahm der Priester uns bei sich auf, wir wurden reichlich mit Essen versorgt und waren für diese Nacht in Sicherheit.

Erst spät am Abend kam es mir in den Sinn: Dieses ganz andere Silvester war mein zweiundzwanzigster Geburtstag. Die Rettung des Priesters war definitiv das größte Geburtstagsgeschenk und Wunder an diesem Tag gewesen. Doch ein noch größeres sollte schon am nächsten Tag auf mich warten.

Ankunft im neuen Jahr

Das neue Jahr begannen wir in den frühen Morgenstunden mit dem Segen des Priesters. Er sprach ihn an der nahe gelegenen Busstation, bevor wir von dort Richtung Bujumbura weiterfuhren. In der Hauptstadt Burundis angekommen, trennten uns nur noch wenige Kilometer von meinem Land. Nach sieben ereignisreichen Tagen und Nächten stand ich endlich an der Grenze zum Kongo. Ich konnte es nicht glauben, als ich sie durchschritt und wieder kongolesischen Boden unter den Füßen hatte.

Joon stellte sich neben mich und klopfte mir auf die Schulter: »Pappy, wir haben es geschafft! Du bist zurück in deinem Land!«

An meine andere Seite gesellte sich Loy und legte brüderlich seinen Arm um mich: »Das war ein langer Weg in die Freiheit, den du damals genommen hast. Willkommen zurück im Kongo!«

In der Tat, *willkommen zurück*, so dachte auch ich, als wir an den Soldaten vorbeizogen, die die Grenze überwachten. Überall Militär, genauso wie damals.

Noch einige Stunden und bis in den Abend hinein dauerte die Busfahrt von Uvira nach Bukavu. Immer noch gab es einige Checkpoints, die die Fahrt in die Länge zogen. Seit über zehn Jahren hatten Gruppen der *Mai-Mai* dieses Territorium fest in ihren Händen. Manche Dinge änderten sich wohl traurigerweise nie.

Müde lehnte ich meinen Kopf an die Scheibe und sah Panzer und Militärautos mit Raketenwerfern an uns vorbeifahren. Ich kämpfte mit einem völligen Durcheinander meiner Gefühle. Jetzt war ich angekommen und hatte zum ersten Mal Zweifel, ob es wirklich eine gute Idee gewesen war, hierherzukommen. Was würde mich in Bukavu erwarten?

Es war bereits neun Uhr abends und stockdunkel, als wir sicher in Bukavu ankamen. Beleuchtet waren die Straßen nur von den Lichtern vorbeifahrender Autos. Überglücklich, aber erschöpft von der Reise stieg ich aus dem Bus. Es war unwirklich und fast, als würde ich träumen. Wir hatten tatsächlich unser Ziel erreicht, aber wieder keinen Plan, wie es jetzt weitergehen sollte.

Eine Weile standen wir ratlos an der großen Hauptstraße. Irgendwann lief eine weiße Frau an uns vorbei, die ich einfach ansprach. Sie hieß Elisabeth und kam aus Holland. Wir unterhielten uns und nach einer Weile fragte ich sie neugierig: »Was bringt dich nach Bukavu? Lebst du hier?«

Bei ihrer Antwort trauten wir unseren Ohren kaum. »Ich arbeite bei Jugend mit einer Mission in Bukavu.«

»Wie bitte?«, brach es ungläubig aus mir heraus. Keiner von uns hatte gewusst, dass unsere eigene Organisation zu der Zeit auch ein Zentrum in meiner Heimatstadt unterhielt. Wir fühlten uns sofort verbunden. Im Schnelldurchgang berichtete ich Elisabeth über unsere Reise und nannte am Ende den Grund für unser Abenteuer: »… und nun sind wir hierhergekommen, um meine Familie zu suchen, die ich seit neun Jahren nicht mehr gesehen habe.«

»Das ist unglaublich!«, staunte sie. »Lass mich meinen Freund Elie anrufen. Er ist hier in der Gegend aufgewachsen. Vielleicht kann er dir helfen.«

Wenig später stieß Elie zu uns und begann nach Elisabeths Bericht gleich interessiert nachzufragen: »Wie heißt deine Familie? Woher kommst du?«

»Wenn du mir helfen kannst, meine Familie wiederzufinden«, sagte ich, »dann über meine Herkunft als Nachkomme von N'Databai aus Ngweshe.« Dieser Name war auch in Bukavu bekannt.

»N'Databai? Natürlich sagt mir das was«, entgegnete Elie. »Ein Mann in meiner Kirchengemeinde ist aus derselben Linie. Ich selbst habe seine Nummer nicht. Aber ich tue, was ich kann.«

Er tätigte ein paar Anrufe und verkündigte ein wenig später: »Der Mann ist auf dem Weg hierher. Über ein paar Ecken hat ihn jemand erreicht.«

Ich konnte es fast nicht glauben. Zu große Hoffnungen wollte ich mir aus Angst vor einer Enttäuschung nicht machen. Trotzdem stiegen die Spannung und Erwartung in mir immens. Immer noch standen wir an der gleichen Stelle, an der wir angekommen waren. Während wir mit Elisabeth und Elie ins Gespräch vertieft waren, sah ich im Dunkeln einen großen, kräftigen Mann auf uns zukommen. Mir verschlug es die Sprache, als er sich weiter näherte, denn ich erkannte ihn sofort. Es war mein Onkel! Streng genommen war er einer der vielen Cousins meines Vaters.

»Pappy!«, rief er und schloss mich blitzschnell in seine Arme. »Ich kann es nicht glauben!« Er war sichtlich aus dem Häuschen und ich immer noch sprachlos. »Was für ein Wunder, dich wiederzusehen! Ich schicke sofort jemanden zu deinem Vater, um ihm die Freudenbotschaft zu überbringen.«

Auf vieles hatte ich mich eingestellt, aber das hätte ich niemals zu träumen gewagt. Auch die anderen aus meinem Team waren fassungslos. Weil es inzwischen schon sehr spät geworden war, machten wir uns alle auf den Weg zu Elisabeths Wohnung. Sie lag nur wenige Gehminuten entfernt und ganz in der Nähe meiner alten Schule *Nyalukemba*.

Viel Platz war nicht und wir zwängten uns in dem kleinen Zimmer zusammen. Alle warteten gespannt. Ich war hellwach, obwohl es kurz vor Mitternacht war. Durch meinen Körper schoss das Adrenalin. Mein Herz klopfte wie wild.

Das Wiedersehen

»*Mon fils!* – Mein Sohn!«

Sofort erkannte ich die Stimme. Ich drehte mich um und sah meinen Papa in der Tür stehen. Er streckte seine Arme aus und lief mir entgegen. Wir umarmten uns. Er weinte und ich mit ihm. Eine ganze Weile lagen wir uns in den Armen. Papa wollte mich nicht mehr loslassen.

»Mein Sohn. Du lebst.«

Er wiederholte es immer und immer wieder. Mir fehlten die Worte, so überwältigt war ich. Ich spürte seine knochigen Schultern und konnte fühlen, wie dünn und gebrechlich er geworden war. Er lockerte seine Umarmung, schaute mir in die Augen und umarmte mich gleich wieder. Viel älter sah er aus und vom Krieg gezeichnet. Ich hatte meinen Papa als starken Mann in Erinnerung, den nichts so schnell umhauen konnte. Von diesem Mann war wenig übrig geblieben.

»Mein Sohn ist zurück.« Sein Überwältigtsein wandelte sich in Freude. Seine Augen und Gesicht begannen zu strahlen. Die Frauen im Zimmer waren zu Tränen gerührt. Die Männer klatschten und jubelten.

Ich wischte mir meine Tränen ab und zwinkerte Papa zu: »Es war mal wieder Zeit, dir ein gutes neues Jahr zu wünschen, Papa.« Er lächelte verschmitzt. »Frohes neues Jahr, mein Sohn.«

Dann erkundigte ich mich: »Wie geht es Mama und den Kindern?«

»Das ganze Haus ist in Aufregung, seit es an der Tür geklopft hat. Mama hat bei den Kleinen bleiben müssen. Morgen früh kommt sie.«

Lange blieb er nicht mehr, da es schon spät war, und auch wir gingen bald darauf schlafen.

Doch nach nur wenigen Stunden, kaum dass die Sonne aufgegangen war, klopfte es an der Tür. Mama kam mit Papa und meinen drei ältesten Geschwistern Dejoie, Bijoux und Iranga.

Mama weinte laut, umarmte mich noch energischer als Papa und wollte mich gar nicht mehr loslassen. »*Mutoto wangu* – Mein Kind«, schluchzte sie und küsste mich abwechselnd auf beide Wangen. Wie sehr hatte ich mich nach ihrer Umarmung gesehnt! Meine Tränen flossen ungehindert.

Meine Mutter war keine junge Mama mehr, sondern inzwischen eine gestandene Frau. Schick hatte sie sich gemacht und sah wunderschön aus in ihrem sonnengelben, traditionellen Kleid. Auch meine Geschwister drückten sich fest an mich. Sie waren keine Kinder mehr, sondern junge Erwachsene. Mir wurde bewusst, wie sehr ich sie eigentlich vermisst hatte.

Dann streckte Mama mir eine Tüte mit Essen entgegen. Das war Mama, wie sie leibte und lebte! Sie musste in den frühen Morgenstunden schon das Feuer angeschmissen haben, denn das Essen war noch warm und zudem mein bestes Frühstück seit Jahren. Fleisch mit *Ugali*, gekocht von Mama.

Das erste Mal wieder mit meiner Familie zu essen, zählt bis heute zu einem der besten Momente meines Lebens. Es war ein

Festessen an diesem Morgen, denn Mama hatte genug für mich und meine Freunde gekocht. Meine Eltern überhäuften mich mit Fragen zu meinem Leben in Südafrika. Ich zückte meinen Laptop und zeigte ihnen Fotos von meinem zweiten Zuhause, ebenso Bilder der vergangenen Tage und unserer Reiseroute. Wie es ihnen in den letzten Jahren ergangen war, sollte ich am nächsten Tag erfahren.

Fremdes Zuhause

»Pappy«, rief Ombeni und umarmte mich.

Meine Schwester war inzwischen eine hübsche junge Frau geworden. Auch die anderen Geschwister kamen mir schon an der Tür entgegen, als ich sie zusammen mit meinem Team am nächsten Tag in ihrem neuen und mir fremden Zuhause besuchte. Meine Brüder Big und Mista waren keine Kleinkinder mehr, sondern Teenager. Dann waren da noch meine jüngsten Schwestern Sandrine, Raissa und Carine, die mich überschwänglich begrüßten, obwohl sie sicher keine Erinnerungen von damals an mich hatten.

Ich freute mich auch, Diane zu sehen. Sie war meine Cousine und oft bei uns gewesen, als ich noch zu Hause gelebt hatte. So war sie bereits als Kind wie eine Schwester für mich gewesen. Ich schaute fragend zu Mama und Papa, um zu erfahren, warum sie mitgekommen war. Sie erwiderten meinen Blick ernst. Ich nahm mir vor, sie später zu fragen, was los war.

Als Nächstes begrüßte ich das neueste Familienmitglied, das in der Zeit meiner Abwesenheit geboren worden war. Meine kleinste Schwester war inzwischen sechs Jahre alt. Sie saß auf dem Schoß von Iranga und wurde mir als Rosalie vorgestellt. Ich strich ihr über den Kopf. Sie lächelte mich an. Dann verschwand Mama kurz im anderen Zimmer und hielt mir einen Brief entgegen. Ich nahm ihn in die Hand und erkannte meine eigene Schrift wieder.

»Dein Brief kam leider viel zu spät an. Deine Schwester war bereits auf den Namen Rosalie getauft«, erklärte Mama. »Doch ich habe deine Zeilen unzählige Male gelesen und ihn neben meiner Matratze in der Schachtel aufbewahrt.« Dann fragte sie mich: »Hast du unseren Brief jemals erhalten?«

Ich schüttelte den Kopf. Der Brief meiner Eltern an mich war wohl auf dem Weg nach Südafrika verloren gegangen. Doch das war nun Nebensache. In vollen Zügen genoss ich es, wieder im Kreis meiner Familie zu sitzen. Ich sah Mista und Big zu, wie sie miteinander scherzten, und merkte, wie mein Swahili in die Jahre gekommen war. Sie hatten eine Jugendsprache, die mir nicht geläufig war, obwohl ich natürlich alles verstand.

Doch eine Person fehlte und schließlich fragte ich meine Eltern: »Was ist mit Tita?«

Mama seufzte und schüttelte traurig den Kopf. »Sie ist immer noch verschwunden. Tagelang hat Papa an verschiedensten Orten gesucht, wenn jemand meinte, sie dort gesehen zu haben. Vergeblich.«

Ich schaute zu Papa, der traurig nickte. Es führte mir einmal mehr die schmerzliche Realität vor Augen. Vor allem tat es mir im Herzen weh zu sehen, wie meine Familie in einem der vielen Elendsviertel von Bukavu in völliger Armut lebte. In zwei kleinen Zimmern lebten sie zu zehnt auf engstem Raum. Die durchgelegenen Matratzen lagen auf der Erde. Vor dem Haus floss das Abwasser durch die ungeteerten Straßen und es stank nach Gosse. Meine Familie war am untersten Punkt angekommen. Die Hütte, in der sie zur Miete hauste, bestand aus zusammengenagelten Brettern und war kein Vergleich zu unserem Haus und Grundstück in Chiherano.

Wie meine Eltern hatten Tausende Binnenflüchtlinge aus den Dörfern während des Krieges Zuflucht in der Stadt gesucht. Ohne Plan wurde ein Haus dicht ans andere gebaut und überall drängten sich Menschen auf engstem Raum unter unzumutbaren Bedingungen. Inzwischen hatten sich die meisten hier dauerhaft niedergelassen, so auch meine Familie. Bukavu war heruntergekommen und zerstört. Geld zum Wiederaufbau oder für Reparaturen fehlte an allen Ecken und Enden. Das Ausmaß des Krieges war unübersehbar.

»Ein Jahr nachdem du geflüchtet bist, Pappy, haben auch wir Chiherano verlassen«, erzählte mein Vater. »Es wurde zu gefährlich.«

Nicht nur ich, sondern auch mein Team hörte ihm gebannt zu. Alle wollten wir wissen, was in der Zwischenzeit passiert war.

»Wieder einmal fielen Rebellen ins Dorf ein. Dieses Mal beschlagnahmten sie unser Haus und all unseren Besitz. Unsere letzten Tiere hatten sie mitgenommen, die Felder zerstört und schließlich das Haus angezündet. Als ich die Lage Tage später auskundschaftete, sah ich, dass das ganze Dach zerstört war. Unsere Häuser waren nicht mehr bewohnbar. Wir hatten alles verloren.« Papa machte eine Pause, holte tief Luft und fuhr dann fort. »Der Krieg, wie du ihn erlebt hast, Pappy, ging weiter. Massaker, Tötungen, Vergewaltigungen. Pures Chaos. Mein Bruder, Dianes Vater, wurde ermordet und seine Frau starb an einer Krankheit, weil es an medizinischer Versorgung fehlte. Es passierte alles, kurz nachdem du gegangen warst. Wir konnten sie nicht einmal richtig beerdigen …« Papa schluckte und versuchte, seine Fassung zu bewahren. Es war ganz still im Raum geworden.

Papa erzählte weiter. »Wir haben die Kinder meines Bruders zu uns genommen und sind in die Stadt geflüchtet. Aber auch Bukavu wurde mehrmals eingenommen. Dann sind wir wieder zurück ins

Dorf, doch dort plagten deine Geschwister so schlimme Albträume, dass sie wieder in die Stadt wollten. Es war eine furchtbare Zeit.«

Offensichtlich hatten sie all ihre Einnahmequellen von damals verloren. Während meine schlimmste Zeit inzwischen vorbei war, lebte meine Familie immer noch in miserablen Zuständen. Und trotzdem lebten sie in Gemeinschaft wie früher. Unzählige Verwandte, Freunde, Nachbarn kamen zu Besuch, um meine Rückkehr zu feiern. Ich weiß nicht, wo Mama das Geld für Essen aufgetrieben hatte. Aber sie kochte an dem Tag für mein gesamtes Team und alle Anwesenden.

Zeitweise fühlte es sich so an wie früher. Aber nur für kleine Augenblicke. Es fiel mir schwer, meine Familie abends in solchen Verhältnissen zurückzulassen. Gemeinsam mit meinem Team machte ich mich auf zu *JMEM*, wo wir inzwischen untergekommen waren.

Dianes Schicksal

Am nächsten Tag besuchte mein Team *JMEM*-Hilfsprojekte, während ich mich diesmal allein auf den Weg zu meiner Familie machte.

Ich erzählte meinen Eltern und Geschwistern von meiner Flucht und dem Leben auf der Straße. Sie schüttelten fassungslos den Kopf. Ihre Reaktion war eine Mischung aus Schock, Staunen, Ohnmacht, aber auch Mitleid, obwohl alles schon Jahre zurücklag.

Mehrere Male hob Mama ihre Hände in die Höhe und bekreuzigte sich. Zum einen war es ein Ausdruck ihrer Entrüstung, zum anderen aber ein Zeichen der Dankbarkeit Gott gegenüber, dass ich immer noch am Leben war. Dankbar war meine Familie auch, als sie hörte, wie sich mein Leben schlagartig bei *JMEM* und durch die Begegnung mit Gott verändert hatte.

»Wir haben jeden Tag für dich gebetet und gehofft, dass du am Leben bist, Pappy.«

Ich glaubte, was Mama da sagte. Es war nicht nur so dahingesagt. Ihren Glauben hatten meine Eltern nie aufgegeben. Ich sah, wie ihr fester Glaube sie immer noch hoffen ließ, eines Tages meine Schwester Tita wiederzufinden. Immer noch wurde meine Mama von allen mit »Mama Tita« angesprochen.

Ich schaute zu, wie sie gerade eins der Kinder versorgte. Sie strahlte so viel Würde dabei aus. Dann blickte ich auf meinen Vater. Eigentlich war ich heute allein hierhergekommen, um ihn zur Rede zu stellen. Ihn all das zu fragen, was mir schon lang auf der Seele brannte. Doch jetzt zögerte ich. Zuerst wollte ich wissen, was mit Diane los war. Sie hatte mich wieder nur kurz begrüßt und nicht in die Augen geschaut. Danach war sie in einem der zwei Schlafzimmer verschwunden, während alle anderen Geschwister irgendwo herumwuselten.

Ich gab Mama und Papa einen Wink, mir vor das Haus in den winzigen Vorhof zu folgen, und fragte sie dort ungestört: »Was ist mit Diane? Warum schaut sie mir nicht in die Augen?«

Jeder wartete, bis der andere antworten würde. Meine Mama ergriff zuerst das Wort: »Sie musste das Gleiche erleben wie Ombeni.« Ihre Worte stockten. »Sie war erst fünf Jahre alt. Es passierte, kurz nachdem du gegangen bist. Seitdem schämt sie sich, ist wie ausgewechselt und redet nicht mehr. Was wir auch tun, es ändert nichts an ihrem Verhalten. Sie weiß, dass wir sie lieben.«

Mama kämpfte mit ihren Tränen und Papa übernahm das Wort. »Einige Zeit später wurde sie sehr krank. Wir sind mit ihr ins Krankenhaus. Dort haben sie einen Test gemacht.« Für einen Moment blieb er still, bevor er weitersprach. »Sie wurde mit HIV angesteckt und hat Aids, Pappy.«

Ich wusste nicht, was ich sagen oder wie ich reagieren sollte. Alle drei waren wir still und fühlten wahrscheinlich unausgesprochen das Gleiche. Trauer, Hilflosigkeit, Schmerz. Dann kochte die Wut in mir hoch, aber sie zu äußern hätte in dem Moment die Situation nur noch schlimmer gemacht. Zuerst Ombeni. Dann Diane. Ich litt mit ihnen und gleichzeitig auch mit meinen Eltern, die ihre Kinder schon durch so viel Leid, Elend und Schmerzen hatten durchtragen müssen.

Die Waffe des Krieges

Ich war mit meinem Team unterwegs zum Panzi-Krankenhaus. In der Klinik am südlichen Stadtrand Bukavus wollten wir den kongolesischen Gynäkologen Dr. Denis Mukwege treffen. Zehn Jahre später würde er für sein Engagement den Friedensnobelpreis erhalten.

Was meinen Schwestern bereits vor Jahren zugestoßen war, hatte inzwischen ein unvorstellbares Ausmaß in meinem Land angenommen. So wie Dianes Stimme verstummt war, wurden die Stimmen unzähliger Frauen nicht gehört. Tausende Frauen strömten während des Krieges in das Panzi-Krankenhaus. Sie kamen, um sich ihre Verletzungen und Verstümmelungen, die ihnen Rebellen oder Soldaten zugefügt hatten, von Mukwege chirurgisch behandeln zu lassen. Sogar kleine Mädchen und Babys waren in Behandlung, es war unvorstellbar grausam, was ihnen widerfahren war.

Wir waren tief beeindruckt und bewegt von Mukweges Engagement, als wir gemeinsam in seinem Büro saßen und ihn interviewten. Er bezeichnete die sexualisierte Gewalt durch bewaffnete Gruppen nicht nur als ein Kriegsverbrechen, sondern nannte sie eine Kriegswaffe und Teil der Kriegsstrategie. Es gehe um die Demonstration von Macht zur Erniedrigung des Feindes. Ausnahmslos jede bewaffnete Gruppe in meinem Land hatte sich diese Waffe zu eigen gemacht. Sie traf nicht nur ins Fleisch und verletzte den Körper. Sie zerstörte die Seele und den Geist gleichermaßen.

Als gläubiger Christ behandelte Mukwege nicht nur medizinisch, sondern setzte auf ganzheitliche Behandlung. Nebst körperlicher Herstellung kümmerte man sich im Panzi-Krankenhaus auch um die gebrochenen Herzen. Zu Gesprächen mit professionellen Psychologen und Traumatherapie kamen Zeiten mit einem Krankenhauspfarrer hinzu.

Jeden Vormittag versammelten sich alle Patienten, die nicht bettlägerig waren, im Innenhof des Krankenhauses. Dort wurde gesungen, gebetet und den Patientinnen ein Wort der Ermutigung zugesprochen, was an diesem Morgen mein Team und ich übernehmen durften. Der Krankenhauspfarrer hatte uns darum gebeten, er war eng mit *JMEM* in Bukavu verbunden.

Mit leeren Händen waren wir in mein Land gekommen, in dem die Not so groß war. Alles, was ich mit diesen Frauen und Mädchen teilen konnte, war meine eigene Geschichte. Ihnen davon zu erzählen, wie Gott mich gefunden und geheilt hatte von den Verletzungen, die mir in meinem Land zugefügt worden waren. Auch andere im Team gaben Zeugnis von ihrem Glauben an Gott. Wir bezeugten, dass Gott nach tiefer Demütigung unsere Würde wiederherstellen, unsere Verzweiflung in Zuversicht und Hoffnung wandeln und in unserer größten Scham unsere Nähe suchen wolle.

Es war ein bewegender Moment. Doch am meisten bewegte uns der anschließende Chorgesang der über hundert Patientinnen. Es war ein fast himmlischer Wohlklang, gesungen von Frauen, die alle durch die Hölle gegangen waren. Anschließend vertrauten sich uns einige von ihnen an und wir hörten brutalste Geschichten voller Gewalt und Demütigung. Tränen flossen auf beiden Seiten, während wir für sie beteten. Wir verließen das Panzi-Krankenhaus tief inspiriert und mit der Frage, wer zu so viel Gewalt fähig war.

In den Tagen danach besuchten wir deshalb auch ein Resozialisierungsprogramm für Kindersoldaten und kamen mit einigen ins Gespräch. Sie waren sichtlich verstört. Ein vierzehnjähriger Junge erzählte uns, dass er nichts anderes als Gewalt kennen würde. Fast teilnahmslos und ohne Emotionen schilderte er die Vorgehensweise während eines Überfalls auf ein Dorf, als wäre es ein Spiel, und er würde die Regeln erklären. Andere waren inzwischen bestürzt über sich selbst und versuchten, mit ihren schrecklichen Erinnerungen und Schuldgefühlen umzugehen. Auch wenn das ihre schlimmen Taten nicht minderte: Sie waren traumatisiert, ihre Herzen ebenso wie die der Frauen gebrochen und angewiesen auf Heilung.

Die Geschichten, die wir mit der Kamera aufzeichneten, brachten uns an unsere Grenzen. Während ich den Krieg überlebt hatte, litt nicht nur meine Familie, sondern litten auch meine Landsleute weiter. Ich fühlte mich überfordert und fragte mich, wie in meinem Land jemals Frieden und Versöhnung einkehren sollten. Und als ob die Berichte nicht genug gewesen wären, zog es mich auch an den Ort des Geschehens.

»In Kaniola hat es ein Massaker gegeben«, berichtete eines Tages mein Papa, der sich wie früher mit einem Taschenradio am Ohr über das aktuellste Geschehen informierte. Ich hielt mich gerade zu Hause bei meiner Familie auf, wie ich es jede freie Minute tat. »Einige Zivilisten wurden auf brutalste Weise mit Äxten und Macheten von Rebellen niedergemetzelt und viele Frauen missbraucht.«

»Ich muss nach Kaniola und mit meinen eigenen Augen sehen, was hier passiert.«

Mein Vater fand das gar keine gute Idee und wollte mich davon abbringen. Doch inzwischen war ich mein eigener Herr und traf meine Entscheidungen selbst. Wenn ich schon im Lande war, wollte ich mich der Realität der Gewalt nicht verschließen. Meine Brüder Big und Dejoie schlossen sich mir an, sie waren inzwischen vierzehn und sechzehn Jahre alt und hatten brutaler Gewalt schon einige Male ins Auge geblickt.

Mit einem Taxibus fuhren wir nach Kaniola, etwa fünfzig Kilometer westlich von Bukavu gelegen. Ich wusste nicht genau, was mich erwartete, und hatte auch etwas Angst davor. Doch mein innerer Drang, dort hinzugehen, war stärker als alles andere.

Es war gespenstisch still, als wir in dem Dorf ankamen. Alle Menschen, die fliehen konnten, hatten das Dorf bereits verlassen. Bereits zwei Tage war das Massaker her und immer noch lagen Tote auf der Straße. Die Rebellen hatten sie teilweise noch demonstrativ aufgebahrt, um das Grauen zu veranschaulichen.

In einem Haus trafen wir auf eine schwangere Frau, die wimmernd auf dem Boden lag. Drei Tage lang war sie im Busch von mehreren Männern vergewaltigt worden. Sie hatten sich nicht nur an ihr, sondern auch an ihrem ungeborenen Baby im Bauch vergangen. Ihre Eltern waren bei dem Massaker vor ihren Augen getötet worden. Ein anderes junges Mädchen war drei Monate lang im Busch festgehalten und aufs Schlimmste missbraucht worden. Sie war völlig entkräftet.

In Kaniola gewesen zu sein zeigte mir einmal mehr, wie vergessen das Leid dieser Menschen war. Keiner würde sich um sie kümmern. Wie die schwangere Frau waren so viele in dieser Krise allein und vergessen.

Wieder konnte ich nichts tun, außer mit meinen Brüdern zu beten. Doch auf dem Heimweg machte sich in mir nicht nur eine Mordswut auf die Täter breit, sondern auch unbändiger Hass.

Die Waffe der Vergebung

»Ich bleibe hier und nehme Rache.«

Ich saß im Haus bei meiner Familie. Der Stuhl kippte nach hinten um, als ich energisch aufstand. Ich war rastlos und wusste nicht, wohin mit mir und den vielen Eindrücken und Emotionen. In mir sträubte sich alles gegen die bevorstehende Heimreise. Ich konnte nicht einfach zurück nach Südafrika und meine Familie und Landsleute wieder allein lassen.

Meine Stimme wurde lauter: »Das kann nicht so weitergehen! Ich kann nicht weiter tatenlos aus der Ferne zusehen.«

Ich war außer mir vor Zorn und machte mir ernsthaft Gedanken, mich irgendeiner Gruppe anzuschließen, auch wenn ich noch nicht wusste, welcher. Meine Geschwister schauten mich mit großen Augen an. Diane saß schweigend in der Ecke. Mama merkte, dass es mir ernst war, und versuchte, auf mich einzureden, bis sich Papa einschaltete.

Seine Stimme war ruhig: »Pappy, ich habe dich nicht weggeschickt, damit du eines Tages genau das tust, was ich nie für dich wollte. Du willst dich nicht ernsthaft bewaffneten Männern anschließen, die damals der Grund für deine Flucht waren.«

Seine ruhigen Worte besänftigten mich nicht. Im Gegenteil, sie machten mich noch wütender. Wie damals glaubte er offenbar auch jetzt zu wissen, was ich zu tun und zu lassen hatte. In diesem Augenblick brach aus mir heraus, was ich ihm die ganze Zeit schon hatte sagen wollen.

»Der Grund, warum ich wegmusste, warst einzig und allein du! Du hast mich weggeschickt. Du hast die Entscheidung für mich getroffen. Du machst es dir heute einfach, genau wie damals. Davonlaufen ist nicht mehr die Lösung. Jemand muss etwas tun!«

Ich war außer mir und selbst schockiert über meine Worte. So hatte ich noch nie mit meinem Papa gesprochen. Doch er redete ruhig weiter: »Was meinst du, was genau diese Männer denken, wenn sie in den Krieg ziehen? Alle denken, sie müssten etwas tun und es würde sich lohnen, mit Gewalt dafür zu kämpfen. Keiner von ihnen will tatenlos zusehen. Aber schau dich doch um, wie es endet.«

Ich blieb still. Eigentlich wusste ich, dass er recht hatte. Jeder im Raum wartete, bis wieder einer von uns das Wort ergreifen würde. Papa brach die Stille, diesmal mit zittriger Stimme: »Dich wegzuschicken war eine der schwersten Entscheidungen meines Lebens. Ich habe es mir nicht einfach gemacht, Pappy. Heute bist du erwachsen und ich kann dich nicht mehr halten. Als Kind wollte ich dich vor genau dieser Situation schützen.« Er rieb sich die Augen, in denen Tränen hochstiegen.

»Ich habe dich jahrelang dafür verantwortlich gemacht.« Auch mir liefen die Tränen die Wangen hinunter.

Papa stand auf und schloss mich in die Arme. Es war unser Moment der Versöhnung. Ich konnte meinem Vater vergeben. Doch ich konnte noch nicht den Tätern verzeihen, die meiner Familie und meinen Landsleuten so viel Leid zugefügt hatten.

Diese letzte Lektion meiner langen Reise lehrte mich die Person, die eigentlich allen Grund hatte zu hassen und sich doch für das Gegenteil entschied.

Nach zwei tief bewegenden Wochen in der Heimat war es Zeit, Abschied zu nehmen. Diesmal war ich sicher, dass ich meine Familie eines Tages wiedersehen würde. Ich umarmte meine Geschwister, meinen Papa und zuletzt meine Mama. Als wir aufbrechen wollten, erhob sich Diane unerwartet von ihrem Stuhl in der Ecke und kam auf mich zu.

Zum ersten Mal hob sie ihren Kopf, schaute mir geradewegs in die Augen und sprach mir zu: »*Kaka, endelea kupenda.* – Bruder, halte fest an der Liebe.«

EPILOG:
WEG DER HOFFNUNG

»Halte fest an der Liebe« – das sollten die letzten Worte gewesen sein, die Diane zu mir sagte.

Einen Monat später, im Februar 2008, kam ein Anruf von Papa. Diane war an den Folgen ihrer Vergewaltigung und Aids gestorben. Wir weinten zusammen am Telefon. Meine Schwester hatte allen Grund gehabt, zu hassen und verbittert zu sein. Aber sie hatte sich für die Liebe entschieden. Diane war erst vierzehn Jahre alt, als sie starb, und hatte doch bereits verstanden, dass die stärkste und unschlagbarste Waffe überhaupt die Liebe ist.

So heilsam die Reise zurück zu meinen Wurzeln und das Wiedersehen mit meiner Familie gewesen waren, so sehr warf mich diese Nachricht wieder um Meilen zurück, und ich fiel seelisch in ein tiefes Loch. In der Zeit danach nahm mich mein Freund Benjamin aus Holland, der inzwischen in Johannesburg lebte, bei sich auf. Er war einer der vielen Wegbegleiter, die mir halfen, immer wieder neu an den Punkt zu kommen, dankbar zu sein, wenn ich meinem größten Feind verzeihen und ihm in Gedanken mit Liebe begegnen konnte.

Diesen Weg ist Diane mir vorausgegangen und darauf bin ich immer noch unterwegs. Holen mich meine Geschichte, Erfahrungen und Erinnerungen immer noch ein? Sicherlich. Damit umzugehen ist eine meiner Lebensaufgaben. Doch sitzen wir nicht alle im gleichen Boot? Jeder von uns hat seine ganz eigene Geschichte, die ein ganzes Buch füllen würde. Immer kommen neue Kapitel dazu und alte werden geschlossen. Wie ich als Kind hat jeder von uns seinen Rucksack zu tragen. Auf unserer Lebensreise sind wir alle mit guten und schlechten Erinnerungen im Gepäck unterwegs.

Es ist mein Wunsch, dass meine Geschichte mehr ist als nur eine Ermutigung. Sie soll zeigen, dass Wunder passieren, von denen ich überzeugt bin, dass sie keine Zufälle sind. Sie weisen einen Weg dorthin, wo man den Rucksack mit schlechten Erinnerungen ablegen und eintauschen kann gegen Heilung, Wiederherstellung, Hoffnung, Freude und ein ewiges Leben. Dieser Ort ist das Kreuz, wo der gleiche Gott, der mich nach sechstausend Kilometern fand, auch auf dich wartet.

Wie es seitdem für mich weiterging? Oder vielleicht zuerst: Wie ich ohne gültige Papiere zurück nach Südafrika kam? Ich blieb an der Grenze einfach im Bus sitzen, während das ganze Team ausstieg, um an der Kontrolle die Pässe vorzuzeigen. Mich bemerkte niemand. Der Bus wurde durchgewunken und ich war wieder als Flüchtling in Südafrika.

Mit den illegalen Grenzüberquerungen hatte es aber bald ein Ende. Ein halbes Jahr später gab ich meinen Flüchtlingsstatus offiziell auf und flog in die kongolesische Hauptstadt Kinshasa. Dort bewarb ich mich an der südafrikanischen Botschaft um einen regulären Aufenthaltsstatus. Das war schließlich der letzte Befreiungsschlag, um weiterhin zu reisen und später in meinen Beruf zu finden, der auch meine Berufung ist. Beide sind immer noch eng mit meinem Land und meiner Geschichte verbunden.

2009 folgte ein bewegtes Jahr. Ich wurde nach Brasilien eingeladen, um dort an Universitäten über meine Geschichte, mein Land und die Menschenrechtsverletzungen zu sprechen. Währenddessen besuchten einige prominente Politiker und Schauspieler aus den USA das Panzi-Krankenhaus, was eine mediale Welle auslöste. Mein Land wurde bekannt als die *Vergewaltigungshauptstadt der Welt*. Schlagzeilen wie *400 000 Vergewaltigungen pro Jahr, 45 Vergewaltigungen pro Stunde* oder *Der schlimmste Ort der Welt, eine Frau zu sein* kursierten in den Medien. Mit über sechs Millionen Menschen, die durch den Krieg ihr Leben verloren hatten, kam die Demokratische Republik Kongo tragischerweise auf Platz zwei der Liste mit den weltweit blutigsten Kriegen nach dem Zweiten Weltkrieg.

Dass es auch Geschichten der Hoffnung, Versöhnung und Liebe über den Kongo zu berichten gibt, hat mich Diane gelehrt. Solche Stimmen braucht mein Land und solche Geschichten möchte ich erzählen, denn sie sind es wert. Als Sprachrohr dafür wollte ich Film und Medien nutzen und mich darin weiter fortbilden. Noch im selben Jahr brach ich die Zelte in meiner zweiten Heimat Südafrika ab, um in der Schweiz Design und Kommunikation an der an *JMEM* angeschlossenen *University of the Nations* zu studieren. Dort lernte ich Ende 2009 meine wunderbare Frau Svenja kennen. Die Begegnung mit ihr führte mich im darauffolgenden Jahr nach Deutschland, wo ich mich seitdem auch zu Hause fühlen darf.

Kaum in Deutschland angekommen traf ich völlig unerwartet auf Eric, der mich einst in Worcester auf der Bank angesprochen und zu *JMEM* eingeladen hatte. Auch wenn er sich nicht an mich erinnern konnte, erkannte ich sein Gesicht sofort. Er hatte damals nicht ahnen können, was die Begegnung mit ihm alles auslösen und lostreten sollte bei mir!

Dank dieser Begegnung, jahrelanger großzügiger Unterstützung, guten Mentoren und Freunden in allen Kontinenten, viel Gebet und vor allem Gottes Gnade schaffte es der Flüchtling, das Straßenkind und der bunte Hund in der Mission Jahre später zu einem Abschluss an der *University of the Nations.* So machte ich meine Leidenschaft für Filmmaking und Storytelling zum Beruf.

2012 reiste ich gemeinsam mit meiner Frau zurück nach Südafrika, wo ich ihr die Orte zeigte, an denen ich einst gehaust habe. Dort kam es auch zu einem erneuten Wiedersehen mit meinen Freunden von der Straße. Die riesengroße Freude beim Zusammentreffen wurde natürlich mit der Kamera festgehalten.

Was aus ihnen in der Zwischenzeit geworden ist? Es gibt gute und schlechte Nachrichten. Vielleicht die guten zuerst. Olivier hat seine Jugendliebe, die er mit zwölf Jahren im Kongo zurückgelassen und von der er uns nie erzählt hatte, zu sich nach Südafrika geholt und geheiratet. Sie haben zwei Kinder. Er betreibt einen Coffeeshop und engagiert sich in einer Kirchengemeinde in Kapstadt. Auch Flic hat geheiratet, lebt immer noch in Kapstadt und hat inzwischen mehrere Kinder. Alba dagegen haben die Drogen zerstört. Als er eines Tages wieder auf einem Trip war, lief er splitterfasernackt durch die Straßen Kapstadts, wurde von der Polizei aufgegriffen und in den Kongo deportiert. Wir wissen nicht, wo er sich aufhält. Meine Suche nach ihm in Bukavu war bisher leider vergebens.

Im Jahr 2013 reiste ich mit meiner Frau für ein halbes Jahr in den Kongo. Es war das zweite Wiedersehen mit meiner Familie. Diesmal erwarteten uns meine Eltern bereits sehnsüchtig an der Grenze. In diesen Monaten lernten meine Frau und auch ich mein Land, seine Kultur und besonders seine Menschen neu lieben. Beide waren wir bewegt von den vielen Begegnungen sowohl mit Straßenkindern als auch mit Entscheidungsträgern in Politik und Gesellschaft.

Die Realität vor Ort traf uns jedoch erneut unvermittelt hart. Wenige Tage nach unserer Ankunft wurde mein Onkel auf offener Straße in Bukavu erschossen. Es geschah nur wenige Meter von der Stelle, wo das Treffen mit ihm im Januar 2008 zum ersten Wiedersehen mit meiner Familie geführt hatte. Mir wurde schmerzlich klar, dass ich allein all der Gewalt kein Ende setzen konnte.

Doch ich kann meinen Teil dazu beitragen, dass die strahlende Zukunft, für die der Stern in meiner Landesflagge steht, für die nächste Generation in meinem Land wahr wird. Dass junge Menschen im Kongo Hoffnung und ihre von Gott gegebene Bestimmung finden. Diese Vision führte zwei Jahre später zur Gründung der Hilfsorganisation *Focus Congo e. V.*

Seither reise ich jährlich in mein Land, um verschiedene Hilfsprojekte zu betreuen oder neue zu starten. Begleitet werde ich dabei von Ehrenamtlichen aus aller Welt, die sich unserer Vision und Mission anschließen. *Focus Congo* leistet humanitäre Hilfe für Menschen, die nach Katastrophen ihr Zuhause verloren haben und an Hunger und Durst leiden. Dieses Gefühl kenne ich nur allzu gut und es ist schrecklich. Wie sehr Waisenkinder ein Zuhause und Straßenkinder eine Perspektive brauchen, habe ich selbst in meiner Kindheit erlebt. Deshalb unterstützt *Focus Congo* die Arbeit von Waisenhäusern und ermöglicht Kindern eine Schulbildung. Ein weiterer Fokus liegt auch auf medizinischer Hilfe für Notleidende in Partnerkrankenhäusern, die wir nicht nur mit Hilfsgütern versorgen, sondern wo wir auch über medizinische Teams aus Deutschland Patientinnen und Patienten kostenlose Operationen ermöglichen.

Weil mein Beruf auch meine Berufung ist, die ich besonders für mein Land einsetze, bietet *Focus Congo* auch Workshops im Bereich Film, Fotografie und Journalismus und schafft dadurch Arbeitsmöglichkeiten für junge Menschen, um für sie den Kreislauf der Armut zu durchbrechen. Aus dieser Arbeit entstand das Projekt *Kitoko Oyo* (deutsch: diese Schönheit), in dem Einheimische Landsleute porträtieren, die sich im Kongo für Frieden einsetzen und einen Unterschied machen.

Solche Menschen braucht mein Land und es zeigt, dass in ihm mehr verborgen liegt als nur Krieg und Zerstörung. Unglaublich dankbar bin ich für jeden Einzelnen, der sich für mein Land einsetzt, es im Herzen trägt und für seine Menschen und Frieden betet.

Denn nur dadurch erleben wir, dass auch in dunklen Zeiten Hoffnungsschimmer aufblitzen, Augen strahlen und Menschen im Kongo leuchten wie Sterne.

DANK

Zuallererst ist dieses Buch ein Tribut an meinen Gott. Er ist der Autor meiner Geschichte. Ihm danke ich für seine Gnade, Bewahrung und große Treue, durch die ich heute noch am Leben bin. Er gibt mir Frieden, den die Welt nicht geben kann, und Kraft, nach vorne zu schauen.

Von ganzem Herzen und unbeschreiblich dankbar bin ich für meine wunderbare Frau Svenja. Mit ihr durchs Leben zu gehen und meine Liebe zu teilen, ist ein Privileg und ein Segen. Ihre tiefe Hingabe und ihr Mut inspirieren mich. Svenja und mein Sohn Siya sind meine größten Wunder.

Mein großer Dank gilt auch meiner Familie im Kongo, besonders meinen Eltern, auch wenn wir von Mama im Jahr 2020 unerwartet Abschied nehmen mussten. Gemeinsam mit Papa hat sie mir Heimat gegeben, Liebe geschenkt und vorgelebt, was Zusammenhalt bedeutet. Dasselbe erlebe ich auch bei meiner Schwiegerfamilie: Anne, Wolfgang und Basti haben für mich ihre Herzenstür geöffnet und mich bei sich aufgenommen wie ihren Sohn und Bruder.

Voller Dank bin ich auch für die vielen Freunde und Wegbegleiter, die ich bei *Jugend mit einer Mission* kennengelernt habe. Es sind so viele. Sie haben an mich geglaubt, mich unterstützt und für mich gebetet. Besonders Albrecht, Benjamin, Brian, Eric, Esther, Frank, Jim, Ken Paul, Mark, Matthew, Melanie, Ryan, Stephen und William.

Dankbar bin ich auch für das großartige Team meiner Hilfsorganisation *Focus Congo e. V.*, in dem sich jede und jeder Einzelne im Ehrenamt für mein Land einsetzt und alles gibt. In Bukavu,

Goma, Deutschland und weltweit sind diese Mitarbeiter ein Segen für so viele Menschen in meinem Land, denen sie dienen und für die sie Hoffnung erlebbar machen.

Sabine Schnabowitz

Friedenskämpferin
Von Krisen und Gottvertrauen an
der türkisch-syrischen Grenze

Wenn Gott uns ruft, zählt nur noch das. Sabine gibt in
Deutschland alles auf und gründet eine Schule für sy-
rische Flüchtlingskinder in der Türkei. Der unglaubliche
Bericht einer ganz normalen Deutschen, der zeigt, was
Gott tun kann, wenn wir uns trotz Gefahren auf ihn ein-
lassen.

Gebunden, 13,5 × 21,5 cm, 304 S.,
mit 8-seitigem Bildteil
Nr. 396.104, ISBN:978-3-7751-6104-6
Auch als E-Book 𝖾

Tony Rinaudo, Corinna von Ludwiger

Unsere Bäume der Hoffnung
Wie ein Mann die Wunder der Schöpfung
nutzbar macht, um den Hunger zu besiegen

Tony Rinaudo entdeckte das Wunder, dass die Wurzeln
ehemals gerodeter Bäume in Wüstenregionen unterir-
disch immer noch lebten. Und dass diese Bäume »wie-
derbelebt« werden können. Ein einmaliges Zeugnis über
ökologisches Engagement, Nachhaltigkeit und Klima-
schutz, motiviert durch den Glauben.

Klappenbroschur, 13,5 × 21,5 cm, ca. 304 S.,
4-farbige Innengestaltung
Nr. 396.162, ISBN 978-3-7751-6162-6
Auch als E-Book

SCM
Hänssler

.MOVO

Was Männer bewegt. Was Männer bewegen.

Bruchstückhaft, überraschend, vielfältig, im Werden, produktiv – so ist das Männerleben. Für dieses „Sein" gibt es MOVO, ein christliches Magazin voller Tatkraft, Humor und Wissen für Typen mit echten Überzeugungen.

Ein Abonnement (4 Ausgaben im Jahr) erhalten Sie in Ihrer Buchhandlung oder unter:

www.bundes-verlag.net

Deutschland:
Tel.: 02302 93093 910
Fax: 02302 93093 689

Schweiz:
Tel.: 043 288 80 10
Fax: 043 288 80 11

www.movo.net

SCM
Bundes-Verlag